하느님 몸 보기 만지기 느끼기

하느님 몸 보기 만지기 느끼기

—

1판 1쇄 인쇄 2014년 2월 25일
1판 1쇄 펴냄 2014년 3월 1일

지은이 곽건용
펴낸이 한종호
디자인 임현주
인 쇄 예원프린팅

펴낸곳 꽃자리
출판등록 2012년 12월 13일
주소 서울시 종로구 돈의동 돈화문로 9길 14
전화 070-4100-9191
전자우편 amabi@daum.net

ISBN 978-89-969898-5-1 03230
값 15,000원

하느님 몸 보기 만지기 느끼기

곽건용 지음

꽃자리

"댓끼 이놈!"

－겁을 상실한 열정적 믿음으로 신의 몸을 탐구하다－

이종록 | 한일장신대 구약학 교수

"정말 반갑다." 이 책의 원고를 본 첫 느낌이었다. 이런 책은 진즉 나왔어야 했는데! 간혹 이러한 내용을 다룬 글을 본 적은 있지만, 이렇게 책으로 묶여 나오는 경우는 거의 없었기 때문이다. 반가운 마음은 한 발 더 나아가 특히 저자와 내가 같은 구약을 하는 학문적 동지라는 점에서, 구약성서의 무늬, 히브리적 사유의 본질, 고대 이스라엘 종교적 인식의 근간을 보여준다는 점에서, 그리고 물질성, 특히 신의 "몸"을 연구주제로 삼았다는 점에서 나를 감동케 했다.

"겁을 상실했구나." 감동 뒤에 따라온 생각은 이거였다. 이러다 잘못 걸리면? 하지만 저자는 철없이 세상물정도 모르고 이런 책을 펴낸 게 아니다. 그는 이미 그럴 거라는 것을 알고 있다. 그래서 첫 글 제목을 "하느님의 생식기라구? 이런 불경함이라니…"로 잡은 것이다. 실제로 저자는 이 문제를 하루 이틀 고민한 게 아니다. 이 책의 내용은 저자가 1996년에 한 권의 책을 만나면서부터 이미 시작된 것이라 할 수 있다. 그리고 마침내 2014년. 18년의 세월이 그 동안 흘렀으니, 저자가 켜켜이 쌓아올린 사유가 결코 설익은 것이 아님을 이 책을 읽어 내려가는 동안 알 수 있다. 이 정도면 푹 삭혔다고 해야 할 것이다. 그만큼 깊이를 갖추었다는 얘기다.

"열정적이구나." 세 번째로 든 생각이었다. 저자는 학문적인 이야기에 진지하게 접근하면서도 쉽게 풀어쓴다. 이런 글쓰기를 통해 저자는 자신이 걸어온 학문의 길이 바로 신앙의 길이었음을 내보인다. 저자가 하느님의 몸을 이야기하는 까닭은 정말로 몸으로 몸이신 하느님을 체험하려는 열정 때문이다. 그러니 혹시 책 제목이 눈에 거슬리는 사람은 '닫는 글'("사랑하면 알게 되고 알게 되면 보이나니")부터 읽어보기를 바란다. 이 글은 저자의 명증한 신앙적 고백을 담고 있다. 그래서 이 글을 먼저 읽으면, 저자가 얼마나 열정적인 신앙인인지를 확인할 수 있을 것이고, 왠지 모를 거부감과 염려도 떨쳐버릴 수 있을 것이다.

"진정한 학자구나." 네 번째로 드는 생각이었다. 우리는 성서를 절대적인 하느님 말씀이라고 하지만, 실제 상황에서는 여러 가지 형편을 고려해서 하느님 말씀을 상대적으로 만들어버리는 경우가 많다. 하지만 저자는 이와 같은 비겁한 모습을 보이지 않는다. 저자는 구약성서를 꼼꼼히 읽으면서, 지난한 역사 속에서 고대 이스라엘 사람들이 하느님을 제대로 인식하고 표현하기 위해서, 또 제대로 믿기 위해서 얼마나 애썼는지를 세밀하게 추적해 나간다. 그래서 구약성서 형성과정은 야웨를 아는 지식, 즉 하느님을 알기 위한 열정이었다는 것을 밝혀낸다. 저자는 성서학자로서 성서가 말하는 천차만별의 다양한 것들을 한 구절 한 구절 꼼꼼하게 살피는 모습을 보인다. 그러다보면 하느님의 물질성을 다루지 않을 수 없게 되는 것이다. "끊임없이 물질성과 영성의 경계선을 넘나드는 하느님 인식"으로 물질과 영을 넘나드는 그 상쾌한 긴장감, 그게 바로 구약성서가 보여주는 역동성이기 때문이다.

"당연한 것 아닌가?" 다섯 번째로 든 생각이었다. 스피노자는 인간 정신은 항상 인간 신체를 통과할 수밖에 없다고 했다. 그의 말을 빌리지 않더라도 인간이 신을 생각하고 말할 때는, 아무리 뭐라고 해도 인간적으로 경험하고 표현할 수밖에 없는 것이다. 그러니 구약성서가 하느님을 물질적, 신체적으로 인식하고 표현하는 것은 너무도 자연스럽고 당연한 일이다. 물론 그런 체험과 인식은 비가역적(非可逆的)이어서, 우리가 경험하고 인식한 것 자체가 신 자체라고 말하기는 어렵다. 그런 점에서 구약성서가 신의 이미지화를·금지한 것으로 보인다.

대다수 사람들이 이 책을 처음 접하게 되면 당혹스런 느낌을 받을 것이라 예상해 본다. 그렇지만 이 책의 내용에 점점 빠져들면, 이스라엘 사람들이 하느님을 어떻게 경험하고 어떻게 생각했는지, 그리고 험난한 삶의 격랑 속에서 하느님을 어떻게 믿었는지를 알기 위해 구석구석 찾아가는 진지하고 흥겨운 신앙탐구의 여정임을 알 수 있을 것이다. 그리하여 이 책을 읽다보면, 자연스럽게 구약성서가 어떤 책인지, 구약성서의 신앙, 이스라엘 사람들의 종교의식 등에 대해서도 더불어 알게 되는 기쁨을 맛볼 것이다.

여러분을 이 열정적인 신앙탐사 여행길에 초대한다. 여행길에 함께 하실 우리 하느님도 기뻐하실 것이다. 어쩌면 만면에 웃음을 띤 하느님이 저자 등을 슬쩍 치시면서, "댓끼 이놈!" 이러실 것만 같다.

목
차

'하느님의 생식기'라구? 이런 불경함이라니…

1996년 여름쯤으로 기억한다. LA 근교에 위치한 어느 대학교 안에 있는 책방에 들어가 한가하게 이리저리 책들을 둘러보고 있었다. 특별히 사려는 책은 없었지만 그저 대학 캠퍼스에 왔으니 책방이나 들러봐야겠다는 생각이었다. 그 당시 미국에서는 주로 우편으로 책을 샀지만 나는 한국에서의 버릇대로 시간 나는 대로 책방에 들르곤 했다. 전자책은 아직 세상에 나오지 않았고 그때 '아마존'이 장사를 하고 있었는지는 모르지만 나는 그런 게 있는지조차 몰랐다.

그때 받은 충격이란

배운 도둑질이 그거라 먼저 종교서적 섹션을 둘러봤는데 거기서 내 눈길을 끈 책이 하나 있었다. 처음엔 제목보다 표지 그림에 더 끌렸다. 앞표지에서 뒷표지까지 가로로 초롱초롱한 눈매를 가진 뱀 한 마리가 길게 그려져 있었고 그 위에 큰 글자로 "God's Phallus"라는 글이 쓰여 있었다. 그게 책 제목이었던 거다. 그리고 뱀 그림 아래로 작은 글자로 "And Other Problems for Men and Monotheism"이라고 쓰여 있었다. 저자는 하워드 아일버그-슈바르츠(Howard Eilberg-Schwartz)였다. 처음 들어보는 이름이었다. 미국 책은 표지에 쓰인 서평을 그대로 믿으면 안 된다는 것쯤은 알고 있었지만 그래도 "Bold… Logical and Convincing"(대담하고 논리적이며 설득력 있는…) 이라는 뉴욕타임즈 서평이 어느 정도 내 맘을 움직였던 모양이다.

문제는 책 제목이 무슨 뜻인지 알 수 없다는 거였다. 창피하지만 그때 나는 'Phallus'라는 단어의 뜻을 몰라 책 내용이 뭔지 감이 잡히지 않았다. 책을 펼쳐 몇 장 읽어보고서야 금방 그 뜻이 무엇인지 짐작하게 됐지만 말이다. 'Phallus'라는 단어는 고상하게는 '성기' 또는 '생식기'이고 적나라하게 말하면 '자지'였다. 그러니 책 제목은 자연스레 '하느님의 생식기/성기' 또는 '하느님의 자지'였던 거다. 이런! 그때 받은 충격이란….

저자 약력을 보니 그는 샌프란시스코 주립대학 교수이며 랍비였다. 처음엔 "설마…. 내가 뭔가 잘못 알았겠지. 제목이 설마 '하느님의 생식기'겠어…"라고 생각했다. 나도 남에게 뒤지지 않는

진보적 그리스도인이고 생각과 마음과 영혼을 활짝 열어놓고 성서를 연구하는 개방적인 구약학도임을 자부하지만 그래도 세상에 이런 '발칙한' 책이 있으리라고 상상하지 못했다. '하느님의 생식기라구? 하느님의 자지라구? 그래서 뭘 어쩔 건데! 소위 학자라는 사람이 독자들 말초신경이나 자극해서 책 몇 권 팔아먹으려고 이런 발칙한 책을 썼나…'하는 생각이 들면서 분노가 치밀어 올라왔다. 오랜만에 하느님의 존엄성을 수호해야 하는 '십자군 소명의식'까지 느꼈다.

그 자리에서 책을 샀다. 꼼꼼히 읽어보고 조목조목 비판하고 발기발기 찢어버리겠다는 전투적 투지를 불태우면서 말이다. 하지만 불타던 십자군 정신은 페이지를 한 장 한 장 넘기면서 눈 녹듯 사라져버렸다. 아니, 그냥 사라진 정도가 아니라 나는 책의 논지에 급속도로 빨려들어갔다. "대담하고 논리적이며 설득력 있는…"이라는 뉴욕타임즈 서평이 빈말은 아니었던 거다. 책 내용은 본문에서 상당히 다루어지니 여기서 더 얘기하지는 않겠다. 나는 저자의 주장에 백 퍼센트 동의하지는 않지만 성서 텍스트를 다루는 그의 솜씨와 전개하는 논리, 그리고 산뜻하고 상큼 발랄한 발상에 감탄하면서 책을 읽었다.

그 후 이 책 때문에 호기심이 생겨서 상당한 시간과 노력을 기울여 관련 주제의 책들과 논문들을 찾아보고 나름대로 생각을 정리했다. 이 과정에서 나는 문제가 단순히 '하느님의 생식기'에 국한되지 않고 넓게는 '하느님의 몸'(God's Body)이고, 더 넓게는 '하느님의 물질성'(materiality of God)이란 사실을 깨달았다. 그러다가 당시 〈기독교사상〉 편집주간을 맡고 있던 한종호 목사에게 연락이 왔다. 〈기독교사상〉에 여섯 차례 글을 연재해 달라는 얘기였다. 이때 바로 머리에 떠오른 생각이 '하느님의 물질성'이어서 곧바로 쓰겠다고 승낙한 뒤 2011년 7월호부터 12월호까지 '구약성경은 하느님의 물질성을 어떻게 인식하는가?'라는 제목으로 글을 연재했다. 이 책은 그때 연재한 내용들을 기반으로 하지만 대폭적인 수정과 보완을 넘어서서 거의 새로 쓰다시피 한 것이다. 연재 내용을 재활용한 부분은 일부에 그친다.

끊임없이 물질성과 영성의 경계선을 넘나드는 하느님 인식

옛날이나 지금이나 그리스도인에게 하느님은 '영적인 존재'다. '영적'(spiritual)이란 말이 무슨 뜻이냐고 물으면 다양한 대답이 나오겠지만 좌우간 그리스도인에게 하느님은 영적인 존재임에 틀림없다. 예수도 "하느님은 영적인 분이시다. 그러므로 예배하는 사람들은 영적으로 참되게 하느님께 예배드려야 한다."(요한 4:24)라고 말하지 않았나. 그래서 그리스도인들에게 '하느님은 영적인 존재'란 말은 의심이나 의문의 대상이 아니다. 상황이 이러하니 하느님이 물질로 이루어진 몸을 가졌다거나 하느님에게 생식기가 있느니 없느니 하는 얘기는 그리스도인들에게는 매우 낯설고 엉뚱한 얘기다. 사실 그 정도가 아니라 경악을 금치 못할 얘기라고 해야 하겠다. 이런 생각을 해보거나 그런 얘길 들어본 사람도 아마 거의 없을 거다.

일반 신자만 그런가, 목사도 예외가 아니다. 목사들도 이런 얘기는 들어본 적이 없을 터이고 또 들어봤다고 해도 교인들 신앙에는 도움이 안 될 것이라고 여겨 깊이 생각해본 적이 없었을 거다. 설교나 성경공부에서 이 주제를 다뤘을 리도 없다. 학계에서조차 크게 관심을 모으지 않은 주제인데 뭘 더 말하겠는가.

하지만 가만히 생각해보면 이게 그냥 웃고 넘길 상황이 아니다. '신학'(theology)이란 말 자체가 '하느님'(theos)에 관한 '이야기'(logia)라는 뜻인데 그 탐구대상인 하느님이 무엇으로 구성되어 있는지가 궁금하지 않다는 게 말이 되는가. 사람을 탐구할 때도 사람을 구성하고 있는 게 뭔지를 알아보는 게 기본 아닌가 말이다. 그래서 생물학이 있고 인체를 알기 위해 엑스레이도 찍고 CT도 찍고 해부도 하는 게 아닌가. 똑같은 궁금증이 왜 하느님에 대해서는 생기지 않았는지 모르겠다. 때로는 하느님도 사람의 몸에 대해 의문을 가지게 되는 그런 자세로 탐구되어야 하지 않을까? 물론 사람과 하느님을 똑같이 다룰 수는 없다. 하느님은 CT를 찍을 수도, 해부할 수도 없다. 하느님에 대한 경외심은 열외로 치더라도 사람에게는 그렇게 할 재간이 없다. 이 궁금증을 풀기 위해 우리가 붙들고 씨름해야 할 유일한 자료가 구약성서다. 구약성서 이외에도 다양한 고대근동의 자료들과 고고학 자료들이 있긴 하지만 그래도 가장 중요한 자료는 구약성서다.

물론 구약성서에 하느님의 생식기에 대한 얘기는 한 마디도 없다. 이건 부정할 수 없는 사실이다. 하지만 구약성서는 하느님의 몸(physical body), 또는 하느님의 물질성(materiality of God)에 대해서는 상당히 자주 언급한다. 단도직입적으로 말하면 구약성서는 하느님이 물질적인 몸을 갖고 있다고 전제한다.

하지만 구약성서에서 이 전제는 가끔 흔들린다. 구약성서가 이 전제를 포기하고 다른 전제를 세우지는 않지만 그래도 가끔은 이 전제가 흔들리기도 하고 곤혹스러워 하기도 한다. 하지만 단언하건대 그렇다고 해서 구약성서에서 이 전제가 무너지거나 무효화되지는 않는다. 해괴하게 들릴 수도 있는 이 말은 책을 읽어가다 보면 그리 해괴하게 들리지 않을 것이다.

성서를 좀 안다는 사람은 구약성서의 하느님은 물질적인 존재이지만 신약성서의 하느님은 영적인 존재라고 생각한다. 곧 구약성서 시대 사람들은 '미개하고 원시적이어서' 하느님을 물질적 존재로 믿었지만 신약성서 시대에 와서는 사람들이 '개명해서' 하느님을 영적인 존재로 믿게 됐다고 생각한다. 과연 그럴까? 둘의 차이는 정말 '미개하고 원시적인 신앙'과 '개명한 신앙'의 차이일까?

구약성서가 하느님을 물질적 존재로 생각했던 것은 그 당시 사람들에게는 이른바 '영적인 존재'(spiritual being)에 대한 생각 자체가 없었기 때문이다. 하느님을 영적인 존재로 여겨야 개명한 신앙이라고 간주한다면 구약성서 대 신약성서를 원시 대 개명의 대립으로 여기는 게 옳을 수 있다. 하지만 하느님을 물질적 존재로 믿으면서도 그 어떤 '개명한' 신관을 갖고 있는 사람들과 비교해서 모자라지 않는 신앙을 유지했다면 어떻게 할 것인가.

다시 말하지만 구약성서가 하느님을 인식하고 경험하는 방식은 신약성서의 그것과 다르다. 현대 그리스도교 신학이 생각하는 방식과는 더욱 더 다르다. 구약성서는 하느님이 몸을 갖고 있으며 사람처럼 감각기관을 통해 감각할 수 있고 세상으로부터 완전히 초월해 있지 않고 대부분의 경우에 있어서 세상 안에 존재하는 분으로 인식하고 경험한다.

하지만 여기서 주의해야 할 점은 아무리 구약성서가 하느님을 세상 안에 존재하는 물질적 존재로 인식한다 해도 세상과 똑같은 물질로 인식하지는 않는다는 사실이다. 구약성서도 하느님이 물질적 존재라 해도 세상의 물질과는 구별되는 뭔가가 있음을 알고 있다. 또한 하느님이 몸을 갖고 있긴 하지만 그 몸이 사람의 몸과는 어디가 달라도 다름을 느끼고 있다. 구약성서가 하느님의 초월성(transcendence)을 완전히 부인했다는 말은 사실이 아니다. 구약성서는 '나름의 방식'으로 하느님의 초월성을 분명히 인식하고 있음을 잊어서는 안 된다. 그러므로 구약성서가 하느님을 물질적인 존재로 인식한 것은 구약성서의 인식 수준이 뒤떨어져 있고 원시적이어서가 아니라 하느님과 세상의 실재를 바라보는 관점이 신약성서의 그것과 달랐기 때문이라고 봐야 한다.

그런데 하느님의 물질성/영성에 대한 구약성서와 신약성서의 차이를 하느님과 실재를 보는 관점의 차이로 이해해도 문제가 전부 해결되지는 않는다. 왜냐하면 두 개의 서로 다른 관점을 가진 구약과 신약성서가 그리스도인에게는 '모두' 경전(Scripture)이기 때문이다. 두 개의 성서가 하느님을 인식하는 방법이 이렇게 다르다면 그것은 중대한 신학적 문제가 아닐 수 없다.

이 문제를 심각하게 인식하고 최초로 나름의 해결책을 내놓은 인물은 마르시온(Marcion)이다. 그는 구약성서의 물질적 하느님을 '저급한 신'(lower god)으로 보고 배척해버림으로써 문제를 해결하려 했다. 하지만 그의 시도는 문제의 해결이 아니라 문제의 원인을 없애버린 데 불과하므로 해법이라 할 수는 없다. 그리스도교는 물론 이 해법을 받아들이지 않았다. 어떻게든 구약성서와 신약성서의 하느님 이해를 연결시키는 것은 그리스도교의 중대한 신학적 과제였지만 마르시온의 해법이 정답이 될 수는 없었다.

그 다음 해법으로 '성육신 신학'(incarnation theology)을 들 수 있다. 영적인 존재인 '말씀'(Logos)이 '육신'(flesh)이 되었다는 성육신 신학에는 영혼과 육체의 연결을 강조하는 측면이 분명히 있다. 하지만 이 신학은 '나사렛 예수라는 역사적 인물이 하느님이다.' 라는 고백에서 비롯된 신학으로서 하느님 자신의 물질성을 정면으로 다루는 신학은 아니라는 점에서 제한적인 의미만을 갖는다. 성육신 신학은 나사렛 예수의 신성을 주장하는 신학이지 하느님의 물질성을 긍정하는 신학이라고 볼 수는 없다. 성육신 신학은 구약성서의 하느님에 대한 생각, 개념 및 경험을 직접 다루지는 않는다. 성육신 신학에 따르면 나사렛 예수는 신성을 가진 존재이지만 그럼에도 불구하고 성부 하느님은 여전히 영적인 존재로 인식된다.

이렇듯 구약성서는 하느님을 물질적 존재로 인식하지만 그럼에도 불구하고 구약성서의 하느님 인식은 물질성과 영성의 경계선을 끊임없이 넘나들며 양자 사이에서 긴장의 끈을 유지하고 있다. 이에 반해 성육신 신학은 나사렛 예수라는 역사적인 인물에게서 모자람 없는 신성을 인식함으로써 이와 같은 넘나듦과 긴장을 해소해버린다. 이런 이유로 비록 이 책에서 신약성서의 구절들도 다뤄지지만 성육신 신학은 고려하지 않기로 한다.

'하느님의 몸'과 '하느님의 물질성'

'하느님의 몸' 또는 '하느님의 물질성'이라는 주제가 구약학계에서 대대적인 관심을 모은 적은 없다. 하지만 이와 관련된 논문과 단행본들이 꾸준히 발표되는 걸 보면 전혀 관심 밖의 주제는 아니라고 볼 수 있겠다. 그 동안 많은 학자들은 하느님을 의인론적 (anthropomorphic)으로 표현하는 구절들, 곧 하느님을 사람처럼 표현하고 묘사하는 구절들을 단순히 은유(metaphor)로 간주해왔다. 하느님의 '오른팔'은 하느님의 '능력'을 가리키고 하느님의 '얼굴'은 하느님의 '현존'(presence)을 가리키는 은유적 표현이라는 식이었다. 하느님은 눈으로 볼 수 없는 존재이므로 하느님을 눈으로 본듯이 말한다면 그것은 은유적 표현일 수밖에 없다는 것이다. 하느님을 표현하는 구상명사(concrete noun)는 사실상 추상명사 (abstract noun)라는 거다.

하지만 구약성서에는 하느님에 대한 은유적인 표현이라고 볼 수 없는 구절들이 있는데 창세기 18장 1-15절과 32장 22-32절이 바로 그것이다. 전자는 아브라함이 소돔 성의 상황을 살피러 온 '세 사람'(three men)을 영접한 얘기이고 후자는 야곱이 식솔들을 강 건너로 먼저 보내놓고 나서 느닷없이 나타난 '어떤 사람'(a man)과 밤새도록 씨름했다는 얘기다. 전자의 경우 1, 13, 17, 20 절에서는 화자가 야곱에게 나타난 존재를 야웨라고 밝히고 있고

14절에서는 야웨 자신이 그렇게 한다. 후자에서는 30절에서 야곱이 자기와 씨름한 분이 '하느님'(엘로힘)임을 깨달았다고 한다. 말하자면 아브라함과 야곱이 만난 분은 하느님이었던 것이다.

정말 아브라함이 눈으로 보고 대화하고 밥상까지 차려 대접한 분이 하느님이었다면 이 얘기는 은유적으로 읽을 수 없다. 또한 야곱이 밤새 붙잡고 씨름한 분이 하느님이 맞다면 그걸 어떻게 은유로 읽을 수 있겠나. 물론 하느님에 대한 의인론적 표현들 중에는 은유로 읽어야 하는 구절도 있다. 하지만 그렇게 읽어서는 안 되는 경우도 있다. 그렇다면 적어도 은유적으로 이해될 수 없는 경우만이라도 '하느님의 몸'과 '하느님의 물질성'을 따져보지 않을 수 없지 않겠나. 아브라함과 야곱의 얘기는 해당 구절을 다루는 장에서 상세히 읽어보겠다.

구약성서에 나오는 하느님에 대한 의인론적 표현들 중에 은유로 읽을 수 없는 구절들에 주목한 사람은 제임스 바(James Barr)였다. 오래 되긴 했지만 그의 1959년 논문 "구약성서에서의 신현현과 의인론"(Theophany and Anthropomorphism in the Old Testament) (*Vetus Testamentum*, Supplements 7:31-38)은 이 주제와 관련해서 여전히 널리 읽히고 인용되는 논문이다.

그는 하느님이 몸을 가진 사람의 모습으로 나타난 경우와 몸으로 나타나지 않고 단지 능력으로 표현되는 경우(예를 들면 향기를 맡을 수 있는 능력)는 구별해야 한다고 주장한다. 그는 전자를

'anthropomorphism'이라고 불렀고 후자를 'anthropopathism'이라고 부름으로써 둘을 구별했다(우리말로 어떻게 구별해야 하지 모르겠으므로 그냥 영어로 썼다). 구약성서의 신현현과 의인론적 표현에 대한 후대의 연구에 지대한 영향을 미친 통찰이지만 거기에도 옥의 티는 있다. 하느님이 '현실세계'에서 사람 눈에 보이게 몸을 가진 존재로 나타난 경우와 '꿈'이나 '비전'에서 그렇게 나타난 경우를 구별하지 않은 것이 바로 그 옥의 티다.

안타깝게도 제임스 바 이후로 학자들은 하느님을 몸을 가진 사람의 모습으로 표현한 의인론에 대한 연구를 지속, 발전시키지 않았다. 오히려 왔던 길을 되돌아 갔다고 할 수 있다. 곧 구상명사를 추상명사화 하는 방향으로 유턴한 것이다. 예컨대 프리드리히 바움게르텔(Friedrich Baumgärtel)은 성서의 의인론적 표현이 갖는 최우선의 기능은 하느님이 자연을 넘어서서 초월해 있음을 강조하는 것이라고 주장했다. 의인론적 표현이 초월을 강조한다고? 이 무슨 '역설의 진리'란 말인가. 초월을 강조하려면 오히려 의인론적 표현을 쓰지 말아야 하는 거 아닌가? 한편 요하네스 헴펠(Johannes Hempel)에게 있어서 의인론적 표현은 하느님이 동물과 비슷한 부류가 아니라 사람과 비슷한 부류라는 사실을 강조하기 위해서 사용됐단다. 과연 누가 하느님을 동물에 가까운 존재라고 봤다고 이런 친절을 베풀어야 했는지 의문이 아닐 수 없다.

이들과는 달리 최근 마크 스미스(Mark Smith)는, 신을 최대한 의

인화해서 표현했던 고대 중동의 여타 종교들과는 달리 구약성서는 최소한의 의인화만 허용하고 있다고 주장했다. 하긴 그렇다. 다른 종교들에서는 의인론적 표현들이 구약성서에서보다 훨씬 더 많이 사용되고 있는 게 사실이니 말이다. 하지만 그의 주장은 '왜, 무엇 때문에 하느님을 의인론적으로 표현하는가?'라는 물음에 대한 대답은 아니다.

모두들 나름대로 일리 있는 주장을 폈지만 정작 붙들고 씨름해야 할 주제는 비껴갔다는 게 아쉽다. 구약성서가 그토록 분명히 인식했음에도 불구하고 하느님이 물질적인 몸을 가졌다고 표현하는 구절들을 왜 이 위대한 학자들이 비껴갔는가 말이다. 그들은 왜 있는 그대로 읽지 않았을까? 이런 구절들이 그들 눈에는 들어오지 않았을까? 만일 그랬다면 그건 우연이나 실수가 아니라 의도적인 회피였든지 아니면 하느님은 영적인 존재라는 생각이 그들을 지배했기 때문이든지 둘 중 하나가 아니였겠는가?

왜 사람들은 신이 사람의 모습을 띠고 있다고 믿었을까?

언제부터, 왜 하느님이 존재한다고 믿었는지에 대해 믿을만한 증거를 갖고 주장할 수 있는 사람은 이 세상에 없다. 종교학, 인류학 등에서 이런저런 이론들을 내세우지만 그것들을 입증할 객관적인 증거는 내놓지 못했다. 그런 이론들을 들여다보면 '아, 그럴 수 있겠구나!' 하는 생각은 들지만 딱 거기까지다. 입증할 수 있는 증거가 없으니 이론들이 맞다거나 틀리다고 판단할 수 없다. 종교의 기원에 관해서 '아, 그럴 수 있겠구나!' 하는 이론들은 앞으로도 더 나오겠지만 그것도 딱 거기까지일 거다.

　재미있는 현상은, 예외가 없진 않지만 대부분의 사람들은 자기가 믿는 신이 '사람'의 모습을 갖고 있다고 믿는다는 사실이다. 물론 동물의 형상을 취한다는 '토템 종교'도 있지만, 그리고 몸은 사람이고 얼굴은 동물인 경우도 있지만 그것은 극히 예외적인 현상일뿐, 대부분의 종교에서 신은 사람의 모습을 하고 있다. 구약성서도 예외가 아니다. 구약성서에서도 사람들은 하느님이 자기들을 "밝은 얼굴"로 대해주기를 바라고 "강한 손"을 뻗어 구원해주기를 원한다. 구약성서가 하느님의 몸 구석구석을 자세히 묘사하진 않지만 그렇다고 해서 사람들이 하느님은 얼굴과 팔만 갖고 있다고 믿지는 않을 것이다.

　왜 그랬을까? 왜 사람들은 신이 사람의 모습을 띠고 있다고 믿었을까? 왜 산이나 들, 구름이나 바위가 아니라 사람이었을까? 왜 소나 말이나 사자, 악어, 하마가 아니라 사람이었을까?

　나는 그것이 '관계 맺기' 때문이었다고 생각한다. 더 구체적으로는 '의사소통을 통한 관계 맺기'를 그 무엇보다 중요하게 생각했기 때문이란 거다. 사람이 동물과 관계를 맺고 의사소통하는 것은 불가능하진 않다 해도 극히 제한적일 수밖에 없다. 개가 한 식구 같고 사랑스러워도 그것이 뭘 생각하는지, 뭘 바라는지를 알 수 없는 까닭은 그것과의 의사소통이 지극히 제한적이기 때문이다. 반면 사람과 사람 사이에는 다양한 의사소통의 수단들이 있기 때문에 동물보다는 상대방의 생각을 더 잘 알 수 있다. 바로 이런 이유 때문에 사람은 신을 의인론적으로 표현하고 싶었지 않았을까 하는 얘기다.

하느님이 사람의 모습을 띠고 있다는 믿음으로 인해 자연스럽게 하느님과 사람 사이의 관계가 사람과 사람 사이의 관계로부터 유추되었다. 부모자식 관계(잠언)나 부부관계(호세아) 같은 가족관계는 물론이고 주인과 종의 관계(레위기 25장)와 강대국과 속국 사이에 맺어지는 조약관계(모세오경 전체) 등의 사회관계까지 다양한 인간 사이의 관계를 신인관계의 모형으로 삼게 됐다. 그렇게 됨으로써 인간관계에 적용되는 도덕과 윤리가 자연스럽게 신인관계를 설명하는 틀로 자리잡게 됐다. 그래서 어떤 예언자는 우상숭배를 '불륜'(adultery)으로 규탄했고 또 다른 예언자는 배교를 언약을 파기한 '배신' 또는 '불충'이라고 비난했던 것이다. 곧 바람직한 신인관계는 바람직한 인간관계의 언어와 개념으로 이해되고 설명됐고 바람직하지 않거나 망가진 신인관계 역시 같은 식으로 이해, 설명됐다. 만일 하느님을 사람이 아니라 산천초목이나 동물로 상정했다면 그런 하느님에게 충성하거나 배신한다는 생각을 어떻게 할 수 있었겠는가.

여기까지는 별 문제가 없다. 어떤 의미에서는 그럴 수밖에 없었겠다는 생각도 든다. 정말 궁금한 점은 이렇듯 하느님이 사람의 모습을 띠고 있다고 생각했음에도 불구하고 왜 그 모습을 그림으로 그리거나 조각해서 만드는 것은 철저하게 금했는가 하는 점이다. 말이나 글로 묘사하는 것은 괜찮은데 왜 그림을 그리거나 조각으로 만드는 것은 유독 철저하게 금했는가 말이다. 하느님의 눈, 입, 얼굴, 손, 발 등등을 입에서 토해내는 것조차 금했다면 이렇게까지 당혹스럽진 않았을 게다. 말하는 것이나 글로 쓰는 것은 구약성서 전체를 통해서 전혀 문제 되지 않았는데 왜 유독 눈에 보이는 그림이나 조각으로 표현하는 건 금지됐는가 말이다. 말 잘 하는 사람이 "하느님이 강한 오른손으로 나를 구원해 주셨다"고 감격해서 말하는 것은 괜찮고 그림 잘 그리는 사람이 그것을 그림으로 그리면 당장 십계명 중 둘째 계명을 어기게 되는 상황을 한 번 생각해보시라. 이게 이해가 되는가? 이게 말이 되는가 말이다.

구약성서에서 우상숭배를 하는 방법은 두 가지였다. 첫째는 야웨 하느님 아닌 다른 신을 섬기는 일이고 둘째는 야웨 하느님을 섬기더라도 '올바르지 않은 방법'으로 섬기는 일이 그것이다. 십계명 중 첫째 계명은 첫 번째 방법에 대한 규정이고 둘째 계명은 두 번째 방법에 대한 규정이라고 이해할 수 있겠다. 왜 말로 하면 괜찮고 그림으로 그리면 안 됐을까? 그것이 알고 싶은 것이다. 그럼 이제부터 관련되는 성서 구절들을 꼼꼼히 파헤쳐보자.

1장

왜 그들은 모두
주님을 보고도
못 알아봤을까?

'신약'이라구? 그게 뭔데?

나는 이 책에서 줄곧 '구약성서'라는 말을 쓰겠지만 요즘 주류학계에서는 '구약성서'(Old Testament)라고 부르지 않고 '히브리성서'(Hebrew Bible)라고 부른다. 오래됐다는 뜻인 '구약'이란 말이 그것을 유일한 경전으로 믿는 유대인들에게 불쾌감을 주기 때문이란다. 누구라도 불쾌감을 느낀다면 가급적 하지 말아야겠지만 '신약'을 갖고 있는 기독교인에게 '구약'이란 이름은 당연한데도 불구하고 이렇게 부르는 것을 피하라는 걸 보면 유대인 파워가 세긴 센 모양이다. 그래서 어떤 사람은 '첫째 성서'(First Testament)와 '둘째 성서'(Second Testament)라는 말을 쓰기도 한다.

구약성서 전공자들 사이엔 이런 농담이 있다. 어떤 사람이 구약 전공자에게 "신약성서에는 이런 구절이 있는데… 라고 말했더니 구약 전공자가 "'신약'이라구? 그게 뭔데?"라고 묻더란다. "아무리 자네가 구약 전공이라지만 신약이 뭔지 모른다는 게 말이 되나?" 하니까 구약 전공자는 그제서야 "아, 성서 뒤에 쬐그맣게 붙어 있는 그 '꼬리'(appendix)나 '색인'(index) 말인가?"

신약성서를 구약성서보다 더 중요하게 여기는 기독교인들이 들으면 놀래 자빠질 얘기겠다. 물론 농담이지만 만일 이런 구약학자가 정말 있다면 그는 구약성서와 신약성서가 얼마나 많은 공통점과 연결점들을 갖고 있는지를 더 공부해야 할 것이다. 보수적인 학자들이 내놓는 막무가내 억지춘향 격의 해석들이 아니더라도 말이다.

이 책에서는 주로 구약성서 얘기를 하겠지만 시작은 신약성서의 한 구절로 해보겠다. 이 구절이 오랫동안 나를 곤혹스럽게 만들기도 했거니와 우리가 생각해볼 주제와도 관련이 있기 때문이다. 신약성서의 구절이기 때문에 구약성서 전공자로서 다루기가 조심스럽지만 용기를 내어 읽어보겠다.

'최후의 심판', 비유의 핵심은 무엇인가

오랫동안 나를 곤혹스럽게 한 이야기는 마태복음 25장에 나오는 '최후의 심판 비유'다. 왜 그토록 널리 알려져 있고 자주 설교되는 그 비유가 나를 곤혹스럽게 했을까? 돌이켜보면 내가 대학 졸업 때까지 다녔던 교회는 매우 보수적인 교회였는데 누구든지 거기서 이 본문을 갖고 설교하는 걸 들어본 기억이 없다. 물론 내 기억이 정확하지는 않지만 인상에 남는 설교가 없는 것만은 사실이다. 내가 이 비유에 대한 설교를 듣고 그 의미를 진지하게 생각하기 시작한 때는 교단을 옮긴 다음부터였다. 좀 길지만 비유 전문을 옮겨보자.

인자가 모든 천사와 더불어 영광에 둘러싸여서 올 때에 그는 자기의 영광스러운 보좌에 앉을 것이다. 그는 모든 민족을 자기 앞으로 불러 모아 목자가 양과 염소를 가르듯이 그들을 갈라서 양은 그의 오른쪽에 염소는 그의 왼쪽에 세울 것이다. 그 때에 임금은 자기 오른쪽에 있는 사람들에게 말하기를 "내 아버지께 복을 받은 사람들아, 와서 창세 때로부터 너희를 위하여 준비한 이 나라를 차지하여라. 너희는 내가 주렸을 때에 내게 먹을 것을 주었고 목말랐을 때에 마실 것을 주었고 나그네 되었을 때에 영접하였고 헐벗었을 때에 입을 것을 주었고 병들었을 때에 돌보아 주었고 감옥에 갇혔을 때에 찾아 주었다." 할 것이다. 그 때에 의인들은 그에게 대답하여 말하기를 **"주님, 우리가 언제 주께서 주리신 것을 보고 잡수실 것을 드리고 목마르신 것을 보고 마실 것을 드리고 나그네 되신 것을 보고 영접하고 헐벗으신 것을 보고 입을 것을 드리고 언제 병드시거나 감옥에 갇히신 것을 보고 찾아갔습니까?"** 할 것이다. 그 때에 임금이 그들에게 말할 것이다. "내가 진정으로 너희에게 말한다. **너희가 여기 내 형제자매 가운데 지극히 보잘 것**

없는 사람 하나에게 한 것이 곧 내게 한 것이다." 그 때에 그는 또 왼쪽에 있는 사람들에게도 말할 것이다. "저주받은 자들아, 내게서 떠나서 악마와 그 부하들을 가두려고 준비한 영원한 불 속으로 들어가거라. 너희는 내가 주렸을 때에 내게 먹을 것을 주지 않았고 목말랐을 때에 마실 것을 주지 않았고 나그네 되었을 때에 영접하지 않았고 헐벗었을 때에 입을 것을 주지 않았고 병들었을 때나 감옥에 갇혔을 때에 찾아 주지 않았다." 그 때에 그들도 대답하여 말할 것이다. "주님, 우리가 언제 주께서 굶주리신 것이나 목마르신 것이나 나그네 되신 것이나 헐벗으신 것이나 병드신 것이나 감옥에 갇히신 것을 보고도 돌보아 드리지 않았다는 것입니까?" 그 때에 임금은 대답하기를 "내가 진정으로 너희에게 말한다. 여기 이 사람들 가운데서 지극히 보잘 것 없는 사람 하나에게 하지 않은 것이 곧 내게 하지 않은 것이다." 하고 말할 것이다. 그리하여 그들은 영원한 형벌로 들어가고 의인들은 영원한 삶으로 들어갈 것이다(마태복음 25:31-46).

비유 서두에 등장하는 '인자'는 '모든 민족'을 심판하는 '임금' 곧 '심판주'다. 그는 모든 민족들을 양과 염소로 갈라서 양은 오른쪽에, 염소는 왼쪽에 세우고 그들을 심판한단다. 판결 기준은 오직 하나, 인자에게 먹고 마실 것을 주는 등 그가 곤경에 처해 있을 때 돌봐줬는지 여부다. 오른편에 세워진 사람들은 그렇게 했기 때문에 '영원한 삶'으로 들어가고 왼편에 세워진 사람들은 그렇게 하지 않았기 때문에 '영원한 형벌'로 들어갈 것이라고 했다. 삶과 형벌 앞에 붙어 있는 '영원한'이란 수식어는 그것들이 시간적으로 영원할 뿐 아니라 변경불가능하다는 사실도 암시한다. 사람들이 이 비유에 '최후'의 심판이란 제목을 붙인 까닭도 여기에 있다. 마지막 날에 내려질 심판이면서 동시에 판결에 불만이 있어도 항소의 기회가 주어지지 않는 최종심판이란 뜻이겠다.

흔히 비유의 핵심은, 오른편 사람들은 자기들이 그런 행위를 하지 않았다고 생각하지만 인자는 했다고 판정했고, 왼편 사람들은 했다고 생각하지만 인자는 하지 않았다고 판정했다는 데 있다고 말한다. 말하자면 '뒤집기' 또는 '역전'이 비유의 핵심이자 묘미라는 얘기다. 정말 그럴까? 정말 뒤집기가 비유의 핵심일까? 역전이 일어난다고 해도 반드시 그것이 비유의 핵심이라고 볼 이유는 없다. 정말 이 비유는 '인생 역전'을 말하려는 걸까?

다른 것은 다 그만두고 '행위'라는 측면만 살펴보자. 정말 그들 말대로 오른편 사람들은 그런 행위를 하지 않았고 왼편 사람들은 했을까? 그렇다면 인자는 왜 하지 않았다는 사람들은 했다고 판단했고 했다는 사람들은 하지 않았다고 판단했을까? 왼편 사람들의 경우는 그래도 이해할 만하다. 악인들은 선행을 하지 않고도 했다고 왕왕 거짓말을 하니까 말이다. 하지만 선인들은 왜 해놓고도 굳이 하지 않았다고 말했을까? 겸손의 미덕을 갖춰서였을까? 그렇다면 비유의 핵심은 '겸손'인가? 아니면 선행도 하고 겸손하기도 해야 영원한 삶으로 들어가는 걸까? 그렇진 않을 것이다. 이 자리는 예절교육을 하는 교실이 아니라 변경할 수 없는 최후의 심판이 내려지는 엄정한 법정이다. 겸손이나 오만을 따지는 윤리 수업 시간이 아니란 얘기다.

누군가를 '알아본다'는 것

비유의 핵심을 푸는 열쇠는 '행위'나 '무행위'에 있지 않고 행위나 무행위의 '대상'에 있다. '모든 민족'을 심판하는 인자/심판주는 주리고 목마르고 나그네 되고 헐벗고 병들고 감옥에 갇힌 자, 한마디로 '내 형제자매 가운데 지극히 보잘 것 없는 사람'이 바로 자신이었다고 말한다. 그런데 오른편과 왼편 사람들 모두 주님을 알아보지 못했던 것이다. 왜? 그가 '지극히 보잘 것 없는 사람'의 모습으로 나타났기 때문이다. 비유의 진정한 신학적 핵심은 바로 여기에 놓여 있는 게 아닐까?

　인자가 누가 봐도 인자인 줄 알아볼 수 있는 외모로 사람들 앞에 나타난다면 누구나 그를 극진히 대접할 것이다. 왜 안 그러겠는가? 그런데 비유는 인자가 그런 모습으로 사람들에게 나타나지 않았다고 말한다. 그는 선인과 악인 그 누구도 인자로 알아보지 못하는 모습으로 나타났다. 헐벗고 굶주리고 옥에 갇히고 나그네로 떠돌아다니는 초라하고 비참한 모습으로 나타난 거다. 곧 '인자'라는 신적인 존재(divine being)가 사람의 모습으로, 그것도 누구나 외면할 정도로 초라하고 비참한 모습으로 나타났을 때 과연 사람들은 그를 알아볼 수 있겠는가 하는 게 비유의 초점이다. 더 거창하게 말하면 사람의 모습으로 세상에 오는 하느님을 어떻게 알아볼 것인가, 인지하기 어렵게 인간세계에 스며들어오는 신적인 세계를 우리는 어떻게 인지할 것인가가 비유의 초점이란 말이다.

　이것만으로도 비유가 던지는 질문의 무게를 감당하기 어려운데 비유는 여기서 한 걸음 더 나아간다. 그 다음으로 우리는 '대상'이 아니라 '행위'에 관심을 기울여야 하는 것이다. 비유는 사람의 세계와 하느님의 세계를 이어주는 '다리'가 무엇인지를 보여주는데 굶주린 사람에게 먹을 것을 주고 목마른 사람에게 마실 물을 주며 헐벗은 자를 입히고 나그네를 돌보며 감옥에 갇힌 사람을 돌보는 '행위'(praxis)가 바로 그것이다. 이와 같은 대상의 지위고하를 가리지 않고 사랑을 실천할 때 우리는 남루하고 초췌한 모습으로 우리에게 오는 인자를 알아보게 될 거란 얘기다. 비유는 결국 누군가를 '알아보는' 것에 관한 얘기다. 누군가를 '알아본다'는 말은 겉모습만 봐서는 정체를 알 수 없을 때 쓴다. 누군가를 알아보지 못하는 것은 겉모습에 현혹되어 정체를 알아보지 못하는 경우를 가리킨다.

구약성서에는 제대로 알아봤어야 하는데 그러지 못해서 생긴 에피소드가 많다. 사람을 제대로 못 알아보는 것도 문제지만 더 큰 문제는 하느님을 제대로 알아보지 못하는 경우다. 하느님이 사람마냥 자주 나타나지 않고 가뭄에 콩 나듯 아주 가끔 나타나는데 그걸 제대로 못 알아봤다니 이게 어디 보통 심각한 문제인가. 하지만 아주 늦어버리기 전에 알아봤으니 그마나 다행이랄까.

앞으로 하느님을 알아보는 데 관한 얘기를 해볼 텐데 그 전에 먼저 사람이 하느님을 보면 어떻게 되는지에 대해 생각해보자. 흔히 사람이 하느님을 보면 죽는다고 알려져 있다. 맞다. 구약성서에는 분명히 그런 얘기가 있다. 하지만 실제로는 하느님을 보고도 죽지 않고 살아남은 사람들이 있다. 그럼 "하느님을 본 사람은 반드시 죽는다"는 말은 어떻게 이해해야 할까? 거짓말인가? 아니면 극히 일부지만 예외가 있었던 걸까? 하느님을 알아보는 데 관한 얘기를 하기 전에 하느님을 보면 정말 죽는지에 대한 얘기를 먼저 해보자. 하느님을 알아보는가 알아보지 못하는가도 우선은 하느님을 보고 죽지 않아야 의미가 있는 물음일 테니 말이다.

2장

하느님을 본
사람은
정말 죽는가?

매우 심오한 구약성서의 '물질적 신관'

많은 기독교인들은 하느님을 보면 죽는다고 알고 있다. 그게 왜 그런지, 성서 어디에 그런 말이 있는지는 몰라도 좌우간 하느님을 본 사람은 살아남지 못한다고 알고 있다. 그리고 그 얘기는 별로 어색하지 않고 그리 이상하지도 않다. 어색하거나 이상하기는커 녕 당연히 그래야 한다고 생각한다. 하느님을 보는 일은 죽음으로 갚아야 하는 천기누설에 해당될까? 그래서 그런 사람은 죽어 마 땅한 걸까? 아니면, 하느님을 보는 게 상상도 못할 정도의 '무례' 라고 여겼을까? 죽음 이외에 다른 걸로는 상쇄할 수 없는 극도의 무례 말이다. 왜 하느님을 본 사람은 죽어야 했을까? 실제로 하느 님을 봤다고 해서 죽은 사람은 있었는가? 있다면 누구일까?

하느님을 보면 죽는다는 말은 출애굽기 33장 20절에 나온다. "나를 본 사람은 아무도 살 수 없다." 이 구절은 그 어떤 예외나 에누리도 용납하지 않겠다는 듯이 단호하다. "나를 본 사람은 아

무도 살 수 없다"고 말이다.

이 말이 사실이라면 앞 장에서 한 얘기들은 모두 부질없어진다. 우리는 앞 장에서 하느님을 알아보느냐 알아보지 못하느냐에 대해 얘기했는데 일단은 하느님을 보고 살아남아야 그런 얘기가 의미가 있지 않겠나. 하느님을 본 사람은 아무도 살지 못하고 모두 죽는다면 이런 얘기가 무슨 소용이 있는가 말이다. 그래서 하느님을 알아보는가 못 알아보는가 하는 얘기보다 먼저 따져봐야 할 것은 사람이 하느님을 눈으로 보는 데 대해서 구약성서가 뭐라고 말하는지 살펴보아야 했다. 그건 정말 사람의 생사가 걸린 일이었을까?

대부분의 기독교인들은 하느님을 본 사람은 반드시 죽는다는 말에 이의를 제기하지 않는다. 하지만 따지고 보면 이 말을 당연히 받아들일 이유는 그 어디에도 없다. 왜 꼭 그래야만 하는가 말이다. 게다가 이 말은 기독교인들의 하느님에 대한 생각과도 맞아떨어지지 않는다. 무슨 말인가 하면, 기독교인들은 하느님을 눈에 보이지 않는 '영적인 존재'(spiritual being)로 믿고 있는데 그런 하느님을 '눈으로 본다'는 게 본래부터 말이 안 된다는 얘기다. 애초부터 눈에 보이지 않는 '영적 존재'인 하느님을 어떻게 사람이 눈으로 보고 죽을 수 있냐는 거다. 본래부터 하느님을 눈으로 볼 수 없다면 그 하느님을 눈으로 본 사람은 반드시 죽는다는 말은 앞뒤가 맞지도 않고 의미도 없는 말이 아닐 수 없다. 한 마디로 모순이란 얘기다.

이 모순을 인식하고 해결하려 한 사람들은 없었을까? 물론 있었다. 그들이 내놓은 해결책 중 하나는, 구약성서의 하느님은 눈에 보이는 '물질적'인 신이고 신약성서의 하느님은 눈에 보이지 않는 '영적'인 신이라는 해결책이다. 그러니 구약성서의 하느님에 대한 생각을 신약성서의 영적인 하느님에게 그대로 적용할 수는 없다는 거다. 이렇게 구약성서와 신약성서의 하느님을 구별하면 앞서 말한 모순은 해결된다.

하지만 이 해결책은 더 심각한 문제를 불러일으킨다. 곧 구약성서와 신약성서의 하느님을 서로 다른 신으로 만들어 놓는 게 그것이다. 한쪽의 하느님은 물질적인 존재이고 다른쪽의 하느님은 영적인 존재라면 이는 달라도 너무 다른 것이 아닌가. 이 둘을 어떻게 같은 신이라고 보겠는가. 학자들 중에는 이를 발전론적(developmental), 또는 진화론적(evolutionary) 관점에서 이해하는 학자들이 있다. 곧 '미개하고 유치한' 구약성서의 물질적 신관이 신약성서에 와서 '정교하고 고상한' 영적 신관으로 변했다는 것이다.

'여는 글'에서도 잠시 언급했듯이 물질적 신과 영적인 신 사이에는 분명히 차이가 있다. 하지만 그 차이는 흔히 생각하듯이 수준의 높고 낮은 차이가 아니라 하느님을 사고하는 관점의 차이다. 구약성서가 하느님을 물질적인 존재로 보는 것은 사실이지만 그런 생각은 사람들이 생각하듯이 그렇게 미개하고 유치하지 않다. 내가 이 책 전체를 통해서 보여주고 싶은 것이 바로 이 점이다. 곧 구약성서의 물질적 신관이 전혀 유치하지 않고 매우 심오하다는 사실 말이다.

이 얘기는 차차 하겠지만 여기서 한 가지만은 분명히 하고 싶다. 구약성서의 하느님은 물질적인 존재이므로 초월적인 신이 아니라 내재적이기만 한 신이란 생각은 오해라는 점이다. 구약성서도 신약성서처럼 하느님의 초월성과 영성을 분명히 인식하고 있다. 다만 그 초월성과 영성을 인식하고 경험하고 표현하는 방식이 신약성서의 그것과 다를 뿐이다. 더욱이 신약성서에서 말하는 하느님이 영적인 존재라는 말은 하느님의 물질성이 완전히 폐기됐음을 의미하는 말이 아님을 잊어서는 안 된다. 하느님은 신약성서에서도 여전히 물질적인 성격을 완전히 버리지는 않았다는 얘기다.

모세와 '얼굴을 마주하신' 하느님

하느님에 대한 시각적 경험에 대한 얘기로 돌아와 보자. 출애굽기 33장 20절에서 하느님은 "나를 본 사람은 아무도 살 수 없다"고 분명히 선언했지만 전후 맥락을 살펴보면 '어, 이게 무슨 말이야? 정말 죽긴 죽는 거야?'라는 생각이 든다. 하느님이 분명하게 한 말에 의문을 제기하는 건 외람되지만 그런 의문이 드는 게 솔직한 심정이다. 전후맥락을 살펴보자.

출애굽기 33장은 이스라엘이 시내 산을 떠나는 장면을 서술한다. 이스라엘이 천막을 거두고 행진 준비를 할 때 야웨는 모세를 불러서 이제부터 당신은 이스라엘과 동행하지 않겠다고 통보한다. 대신 '한 천사'를 보내어 그로 하여금 야웨 대신 이스라엘을 인도하게 하신단다. 그 까닭은 "너희는 고집이 센 백성이므로 내가 너희와 함께 가다가는 너희를 없애 버릴지도 모르기 때문"이다(3절). 이 말을 들은 이스라엘은 모두 참담한 심정으로 통곡했단다. 야웨가 자신들을 떠난다는데 왜 안 그랬겠는가.

그 다음 7-11절에서는 장막에 대해 얘기하면서 그곳에서 "야웨께서는 마치 사람이 자기 친구에게 말하듯이 모세와 **얼굴을 마주하고** 말씀하셨다"고 전한다(11절). 이건 또 무슨 말인가! 야웨가 모세와 '얼굴을 마주하고' 대화했다니! 그러고도 모세가 죽지 않았다니! 바로 앞의 "하느님을 본 사람은 반드시 죽는다"는 말은 어떻게 된 건가. 그새 무효가 됐나? 그게 아니면 모세만은 예외인가? 모세는 야웨를 봐도 죽지 않는단 얘긴가? 바로 앞에서 한 말을 이렇듯 쉽게 뒤집어도 되나? 이래서야 야웨가 하는 말을 어떻게 신뢰할 수 있겠는가 말이다.

그런데 이게 끝이 아니다. 바로 다음엔 더 희안한 얘기가 나온다. 모세는 더 이상 이스라엘과 동행하지 않겠다는 야웨를 어떻게든 설득하려 했지만 실패로 돌아가자 느닷없이 "저에게 당신의 **영광**(your glory, 크보드카)을 보여 주십시오"라고 청한 것이다. 하지만 하느님은 그의 청을 절반만 들어준다.

> 내가 **나의 모든 영광**(all my goodness, 콜-토비)을 네 앞으로 지나가게 하고 나의 거룩한 이름을 선포할 것이다…. 그러나 내가 너에게 **나의 얼굴**(my face, 파나이)은 보이지 않겠다. **나를 본 사람은 아무도 살 수 없기 때문이다**…. 너는 나의 옆에 있는 한 곳, 그 바위 위에 서 있어라. 나의 영광이 지나갈 때에 내가 너를 바위틈에 집어넣고 내가 다 지나갈 때까지 너를 **나의 손바닥**(my hand, 카피)으로 가려주겠다. 그 뒤에 내가 나의 손바닥을 거두리니 네가 나의 등(my back, 아호라이)을 보게 될 것이다. 그러나 **나의 얼굴**은 볼 수 없을 것이다(출애굽기 33:19-23).

여기서 '나의 모든 영광'이 구체적으로 무엇을 가리키는지는 이 구절만으로는 알 수 없다. 하지만 이것은 눈에 보이는 그 무엇, 곧 물질적이라 할 만한 그 무엇을 가리킨다는 것은 분명해 보인다. 그것이 '내 앞을' 지나가게 하겠다는데 눈에 안 보인다면 말이 되겠나.

궁금한 점은 '영광'은 뭐고 '얼굴'은 뭐며 그것은 하느님 자신과 어떤 관계일까 하는 점이다. 위의 문장을 다시 읽어보자. 모세가 야웨에게 보여달라던 것은 '당신의 영광'이고 야웨가 그의 앞으로 지나가게 하겠다는 것은 '나(야웨)의 모든 영광'이다. 우리말로는 모두 '영광'으로 번역됐지만 히브리 원어는 '카보드'와 '토브'로 서로 다르다. 하지만 야웨는 당신의 '얼굴'을 모세에게 보여주지 않겠다고 했다. 그렇다면 '얼굴'은 '영광'의 일부일까? 야웨의 '영광' 중에서 유독 '얼굴'만은 보면 안 됐을까? 야웨는 모세가 자신의 얼굴을 보지 못하게 하려고 "나(야웨)의 영광이 지나갈 때" 야웨의 '손바닥'으로 모세를 가리겠다고 말했다. 그래서 모세는 야웨의 '얼굴'은 볼 수 없고 그 대신 '등'은 볼 수 있을 거란다.

　얼굴(face), 손바닥(hand), 등(back)…. 구약성서에서 이 구절처럼 하느님 몸의 몇 부분을 상세히 묘사한 구절도 없을 거다. 이 중에는 봐서는 안 되는 부분이 있고 봐도 괜찮은 부분이 있다는 얘기다. 우선 하느님의 '모든 영광'은 하느님 자신을 가리킨다고 볼 수 있겠다. 여기서 나머지 신체 부분을 은유적으로 해석할 수 있는 가능성이 열린다. 구상명사를 추상명사로 표현했으니 말이다. 그래서 얼굴 역시 눈, 코, 입 달린 얼굴이 아니라 하느님의 '현존'(presence) 또는 하느님과의 '친밀성'(intimacy)을 가리키는 은유적 표현으로 읽는 사람들이 많다. 손바닥도 마찬가지다. 다섯 개의 손가락이 달린 손바닥을 가리키는 말이 아니란 거다. 그렇다면 '등'은 뭘 가리키는 은유일까? '얼굴'이 현존을 가리킨다면 '등'은 뭘 가리키는가 말이다. 내가 과문한 탓인지 '얼굴'을 은유로 이해하는 사람들 중에서 '등'이 무엇을 은유하는지를 분명히 얘기하는 사람은 못 봤다. '얼굴'에 신경쓰느라 '등'에는 신경 쓸 여력이 없었을까?

야웨가 물질적인 몸을 갖고 있음을 전제하는 구절들 중에도 은유가 있고 실제 묘사가 있다. 따라서 각각의 구절들은 잘 읽고 그것이 은유인지 아닌지를 결정해야 한다. 그런데 구약성서 학자를 포함해서 많은 사람들은 하느님이 몸을 갖고 있다는 생각을 아예 하지 않거나 불편하게 여겨서 은유 아닌 구절도 은유로 읽는 게 문제다. 은유로 읽어야 할 구절은 은유로 읽어야 한다. 글쓴이가 그걸 기대하고 썼으니 말이다. 하지만 은유로 읽으면 아주 어색한 구절들까지도 은유로 읽는 것은 잘못이다. 야웨가 몸을 갖고 있다는 표현이 아무리 불편하다고 해도 말이다.

그럼 이 구절은 은유로 읽어야 하는지 비은유적으로 읽어야 하는지를 따져보자. '얼굴'을 은유적으로 읽는다면 '등'도 마찬가지로 은유적으로 읽어야 정당한데 그렇지 않다는 얘기는 앞에서 했다. 그럼 '손바닥'은 어떤가? 여기서 야웨의 손바닥은 야웨의 얼굴을 보지 못하도록 모세의 얼굴을 가리는 수단이었으니 은유라고 보기에는 너무 '리얼'하지 않은가. 얼굴이 은유라면 그걸 손바닥으로 가릴 이유가 어디 있겠는가. 더욱이 야웨가 이스라엘 백성들과 동행하지 않겠다고 선언하는 대목부터 모세의 얼굴을 가리는 대목까지를 통틀어 은유로 읽지 않는 한 '손바닥'만 은유로 읽을 수는 없지 않을까? 마지막으로 만일 이게 전부 은유라면 "하느님을 본 사람은 '반드시' 죽는다"는 말을 어떻게 이해해야 하겠나? 사람이 '은유적'으로 죽을 수도 있나? 이런 점들을 고려한다면 이야기 전체를 비은유적으로 읽을 수밖에 없다. 야웨의 신체 여러 부분을 언급하는 게 아무리 어색하고 불편해도 그 방법밖에 없다.

이사야 역시 야웨를 봤지만 죽지 않았다!

이와 비슷한 얘기가 이사야가 야웨의 부름을 받는 이사야 6장에도 나온다. 여기서 이사야는 "높이 들린 보좌에 앉아 계시는 야웨"를 봤는데 "그의 옷자락이 성전에 가득 차 있었다"고 했다(1절). 환상이든 실재든 이사야는 예루살렘 성전에 있었던 거다. 거기 높은 곳에 보좌가 있고 그 보좌 위에 야웨가 앉아 있었으며 그 위로 여섯 날개를 가진 스랍들(seraphim)이 훨훨 날아다니며 큰소리로 "거룩하시다, 거룩하시다, 거룩하시다. 만군의 야웨! 온 땅에 그의 영광이 가득하시다"라고 노래 부르고 있었다. 그 노랫소리에 문지방의 터가 흔들렸으며 연기가 성전을 가득 채우고 있었다.

상당히 상세한 묘사가 아닌가. 이 광경을 지켜보던 이사야 입에서 이런 말이 터져나왔단다.

재앙이 나에게 닥치겠구나! 이제 나는 죽게 되었구나! 나는 입술이 부정한 사람인데 입술이 부정한 백성 가운데 살고 있으면서 **왕이신 만군의 야웨를 만나 뵙다니!**(이사야 6:5).

이사야가 이유 없이 '이젠 죽었다'고 낙담하진 않았을 터이다. 그는 정말 죽을 줄 알았던 거 같다. 그 까닭은 입술이 부정한 사람으로서 입술이 부정한 백성들 가운데 살면서 야웨를 봤기 때문이라고 했다. 여기엔 세 가지 조건이 나열되어 있으니 좀 더 구체적으로 그가 왜 죽으리라 생각했는지를 따져볼 필요가 있다. 자기 입술이 부정하다고 생각했기 때문일까, 아니면 자기 입술은 부정하지 않지만 그런 백성들 가운데 살고 있었기 때문일까, 그것도 아니면 입술의 부정 여부와는 상관없이 그가 야웨를 보았기 때문일까? 아니면 이 모든 게 다 합쳐졌을까? 하지만 문맥을 잘 살펴보면 그 이유는 하느님을 봤기 때문이란 사실이 드러난다. 입술이 부정하다고 해서 다 죽는 것도 아니고 그런 백성들 가운데 살고 있다고 해서 다 죽는 것도 아니다. 물론 그게 자랑은 아니지만 그렇다고 해서 그 때문에 죽는 것도 아니란 얘기다. 그는 그런 상태에서 야웨를 봤기 때문에 죽으리라고 생각했던 것이다.

하지만 그는 죽지 않았다. 죽기는커녕 야웨의 보냄을 받았다. 야웨가 "내가 누구를 보낼까? 누가 우리를 대신하여 갈 것인가?" 하시며 보낼 사람을 찾았을 때 그가 썩 나서서 "제가 여기에 있습니다. 저를 보내 주십시오."라고 응답했다.

이사야 역시 야웨를 봤지만 죽지 않았다! 죽기는커녕 야웨의 예언자가 되어 이스라엘 백성에게 파송되기까지 했다. 그가 정확하게 무엇을 보았는지는 따져봐야 하겠지만 자기 입으로 '왕이신 만군의 야웨'를 봤다 했으니 우린 그의 말을 믿는 수밖에 없지 않겠나. 이렇게 해서 야웨를 보고도 죽지 않은 사람은 모세와 이사야, 둘로 늘어났다.

삼손의 부모도 비슷한 경험을 했다(사사기 13장). 삼손의 어머니에게는 자식이 없었다. 구약성서의 유명한 인물들 중에는 불임이었던 부부 사이에서 태어난 사람이 적지 않다. 아브라함이 그랬고 사무엘이 그랬으며 삼손도 그 중 하나다. 그런데 하루는 '야웨의 천사'가 나타나서 그녀의 임신을 예고하면서 태어날 아기를 '나실 사람'으로 기르라고 명했다. 이 아기는 이스라엘을 블레셋 사람들로부터 구원할 자이므로 술을 입에 대지 말고 머리에 칼도 대지 말라는 것이었다. 그녀는 남편 마노아에게 이 사실을 전했는데 이때 그녀가 한 말이 흥미롭다.

하느님의 사람(the man of God, 이쉬 하엘로힘)이 나에게 오셨는데 그분의 모습이 **하느님의 천사**(the angel of God, 말라크 하엘로힘)의 모습과 같아서 너무나 두려웠습니다. 그래서 나는 그분이 어디서 오셨는지 감히 묻지도 못하였고 또 그분도 나에게 자기 이름을 일러주지 않았습니다(사사기 13:6).

어떻게 알았는진 몰라도 그녀는 자기에게 온 자가 '하느님의 사람'임을 알았다. 그리고 그의 모습이 '하느님의 천사'의 모습과 같았단다. 그럼 그녀는 '하느님의 천사'가 어떻게 생겼는지 이미 알고 있었다는 얘기다. 그걸 어떻게 알았을까? 그녀는 과거에 '하느님의 천사'를 본 적이 있었나? 또는 '하느님의 천사'는 누가 봐도 그런 줄 알만한 나름의 특징을 갖고 있었나? 그런데 텍스트는 독자가 이 모든 걸 다 알고 있다는 듯이 아무 설명도 붙이지 않는다. 마노아는 아내의 말을 듣고 이렇게 기도했다.

야웨여, 우리에게 보내셨던 **하느님의 사람**을 우리에게 다시 오게 하셔서 태어날 아이에게 어떻게 하여야 할지를 우리에게 가르치게 하여 주십시오(사사기 13:8).

그의 기도가 응답을 받았는지 '하느님의 천사'가 다시 그녀에게 왔다. 기도는 남편이 했지만 응답은 아내가 받았던 것인가, 좌우간 그녀는 얼른 남편을 불러왔다. 마노아는 '하느님의 천사'에게 나실인이 지켜야 할 규칙을 들은 다음에 염소를 한 마리 잡아 대접할 테니 잠시 기다려 달라고 청했다. '하느님의 천사'는 기다릴 수는 있지만 염소 고기는 안 먹겠다며 번제를 바치려면 야웨에게 바치라고 말했다. 여기서 화자(narrator)는 이때까지는 마노아가 '하느님의 천사'의 정체를 몰랐다고 뜬금없이 말한다(16절). 그는 아내의 말을 곧이곧대로 듣지 않았을까? 그는 '하느님의 천사'에게 이름이 뭐냐고 물었지만 천사는 그건 비밀이라며 알려주지 않는다. 창세기 32장에서 야곱과 씨름했던 '한 사람'(또는 하느님)이 그랬던 것처럼 말이다(이 책의 4장 참조).

마노아는 '하느님의 천사'의 말대로 예물을 가져다가 하느님께 제사를 드렸다. 그러자 그때까지 마노아와 얘기를 나누던 '하느님의 천사'가 갑자기 불길을 타고 하늘로 올라가는 게 아닌가! 그러자 마노아는 깜짝 놀라 아내에게 이렇게 말했다. "우리가 **하느님**을 보았으니 우리는 틀림없이 죽을 것이오."

그는 '하느님의 천사'를 알아보는 눈은 없어도 하느님을 보면 죽는다는 사실은 알았던 모양이다. 그래서 영적 감수성과 신학 지식은 별개일 수 있다고 말들 하는 모양이다. 그의 아내는 남편보다 여러 가지 면에서 분별력이 더 있어 보인다. 야웨를 봤으니 죽을 거라고 호들갑 떠는 남편과는 달리 그녀는 침착하고 합리적으로 이렇게 말했다.

만일 야웨께서 우리를 죽이려 하셨다면 우리의 손에서 번제물과 곡식 예물을 받지 않으셨을 것이며 또 우리에게 이런 모든 일을 보이거나 이런 말씀을 하시지도 않으셨을 겁니다"(사사기 13:23).

이 얼마나 현명하고 대담하며 이치에 맞는 말인가. 그녀의 분별력에 다 감탄했으면 이 에피소드에서 따져봐야 할 점을 따져보자. 마노아 부부에게 나타나 그들과 대화를 나눈 존재를 텍스트는 줄곧 '하느님의 사람' 또는 '하느님의 천사'라고 부른다. '하느님의 사람'은 주로 예언자를 부르는 용어인데 여기선 그렇게 쓰이지 않았다. 둘 사이에 어떤 차이가 있는지는 이 얘기만 갖고는 알 수 없으니 일단은 그냥 넘어가자. 그런데 이 '하느님의 사람' 또는 '하느님의 천사'가 마지막 대목에서는 갑자기 '하느님'이 된다. 마노아도 "우리가 **하느님을 보았으니** 우리는 틀림없이 죽을 것이오"라고 말했고 그보다 더 분별력이 뛰어난 그의 아내까지도 비슷하게 생각했으니 말이다. 마노아가 죽을까 봐 두려워했던 이유는 그들이 '하느님의 사람'도 아니고 '하느님의 천사'도 아닌 '하느님'을 봤기 때문이다. 이를 어떻게 이해해야 할까? '하느님의 천사'나 '하느님의 사람'이나 '하느님'이나 다 같은 존재일까? 아니면 하느님의 사람이거나 하느님의 천사인 줄 알았는데 알고보니 하느님이었다는 얘기인가? 그럼 구체적으로 사람이 누구를 보면 죽는 것일까? 하느님인가, 하느님의 사람인가, 아니면 하느님의 천사인가? 그것도 아니면 전부 다인가?

구약성서의 야웨는 누군가? 그는 도대체 어떤 신인가? 사람의 눈으로 볼 수 있는 존재인가, 아니면 볼 수 없는 존재인가? '볼 수 없다'는 말은 볼 수는 있지만(곧 눈에는 보이지만) **봐선 안 된다**는 말인가, 아니면 사람에겐 야웨를 볼 능력이 원천적으로 없다는 뜻인가?

물론 야웨를 눈으로 볼 수 있는가 없는가가 하느님에 대한 사람의 생각을 전적으로 결정짓는다고는 말할 수 없다. 하지만 그것이 중요한 측면을 드러내는 것은 사실이다. 앞으로 차차 다루겠지만 구약성서에서 "야웨를 본 사람은 반드시 죽는다"라는 선언이 실제로 현실화된 적은 없다. 그렇다고 해서 이스라엘 백성이 야웨를 봐도 죽지 않는다면서 야웨를 보겠다고 야단법석하지도 않았다. 오히려 그들은 볼 수 있는 기회가 와도 보지 않으려고 눈을 돌렸다.

야웨의 외모와 관련해서 구약성서 전체를 관통하는 하나의 경향이 있는데 그것은 야웨를 눈으로 볼 수 있는 물질적 존재로 인식하면서도 그의 외모를 묘사하길 꺼리는 경향이다. 현실에서든 환상 속에서든 분명히 야웨를 눈으로 보는 상황임에도 불구하고 그의 외모를 구체적으로 묘사하지 않고 변죽만 울린다는 얘기다. 분명히 야웨를 보고 있는 상황인데도 말이다.

야웨를 눈으로 보면서도 그 외모를 묘사하지 않았다면 거긴 분명히 이유가 있을 것이다. 아무 이유 없이 그랬을 리는 없지 않겠나. 왜 그랬을까? 무엇이 야웨를 눈으로 봤음에도 불구하고 그 외모를 묘사하지 않게 만들었을까?

이 질문의 답을 찾기 전에 비교적 편안하게, 무서워하지 않고 하느님을 눈으로 봤거나 그 이상의 경험이나 행위를 했던 사람들 얘기를 먼저 읽어보자.

3장

야웨 앞에서
밥상 차려놓고
밥 먹은 사람들

다니엘이 본 야웨의 '옷과 머리카락'

한 삼사십 년 전에 서울 지하철에는 야웨가 우주에서 지구로 날아온 외계인이라고 주장하는 포스터가 많이 붙어 있었다. 지하철 당국의 허가를 얻지 않고 불법으로 붙여놓았을 그 포스터는 에스겔 1장을 그림으로 그린 거였다.

에스겔 1장의 내용은 이렇다. 유다 여호야긴 왕이 바빌론에 포로로 잡혀간 지 오 년 되던 해 어느 날, 에스겔 예언자가 그발 강가에 있었을 때 야웨가 하늘을 열어 그에게 환상을 보여줬다. 예언자는 야웨의 보좌를 봤다. 내용이 길어서 다 인용할 수는 없지만 그것을 그림으로 그린다면 매우 이상한 모양이 되겠다는 생각을 해본 적은 있다. 포스터를 봤을 때는 터무니 없다고 생각하고 웃었는데 지금 생각해보니 제법 잘 그린 그림이었다. '도대체 어떻게 묘사했기에…'하는 궁금증이 생긴다면 그 포스터는 오래 전에 사라졌을 터이니 에스겔 1장을 읽어보고 마음속으로 그려보시기 바란다.

이 밖에도 출애굽기 24장과 다니엘 7장이 야웨의 외모를 구체적으로 묘사한다. 궁금하지 않은가. 다니엘 7장부터 읽어보자.

내가 바라보니 옥좌들이 놓이고 한 옥좌에 옛적부터 계신 분이 앉으셨는데 옷은 눈과 같이 희고 **머리카락은 양털과 같이 깨끗하였다.** 옥좌에서는 불꽃이 일고 옥좌의 바퀴에서는 불길이 치솟았으며 불길이 강물처럼 그에게서 흘러 나왔다. 수종 드는 사람이 수천이요 모시고 서 있는 사람이 수만이었다. 심판이 시작되는데 책들이 펴져 있었다(9-10절)… 내가 밤에 이러한 환상을 보고 있을 때에 **인자 같은 이**가 오는데 하늘 구름을 타고 와서 옛적부터 계신 분에게로 나아가 그 앞에 섰다. 옛부터 계신 분이 그에게 권세와 영광과 나라를 주셔서 민족과 언어가 다른 뭇 백성이 그를 경배하게 하셨다. 그 권세는 영원한 권세여서 옮겨가지 않을 것이며 그 나라가 멸망하지 않을 것이다(13-14절).

다니엘은 환상이긴 했지만 야웨를 봤다! '옛적부터 계신 분'이 야웨가 아니고 누구랴. 다니엘은 야웨뿐 아니라 야웨를 수종 드는 사람 수천과 모시고 섰는 사람 수만도 같이 봤다. 옥좌에 앉아 계시는 분은 "옷이 눈과 같이 희고 머리카락은 양털과 같이 깨끗"했으며 야웨가 앉아 있는 "옥좌에서는 불꽃이 일고 옥좌의 바퀴에서는 불길이 치솟았"다고 한다. 나처럼 문자지향의 왼쪽 뇌형 인간도 눈앞에 그림이 그려질 정도로 상세히 묘사되어 있다. 다니엘이 이 광경을 보고 있는데 '인자 같은 이'가 구름을 타고 와서 '옛적부터 계신 분' 앞에 섰단다. 참으로 생생하지 않은가. 구약성서에서 뭐가 됐든 모습을 이처럼 상세히 묘사한 구절은 흔치 않다.

그런데 이상하다. 뭔가 부족하단 느낌을 지울 수 없다. 상세하고 생생하긴 하지만 뭔가 빠졌다는 느낌 말이다. 야웨의 '주변'은 이토록 상세하고 생생하게 묘사하고서 정작 야웨 자신에 대한 묘사는 찾아보기 어렵다. 뭔가 빠졌다는 공허한 느낌은 거기서 온 것이다. 기껏 묘사한다는 것이 야웨의 옷과 머리카락이 전부다. 그 이상은 묘사하지 않는다. 야웨의 얼굴은 어떻게 생겼는지 피부색깔은 어떤지 팔다리는 각각 두 개인지 수염은 있는지, 있다면 긴지 짧은지 등등에 대해서는 일언반구 말하지 않는다. 야웨의 외모에 대한 유일한 구체적인 묘사는 양털 같이 깨끗한 머리카락이 전부다. 그외에는 아무 것도 없다.

야웨의 모습에 대해서 마음 단단히 먹고 서술한 게 이 정도라면 이런 생각이 한 번쯤 드는 것도 그리 이상하진 않을 게다. 혹시 구약성서에는 하느님의 몸을 묘사하지 못하게 하는 문화적이고 종교적이며 신학적인 '압박' 같은 게 있는 게 아닐까?

하느님을 '보면서' 음식을 '먹고' 음료를 '마셨다'

이런 의구심은 출애굽기 24장을 읽고 나면 더 깊어진다.

> 야웨께서 모세에게 말씀하셨다. "너는 아론과 나답과 아비후와 이스라엘의 장로 일흔 명과 함께 나 야웨에게로 올라와 멀찍이 엎드려서 나를 경배하여라. 모세 너 혼자서만 나에게로 가까이 나아오고 그들이 나에게 가까이 와서는 안 된다. 백성은 너와 함께 올라오지 않게 하여라."…. 모세는 아론과 나답과 아비후와 이스라엘의 장로 일흔 명과 함께 올라갔다. 거기에서 그들이 이스라엘의 **하느님을 보니** 그 발 아래에는 청옥을 깔아 놓은 것 같으며 그 맑기가 하늘과 꼭 같았다. 야웨께서는 이스라엘의 지도자들을 손으로 치지 않으셨으므로 **그들이 하느님을 뵈오며 먹고 마셨다**(1-2, 9-11절).

야웨가 이스라엘과 언약을 맺으려고 백성의 대표들을 시내 산 꼭대기로 불렀다. 이것이 매우 중요한 의미를 갖는 사건임은 두말할 필요도 없다. 20세기에 가장 위대한 구약신학자 중 하나라는 아이히로트(W. Eichrodt)가 구약성서 전체의 중심 개념이라고 불렀던 야웨와 이스라엘 사이의 '언약'(covenant)이 맺어지는 자리니 말이다. 그 자리엔 모세와 아론과 아론의 두 아들 나답과 아비후, 그리고 일흔 명의 장로들이 있었다.

모세와 나머지 일흔세 명 사이에 모종의 구별이 있긴 했다. 야
웨에게 가까이 접근할 수 있는 사람은 모세 한 사람뿐이고 나머
지는 둘이 만나는 곳에서 멀찍이 떨어져 있어야 했으니 말이다.
'멀찍이'라곤 했지만 둘이 안 보일 정도는 아니었다. 그들도 둘의
행위를 목격하고 있었으니 말이다.

"그리고 그들은 이스라엘의 하느님을 **봤다**"(and they **saw** the God
of Israel). 모세 혼자도 아니었고 아론과 둘이서도 아니었다. 그들
을 포함해서 거기 있던 일흔네 명이 모두 봤다는 거다. 무엇을?
이스라엘의 하느님을! 먼 훗날 예수는 "마음이 깨끗한 사람은 하
느님을 볼 것이다"(마태복음 5:8)라고 했는데 이때는 마음이 깨끗하
지 않아도 하느님을 볼 수 있었던 모양이다. 이들 모두가 '마음이
깨끗한' 사람은 아니었으니 말이다. 후에 벌어진 일이긴 하지만
이 중에는 '이상한 불'로 야웨에게 제사를 드리다가 죽음을 당한
나답과 아비후도 포함되어 있었다니 말이다(레위기 10:1). 하느님을
눈으로 본 다음에도 나답과 아비후처럼 행동할 수도 있는 게 사
람이런가.

다시 우리 얘기로 돌아와서, 이들이 하느님을 봤다고 하는데 그
렇다면 구체적으로 뭘 본 걸까? 그 대목을 잘 읽어보니 다니엘의
경우와 비슷하다. 다른 점이 있다면 다니엘은 하느님의 '머리카
락'을 봤지만 이들은 '발 아래'를 봤다는 점이 다를 뿐이다. "그들
이 이스라엘의 하느님을 보니 그 **발 아래**에는 청옥을 깔아 놓은

것 같으며 그 맑기가 하늘과 꼭 같았다"고 했다.

얼굴도 아니고 가슴도 등도 아니고 오른손도 아니다. 그들이 본 것은 야웨의 '발 아래'였다. 사람이 누군가를 쳐다볼 때 가장 먼저 보는 데가 어딜까? 물론 사람마다 다르겠지만 그래도 '발 아래'는 아니지 않나. 이들에게 야웨의 '발 아래'가 가장 궁금하고 보고 싶은 부분은 아니었을 거다. 사람마다 가장 먼저 눈길이 가는 부분이 다 다르겠지만 그래도 '발 아래'보다는 '발 위' 어딘가에 눈길이 가게 마련이지 않나 말이다. 그런데 이들이 발 아래를(또는 발 아래만) 봤다면 무슨 연유인진 몰라도 발 위를 보는 것을 꺼렸기 때문이 아닐까?

독자 입장에서는 뭔가 대단한 얘기가 나오리라 기대하고 숨죽이고 기다렸는데 보통 실망이 아니다. 이게 뭔가? 기왕 보여주려면 '화끈하게' 다 보여줄 일이지 왜 하필 발 아래뿐인가 말이다. 왜 야웨의 발 위는 보지 않았을까? 봐선 안 될 이유라도 있나? 혹시 발 윗부분을 보고도 묘사하지 못한 건 아닐까? 전자든 후자든 왜 그랬을까?

전자라면 우린 그 이유를 짐작할 수 없다. 야웨가 자기 몸을 보여주지 않겠다고 작정했다면 그건 전적으로 야웨 맘이기 때문이다. 하지만 후자라면 얘기가 달라진다. 야웨의 몸을 보고도 묘사하지 말라는 명령은 구약성서 어디에도 없다. 그렇기 때문에 사람 편에서 그걸 꺼렸다고 봐야 하는데 그렇다면 왜, 무엇이 사람들로

하여금 야웨의 몸을 묘사하는 걸 꺼리게 만들었는가를 묻지 않을
수 없다. 이 질문에 대한 답을 찾아보기 전에 본문을 조금만 더 읽
어보자.

> 야웨께서는 이스라엘의 지도자들을 손으로 치지 않으셨으므로 그들
> 이 하느님을 뵈오며 먹고 마셨다(출애굽기 24:11).

야웨가 이스라엘의 지도자들을 손으로 치지 않았다는 말이 우
선 눈길을 끈다. 그들은 야웨에게 매맞아야 할 잘못을 저질렀던
가? 아니다. 그런 일 없었다. 그들이 한 일이라고는 하느님을 본
것뿐이었다. 그것 말고 다른 일이 벌어지진 않았다. 따라서 이 구
절은 이스라엘의 지도자들이 하느님을 봤음에도 불구하고 야웨
는 그들을 손으로 치지 않았다는 뜻으로 이해할 수밖에 없다. 곧
그들이 하느님을 보고도 매를 맞지 않은 일은 예외에 속한다는
얘기다.

또 일흔네 명의 이스라엘 지도자들은 "하느님을 **뵈오며 먹고 마
셨다**"(they **beheld God, and ate and drank**)고 했다. 이들은 하느님을
'보면서' 음식을 '먹고' 음료를 '마셨다.' 사람이 하느님을 봤다면,
그리고 자기가 하느님을 봤다는 사실을 깨달았다면 대부분 놀라
고 두려워하는 게 보통이다. 너무 떨려 정신을 잃는다 해도 이상
하지 않다. 백성들은 야웨가 현존하는 시내 산에 무서워서 가까이

가지 못하고 모세에게 중재를 요청한 자들이 아니었던가. 그런데 여기서 그들은 속으론 어쨌는지 모르지만 적어도 겉으론 제 정신으로 먹고 마셨다고 했다. 하느님을 보면서 말이다. 이는 매우 드문 경우에 속한다. 아니, 구약성서에서 이런 경우는 여기가 유일하다. 그들이 먹고 마신 것을 제대로 소화시키긴 했을까?

텍스트 해석에 투영된 '시대정신'

이 얘기는 사람이 야웨를 눈으로 보고 묘사하는 일이 당사자들에게나 그 묘사를 보거나 듣는 제3자에게나 매우 불편하고 거리끼는 일일 수도 있음을 보여준다. 그러니 "하느님, 당신의 모습을 제게 보여주십시오! 그러면 제가 믿겠나이다!"라고 함부로 기도할 일은 아니다. 이렇게 기도하는 사람이 주위에 적지 않은데 정말로 하느님이 당신 모습을 그에게 보여준다면 어떻게 될까? "오, 하느님 감사합니다. 제 기도에 응답해주셔서"라고 감사기도를 할까, 아니면 두렵고 떨리는 마음으로 눈을 감을까? 구약성서에서 야웨를 본 사람들 얘기를 살펴보니 함부로 그런 기도를 하진 말아야겠다는 생각이 든다. 그런 기도를 하는 사람들 대부분이 실제로 기도가 응답받으리라고는 믿지 않고 기도하는 게 아닐까 하는 의심마저 든다.

앞에서 읽은 구절들은 야웨를 눈으로 볼 기회를 가졌던 사람들도 실제로는 그를 정면으로 바라보지 않았거나 못했음을 보여준다. 이런 사정을 감안하면 야웨를 의인론적으로 표현한 구절들을 은유로 해석하려는 시도를 이해할 만하다.

야웨의 '강한 팔'(출애굽기 3:19-20)은 힘을 상징한다는 식으로 야웨의 몸을 묘사하는 구절들을 성품에 대한 은유로 해석한 역사는 상당히 길다. 그 중 가장 유명한 사람은 예수와 비슷한 시대를 살았던 알렉산드리아의 필로(Philo of Alexandria)다. 헬라 문화에 젖어 있던 유대인인 그는 구약성서를 은유적으로 해석한 대표적 인물이다. 그는 《창조에 관해서On the Creation》에서 창세기 1장 26절의 '하느님의 형상'을 언급한 모세(모세가 오경의 저자라고 생각했으니까)를 가리켜 이렇게 썼다.

지상에서 하느님을 가장 닮은 존재가 사람이라는 점에서 이렇게(사람이 하느님의 형상대로 창조됐다고) 말한 그는 옳았다. 그러나 이 '형상'이 신체적 형태를 가리키는 말은 아니다. 하느님이 사람의 모양을 하고 있다는 뜻도 아니다. '형상'이란 말은 '마음'의 측면, 곧 영혼의 절대적인 요소인 '마음'과 관련되어 있다."

상당히 그럴 듯하고 심지어 '근대적'이기까지 하지 않은가. 필로 외에도 그와 비슷하게 해석한 사람은 적지 않다. 구약성서의 그리스어 역본을 《칠십인역 성서》라고 부른다. 이스라엘 열두 지파에서 각각 여섯 명씩 뽑아 구성된 일흔 명의 대표자가 번역했다고 해서 그렇게 부른다. 열두 지파에서 각 여섯 명이면 일흔두 명이지만 그렇게 되면 부르기 복잡해서인지 그냥 《칠십인역 성서》라고 부른다. 다른 말로 《쎕투아진트Septuagint》라고도 하고 'LXX'라고도 쓴다. L은 오십을 뜻하고 X는 열을 뜻하므로 합해서 칠십이 된다. 칠십인 역은 대체로 히브리 성서를 직역했지만 부득불 직역을 피한 부분도 있다. 하느님을 물질적으로 표현한 구절을 '순화'한 경우가 대표적이다. 예를 들면 "그들은 이스라엘의 하느님을 봤다"라는 표현을 칠십인역은 "그들은 이스라엘의 하느님이 서계신 '장소'를 봤다"라고 바꾸었다. 번역자들 눈에는 하느님이 물질적인 존재란 생각과 사람이 하느님을 눈으로 봤다는 얘기를 그대로 받아들이기엔 너무 불편했기 때문이었다.

그들은 왜 이렇게 했을까? 필로처럼 '형상'을 '마음'으로 번역하고 칠십인역처럼 하느님의 물질성을 의역한 이유가 무엇이었을까? 답은 텍스트 자체에서 찾을 게 아니라 필로가 살았던 시대에서, 칠십인역 성서가 번역된 시대에서 찾아야 한다. 답은 그 시대가 물질보다 영혼을 더 고상하게 봤다는 데 있다. 물질은 천한 것으로, 영혼은 고상한 것으로 여겨진 시대였다. 이런 시대정신이 텍스트의 해석에 투영됐던 것이다.

하지만 모두 한결같이 이렇게 해석하진 않았다. 저명한 철학자

중에도 의외로 이런 구절을 글자 그대로 해석한 사람들이 있었는데 스피노자도 그 중 하나다. 그는 구약성서가 하느님의 외모를 묘사하는 걸 대체로 꺼리지만 그래도 텍스트가 '하느님을 봤다'고 말하면 그걸 글자 그대로 받아들여야 한다고 주장했다. 그는 《신학정치론*A Theologico-Political Treatise*》에서 이렇게 주장했다.

모세의 법은 그 어디서도 하느님이 몸이 없다거나 모양이나 형태가 없다고 규정하지 않는다. 다만 유대인들은 그의 존재를 믿어야 하고 그분만을 예배해야 한다고 말할 뿐이다. 모세의 법이 그 어떤 식으로든 하느님의 형상을 창조하거나 제작하지 말라고 명하는 까닭은 예배의 순수성을 지키기 위해서였다. 그럼에도 불구하고 성서는 하느님이 어떤 모습을 띠고 있다고 분명히 말한다. 성서는 모세가 하느님의 말씀을 듣기도 했지만 하느님의 모습을 보도록 허용됐다고, 적어도 뒷모습은 보도록 허용됐다고 말한다.

모세의 법이 하느님을 몸 없는(bodiless) 존재로 보지 않는다고 한 스피노자의 말은 옳다. 구약성서는 하느님이 몸을 가진 존재라고 전제한다. 스피노자 자신은 하느님이 몸을 갖고 있다고 믿지 않았다. 다만 구약성서가 그렇게 말하기 때문에 그걸 내 입맛에 맞추려 하지 말고 글자 그대로 받아들이라고 말했던 것이다. 그가 어떻게 믿는가는 구약성서의 진술과 별개였다.

한편 구약성서에는 하느님이 눈에 보이는 몸을 갖고 있다는 생각과 몸이 없다는 생각이 공존한다고 주장하는 학자들이 있다. 구약성서 가운데 오래된 문서층에는 하느님이 물질적인 몸을 갖고 있는 존재로 표현되어 있지만 후대의 문서층에는 그것이 은유로 이해되고 있다는 얘기다. 과거에는 미개했지만 시간이 흐르면서 점점 '이성적'으로 변해갔다는 얘기다. 이를 진화주의적 (evolutionary) 해석 또는 발달주의적(developmentalist) 해석이라고 부를 수 있다는 얘기는 '여는 글'에서 이미 한 바 있다.

성서기자는 원시적이고 미개한 생각을 갖고 있었을까

이에 대한 내 생각은 이렇다. 구약성서에는 야웨를 물질적인 존재로 전제하는 구절들과 그것을 은유로 해석하는 구절들이 공존하고 있다는 말은 옳다. 각각의 구절들은 문맥을 살펴서 어떻게 해석해야 옳은지를, 곧 글자 그대로 해석할지 아니면 은유로 해석할지를 결정해야 한다. 둘 중 어느 한 편을 선택해서 모든 구절들을 거기 꿰어맞출 필요도 없고 그래서도 안 된다는 얘기다.

나는 발달주의적 해석은 옳지 않다고 생각한다. 왜냐하면 물질적 해석은 은유적 해석이 도입된 후에도 구약성서에서 계속 사용되고 있기 때문이다. 그게 미개한 방법이라고 깨달았으면 버렸을 텐데 구약성서는 그러지 않았다. 미개하다고 여겨진 물질적 해석은 시간이 흘러 은유적 해석과 영적인 해석이 도입된 후에도 없어지지 않았다. 그리고 개명한 해석방법으로 여겨지는 은유적 해석도 후대에 들어와 비로소 나타난 것이 아니며 상당히 오랫동안 물질적 해석과 공존했다. 누구도 은유적 해석을 '영적 해석'이라고 부르진 않았지만 구약성서는 두 방법을 넘나들고 있었다는 얘기다. 다만 옛날에는 야웨가 눈에 보이지 않는 영적이라는 생각이 매우 미약했고 나름의 논리 체계를 갖추지 못했으므로 그런 현실과 맞부딪쳤던 사람들은 그걸 모호하게 표현할 수밖에 없었던 것이다. 물론 야웨를 물질적인 존재로 인식하는 데서 문제를 느낀 사람들이 있었다. 그 중에는 비교적 쉽게 은유적 해석으로 자동차를 바꿔 탄 사람들도 있었지만 물질적 해석의 미덕에 매료되어 그것을 고집한 사람들도 있었다고 추측된다. 하긴 야웨와 직접적이고 물질적으로 마주쳤던 경험이 있다면 그걸 어떻게 쉽게 버릴 수 있겠는가.

불행히도 대부분의 학자들은 야웨에 대한 의인론적 표현을 일방적으로 은유로 해석해 왔다. 은유적으로 해석해야 하는 구절들이 분명히 있으니 그것을 전적으로 틀렸다고 생각할 수는 없다. 은유로 표현된 구절은 그렇게 읽고 그렇게 해석하는 게 맞다. 하지만 은유로 표현된 구절이 아닌데도 불구하고 하느님은 절대로 물질적인 존재가 아니라는 선입견 때문에 그것을 은유로 해석하는 것은 옳지 않다. 예를 들면 이스라엘의 대표들이 하느님 '앞에서' 하느님을 '보면서' 먹고 마셨다는 출애굽기 24장의 구절은 도저히 은유로 해석할 수 없는 구절이다. 그런데도 그걸 무리하게 은유로 해석하는 학자들이 있으니 문제다. 이는 필로나 칠십인역에 국한되는 얘기가 아니다.

오늘날에도 얼마나 많은 학자들과 주석가들이 똑같은 잘못을 저지르는지 모른다. 그게 아니면 이런 구절이 존재하지 않는다는 듯이 슬쩍 넘어가기 일쑤다. 예를 들면 *Dictionary of Deities and Demons in the Bible*에서 'face'라는 항목을 저술한 프린스턴 신학교의 써우(C. L. Seow) 교수가 그렇다(608-613쪽). 그는 '얼굴'이란 단어가 등장하는 고대 근동 문헌들과 구약성서 구절들을 망라해서 그 말의 뜻을 설명한다. 그 가운데는 은유적 표현도 있고 비은유적 표현도 있다고 밝힌다. 그러니까 그는 (야웨의) '얼굴'이 비은유적으로 사용된 경우도 있다고 밝힌 것이다. 그런데 딱 거기까지다. 그는 '얼굴'이 비은유적으로 사용됐을 때 그렇게 쓴 사람들이 야웨의 몸과 얼굴에 대해서 어떤 생각을 갖고 그렇게 썼을지에 대해서는 더 파고들지 않는다. 사전이라서 쓸 수 있는 분량이 한정되어 있어서일까?

반복해서 말하지만 구약성서에서 어떤 구절이 야웨를 물질적인 존재로 묘사한다면 그것은 그 구절을 쓴 성서기자가 미개하고 원시적인 생각을 갖고 있어서가 아니다. 그럴만한 이유가 있었기 때문이고 그것으로 뭔가 말하려는 것이 있었기 때문이다. 그것이 무엇인지 알아보는 게 이 책의 목적이다.

　다음 장에서는 야웨에게 식사를 대접한 아브라함과 밤새 붙들고 씨름한 야곱 이야기를 살펴보자. 이 이야기를 읽은 다음에는 야웨가 몸을 갖고 있지 않다는 얘기는 더 이상하게 들리지 않을 것이다.

4장

야웨에게
식사 대접한
사나이와
씨름한 사나이

'야웨'와 '세 사람'은 대체 어떤 관계일까?

삼손의 부모인 마노아 부부는 '하느님의 천사'에게 염소를 잡아 식사를 대접하려 했으나 그가 거절했다는 얘기는 앞의 2장에서 이미 했다. 이와 비슷한 얘기처럼 보이지만 잘 읽어보면 그렇지 않은 얘기를 읽어보는 걸로 이 장을 열어보자. 창세기 18장에 나오는 아브라함 얘기가 바로 그것이다. 사건은 '세 사람'(three men, 히브리어로 '슬로샤 아나쉼')이 아브라함을 찾아오는 데서 시작되지만 실제 얘기는 1절에 나오는 설화자(narrator)의 소갯말에서 시작된다고 봐야 한다.

> **야웨께서** 마므레의 상수리나무 곁에서 아브라함에게 나타나셨다. 한창 더운 대낮에 아브라함은 자기의 장막 어귀에 앉아 있었다.

'야웨'가 아브라함에게 구체적인 시간("한창 더운 대낮")에 구체적인 장소("마므레의 상수리나무 곁")에 나타났다. 아브라함은 야웨를 알아봤을까?

> 아브라함이 고개를 들고 보니 **웬 사람 셋**이 자기의 맞은쪽에 서 있었다. 그는 그들을 보자 장막 어귀에서 달려 나가서 그들을 맞이하며 땅에 엎드려서 절을 하였다(창세기 18:2).

아브라함 앞에 '웬 사람 셋'이 나타났다. 히브리어 '아나쉼'은 '사람'(이쉬)의 복수형이다. 그렇다면 2절은 1절 "야웨께서 마므레 상수리나무 곁에서 아브라함에게 나타나셨다"라는 말과 일치하지 않는다. 1절의 '야웨'가 2절에서 '사람'이 된 것만도 심상치 않은 데 한 걸음 더 나아가서 '세 사람'이 된 건 더욱 이상하다. 어떤 이는 여기에 '삼위일체' 교리가 예시되어 있다고 주장하는데 그 뛰어난 '상상력'이 경탄을 자아내긴 하지만 그렇게 볼 근거를 텍스트에서는 찾을 수 없다.

아브라함은 세 사람을 자기 집으로 모시고 와 극진히 대접했다. 눈에 확 띄는 점은 아브라함이 차려내온 음식을 이들이 먹었다는 점이다(8절). 앞에서 얘기한 대로 마노아 부부에게 나타난 '하느님의 천사'는 그들이 차려내온 음식을 먹지 않았는데 이들은 음식을 먹었던 거다.

식사 후에 이들은 아브라함에게 물었다. "댁의 부인 사라는 어디에 있습니까?" 이 질문에 아브라함이 깜짝 놀라야 할 것 같은데 그는 놀란 기색 없이 "장막 안에 있습니다"라고 대답했단다. 지나가던 사람들이 자기 아내 이름을 알고 있는데 아브라함은 왜 놀라지 않았을까? 사라가 가나안 땅에선 모르는 사람이 없을 정도로 유명했었나? 사라의 미모가 워낙 뛰어나 그 때문에 아브라함이 죽을 위기를 두 번이나 겪었다지만 그녀는 지금 아기 낳는 게 기적일 정도로 늙지 않았나 말이다. 이쯤 되면 아브라함이 그들의 정체를 한 번쯤 의심해볼 만도 한데 그는 의심은커녕 조금도 놀라지 않았다. 뭔가 이상하지 않은가.

그러자 야웨는 "다음 해 이맘때에 내가 반드시 너를 다시 찾아오겠다. 그 때에 너의 아내 사라에게 아들이 있을 것이다"라고 말했단다. 사라가 어디 있냐고는 '그들'이 물었는데 아들에 대한 약속은 '야웨'가 했다. 이와 동일한 패턴이 계속되므로 이에 대해 더 얘기하지는 않겠다. 단 한 가지, 사라가 웃으면서 '이 늙은 나이에 내가 어찌 아들을 낳으랴?'라고 속으로 말하자 야웨가 "**나 야웨가** 할 수 없는 일이 있느냐? 다음 해 이맘때에 내가 다시 너를 찾아오겠다. 그 때에 사라에게 아들이 있을 것이다."(14절, 표준새번역)라고 말했다는데 원문에는 '나'라는 말이 없다. 공동번역도 "**이 야웨가 무슨 일인들 못 하겠느냐?**"로 번역하여 동일한 잘못을 저질렀다. 이들 번역대로라면 화자가 자기 정체를 드러낸 셈인데 히브리 원문에 '야웨'는 제3자를 지칭하는 말로 되어 있다. 이 점에서는

"**여호와께** 능하지 못한 일이 있겠느냐?"라고 번역한 개역개정판이 원문의 뜻을 제대로 살렸다.

이 대화 후 '그들은' 길을 떠나려고 아브라함의 집을 나와 소돔이 내려다보이는 곳으로 갔고 아브라함은 그들을 바래다 주려고 얼마쯤 함께 걸었다.

> 그 때에 **야웨께서** 말씀하셨다 "**내가** 앞으로 하려고 하는 일을 어찌 아브라함에게 숨기랴?"(중략) **야웨께서** 또 말씀하셨다. "소돔과 고모라에서 들려오는 저 울부짖는 소리가 너무 크다. 그 안에서 사람들이 엄청난 죄를 저지르고 있다. 이제 **내가** 내려가서 거기에서 벌어지는 모든 악한 일이 정말 **나에게까지** 들려 온 울부짖음과 같은 것인지를 알아보겠다"(창세기 18:17-21).

여기서도 갑자기 "야웨께서" 말한다. 앞에서는 내내 '그들(세 사람)'이 말과 행위의 주체였는데 또 '야웨'가 등장한 것이다. '야웨'가 말하고 '야웨'가 하려는 일을 아브라함에게 알려주고 '야웨'가 직접 소돔과 고모라에 내려가서 사정을 살펴보고 '야웨'에게 들려온 울부짖음의 원인을 확인하려 한다.

이 '야웨'와 '세 사람'은 대체 어떤 관계일까? 셋 중 하나가 '야웨'였나? 이것만도 보통 헷갈리는 게 아닌데 이게 끝이 아니다. 바로 다음 절에는 '사람들'이 다시 등장하는데 이번에는 '야웨'와 함께 등장하니 말이다.

그 사람들은 거기에서 떠나서 소돔으로 갔으나 아브라함은 **야웨** 앞에 그대로 서 있었다. 아브라함이 **야웨**께 가까이 가서 아뢰었다. '**야웨**'께서 의인을 기어이 악인과 함께 쓸어버리시렵니까?'(창세기 18:22-23).

여기서 '셋'이란 수사(數詞) 없이 '그 사람들'이라고만 했으니 몇 명이 소돔으로 갔는진 분명치 않다. 셋이 모두 갔고 그들과 별도로 '야웨'는 남아 아브라함과 더불어 소돔 성의 의인 숫자를 두고 실랑이를 벌였을 수도 있고, 셋 중 둘만 가고 하나가 남았는데 그가 '야웨'였을 수도 있다. 하지만 얘기는 이 궁금증을 풀어주지 않고 거기서 끝난다.

이 얘기에서 '야웨'와 '세 사람'의 관계는 끝내 분명히 밝혀지지 않는다. 하지만 분명한 것은, 야웨가 '그들'과 함께(혹은 그들 중 하나로) 사람의 모습으로 아브라함에게 나타났다는 사실이다. 야웨는 사람의 모습을 하고 아브라함에게 나타나 발도 씻고 식사도 했다. 여느 사람들과 똑같이 말이다. 흥미로운 점은, 나중에 의인 숫자를 두고 씨름할 때까지 아브라함은 그가 야웨인 줄 전혀 눈치채지 못했다는 사실이다. 이는 야웨가 완벽하게 사람의 모습으로 그에게 나타났음을 보여주는 얘기가 아니면 무엇이랴. 야웨가 손오공처럼 둔갑술을 사용해서 맘대로 모습을 바꿀 수 있었을까? 지금 장난하냐고? 맞다. 거기까지 가면 장난이라고 욕해도 할 말이 없다.

"우리가 손으로 만졌습니다!"

야웨는 아브라함 집에서 발도 씻고 음식도 먹고 휴식을 취하기도 했다. 안식일도 아닌데 무슨 휴식이냐고? 야웨도 사람의 모습을 취하고 있을 때는 쉬어야 했을까? 이때 야웨는 완전히 사람으로 보였고 사람처럼 행동했는데 이상하게 사람이 야웨의 몸을 만졌다는 얘기는 없다. 야웨가 완벽하게 사람의 모습으로 나타났는데도 말이다. 4절을 보면 누군가가 물을 가져와 야웨의 발을 씻었다고 하는데 야웨 자신이 씻었는지 다른 사람이 씻어줬는지를 밝히지 않으니 둘 다 가능성이 있다고 봐야 한다. 남이 씻어줬다면 그 사람은 야웨의 몸을 만져본 유일한 사람이 될 뻔했지만 텍스트는 이를 확인해주지 않는다.

구약성서가 야웨를 물질적 존재로 인식했다면 그걸 확인할 가장 좋은 방법은 손으로 만져보는 것이다. 눈으로 보거나 귀로 듣는 방법도 있지만 그것들은 손으로 만지는 것보다 직접적이지 않다. 그러니 사람이 야웨의 몸을 손으로 만졌다는 얘기가 없는 데는 이유가 있지 않겠나 말이다. 불꽃이 튀고 천둥 번개가 치는 야웨의 현현 장면(theophany)에서는 당연히 야웨를 만질 수 없다. 하지만 사람의 모습으로 나타났는데도 야웨의 몸을 만졌다는 얘기가 없다면 거기에는 이유가 있을 거란 얘기다. 혹시 야웨를 물질적인 존재로 인식하긴 했지만 사람이 일상에서 경험하는 물질과는 뭔가 다른 물질로 인식했기 때문은 아닐까?

여기서 잠시 신약성서로 넘어와서 요한일서를 읽어보자. 우리의 문제를 해결하는 데 도움이 되지 않을까 하는 기대를 갖고 말이다. 요한일서는 사람이 '하느님을 만져봤다'고 말한다. 물론 그일은 당연하지는 않고 매우 특별한 '사건'이라고 말한다.

이 글은 **생명의 말씀**에 관한 것입니다. 그것은 태초로부터 계신 것이요 우리가 들은 것이요 우리가 우리의 눈으로 본 것이요 우리가 자세히 살펴본 것이요 우리가 **손으로 만져 본 것**입니다(요한일서 1:1).

여기서 '생명의 말씀'은 물론 예수를 가리킨다. 책마다 약간 표현과 의미가 다르긴 하지만 신약성서 전체를 통해서 예수는 하느님과 동일시 되고 있다. 그러니 요한일서의 '우리'가 귀로 듣고 눈으로 보고 손으로 만졌던 예수는 곧 '영원한 생명의 말씀'으로 표현됐고 이 '생명의 말씀'은 곧 하느님이라는 얘기가 되겠다.

이 선언이 나온 배경은 그리 어렵지 않게 짐작이 된다. 채찍에 맞고 못이 박히고 창에 찔린 예수가 몸을 가진 존재가 아니라 허깨비요 환상에 불과하다는 '가현설'(Docetism)이 요한일서의 배경 중 하나라고 이야기 하니 말이다. 이런 배경을 감안해도 흥미롭지 않은가? 요한일서가 이토록 과감하게 영적인 존재인 하느님(생명의 말씀)을 손으로 만졌다고 단언한다는 사실이 말이다. 구약성서가 야웨의 몸을 '만지는 것'은 둘째 치고 '보는 것'조차 극도로 꺼린다는 사실을 요한일서의 저자가 몰랐을까? 그럴 리 없는데 이런 표현을 이처럼 과감하게 썼다는 사실이 놀랍지 않은가 말이다.

주석서들은 이 구절이 가현설을 배경으로 한다고 다소 건조하게 설명하지만 나는 그렇게 머리로만 이해하지 말고 이 구절을 쓴 사람의 가슴속에 들어가 거기서 분출하는 열기를 느끼고 싶다. 그가 이 구절을 쓰면서 느꼈을 감격과 감동을 나도 느껴보고 싶은 것이다. 예수의 손을 잡고 그의 머리카락을 손가락으로 쓸어보고 볼과 볼이 닿았을 때, 그래서 쿵쾅거리는 그의 심장 박동을 느꼈을 때 가졌던 감격과 감동에 공감해보고 싶은 거다. 그의 입술에 자기 입술을 얹었을 때, 그분의 볼에 흘러내리는 눈물을 자기 손바닥으로 닦았을 때 뜨겁게 달아올랐을 그의 가슴을 상상해보면 "우리가 손으로 만졌습니다!"라고 외쳤을 때 느꼈을 감격과 감동이 조금은 느껴지는 것 같아 나도 손이 살짝 떨려온다. 그들은 그렇게 만지고 부비고 입 맞췄던 바로 그분이 '생명의 말씀'이라고, '하느님'이라고 고백했던 것이다.

"내가 하느님의 얼굴을 직접 뵈옵고도…"

하느님을 손으로 만진 게 뭐 그리 대단한 일이냐고 말할 사람이 구약성서에 한 사람 있다. 이스라엘 선조들 중 하나요 '이스라엘' 이란 이름의 주인이며 열두 지파의 기원인 야곱이 바로 그다. 하느님을 손으로 만지는 건 그에겐 아무 것도 아니었다. 그는 하느님을 만져본 정도가 아니라 온몸으로 그를 부둥켜안고 거친 숨을 몰아쉬면서 땀투성이가 되어가면서 그와 밤새 씨름한 사람이니 말이다. 그 얘기는 이렇게 전개된다.

오랜 타향살이를 정리하고 고향집으로 돌아가는 야곱은 몸도 맘도 가벼워야 했지만 형 '에서'(Esau)를 만날 생각을 하니 발걸음이 무겁기만 했다. 어떻게 하면 형에게 저지른 잘못을 잘 수습하고 그의 마음을 돌릴 수 있을까를 궁리하느라 그는 귀향의 기쁨을 누릴 여유도 없었다. 그래서 그는 형에게 줄 선물을 넉넉히 준비해서 일행과 함께 먼저 강을 건너 보내고 혼자 뒤에 쳐져서 하루 밤을 지냈다. 그런데 그날 밤 그에게 '어떤 사람'('a man' 히브리어로는 '이쉬')이 나타나서 야곱은 그와 밤새 씨름을 했단다.

얼마나 시간이 흘렀을까, '어떤 사람'은 완력으론 야곱을 이길 수 없었던지 엉덩이뼈를 쳐서 그를 쓰러뜨렸다. 그때 동이 트려 하자 그는 서둘러 떠나야 했는지 야곱에게 자길 놓아달라고 사정했다. 하지만 야곱이 누군가, 그를 쉽게 놔줄 야곱이 아니다. 그는 자기를 축복해주지 않으면 그를 놔주지 않겠다고 버텼다. 그러자 '어떤 사람'은 어처구니 없었던지 그의 이름을 물었고 그가 '야곱' 이라고 대답하자 이렇게 말했다.

네가 하느님과도 겨루어 이겼고 사람과도 겨루어 이겼으니 이제 너의 이름은 야곱이 아니라 이스라엘이다(창세기 32:28).

이삭의 둘째 아들 이름이 '야곱'에서 '이스라엘'로 바뀌는 순간이다. 구약학계에서는 이런 것을 '원인론적 설화'(etiological narrative)라고 부른다. 기원을 설명하는 얘기라는 뜻이다.

하지만 정작 야곱은 자기 이름 바뀐 것은 관심 없다는 듯이 새 이름을 준 '어떤 사람'에게 "당신 이름이 무엇인지 가르쳐 주십시오"라고 간청했다. 이때 그는 자기 이름은 안 가르쳐주고 대신 야곱을 축복했다. 그가 앞에서 간청했던 복을 이제서야 받았던 것이다. 복의 내용이 뭔지는 모르지만 말이다. 그제서야 야곱은 뭔가를 깨달았다는 듯이 "내가 **하느님의 얼굴을 직접 뵈옵고도** 목숨이 이렇게 붙어 있구나"하고 혼잣말을 하고는 그 곳 이름을 '브니엘'이라고 불렀단다. '브니엘'은 '하느님의 얼굴'이란 뜻이다.

야곱과 밤새 씨름한 '어떤 사람'은 끝내 자기 정체를 밝히지 않고 가버렸다. 그럼에도 불구하고 야곱은 그의 정체를 알아냈다. '어떤 사람'은 하느님이었다. 그래서 그는 "내가 하느님의 얼굴을 직접 뵈옵고도…" 라고 중얼거렸던 거다. 그는 하느님을 직접 봤다! 그냥 하느님을 봤다는 데 그치지 않고 그와 밤새 씩씩거리면서 씨름까지 했다. 입냄새, 땀냄새를 내뿜으면서 말이다. 게다가 그는 씨름에서 이기기까지 했다. 야곱을 '히브리인 헤라클레스'

(Hebrew Hercules)라고 부르는 이유가 여기에 있다.

여기까지는 읽는 사람 맘이 좀 불편하긴 해도 말이 되지 않는 것은 아니다. 앞뒤가 딱히 맞다고는 할 수 없지만 그렇다고 해서 앞뒤가 안 맞는다고 할 수도 없다. '어떤 사람'인 줄 알고 씨름했는데 알고 보니 하느님이었다고 보면 되니까. 그런데 이 에피소드에 대한 예언자 호세아의 기억 때문에 사정이 복잡해졌다.

> 야곱이 모태에 있을 때는 형과 싸웠으며 다 큰 다음에는 **하느님**과 대결하여 싸웠다. 야곱은 **천사**와 싸워 이기자 울면서 은총을 간구했다⋯
> (호세아 12:3-4).

이 구절은 '어떤 사람'이 야곱에게 한 "네가 하느님과도 겨루어 이겼고 사람과도 겨루어 이겼으니⋯"라는 말 중에 '사람과도 겨루어 이겼으니'의 '사람'은 형 에서라고 이해한다. 곧 창세기 32장이 말하지 않는 것을 호세아가 밝히고 있다는 얘기다.

정작 문제는 그 다음 대목이다. 호세아는 3절에서는 야곱이 '하느님'과 대결했다고 말했는데 4절에서는 '천사'와 싸워 이기자 울면서 은총을 간구했다고 말한다. 야곱이 울었다는 얘기는 어디서 왔는지 알 수 없다. 창세기 32장에는 그런 얘기가 없으니 말이다. 여기서 우리는 야곱이 씨름한 얘기가 다양한 모양으로 전승됐음을 짐작할 수 있다. 좌우간 그가 왜 울었는지 궁금하다. 더 정확하게는 호세아는 왜 야곱이 울었다고 말했는지가 궁금하다.

그게 궁금한 건 사실이지만 우리로선 알 수도 없고 또 크게 관심이 가지도 않는다. 정말 궁금한 점은, 야곱은 도대체 누구와 씨름했는가 하는 점이다. 그는 하느님과 씨름했나, 아니면 천사와 씨름했나? 처음에 '어떤 사람'으로 등장했던 존재는 하느님인가 천사인가? 하느님과 천사는 엄연히 다른 존재다. 그러니 '어떤 사람'이 동시에 하느님도 되고 천사도 된다고 볼 수는 없고 절반은 하느님이고 절반은 천사였다고 볼 수도 없지 않겠나. 혹시 호세아는 사람이 직접 하느님과 씨름했다는 생각을 받아들일 수 없어서 하느님을 천사로 바꾼 게 아닐까? 3절의 "하느님과 대결하여…"라는 말은 야곱의 씨름 상대자는 천사였지만 천사가 하느님을 대리한다고 보고 그렇게 적은 것은 아닐까?

구약성서는 하느님과 사람을 절대로 혼동하지 않는다. 하느님은 하느님이고 사람은 사람이다. 하느님이 사람이 됐다는 성육신신학(incarnation theology)은 신약성서에나 나오는 신학이지 구약성서에는 그런 것은 없다. 그리스 식으로 절반은 신이고 절반은 사람인 존재도 구약성서에는 없다.

그렇다면 하느님과 천사는 어땠을까? 구약성서에서 하느님과 천사가 동시에 등장하는 얘기들을 잘 살펴보면 이 둘이 가끔 혼동되고 있음을 알 수 있다. 2장에서 살펴본 마노아 부부의 경우와 앞에서 살펴본 아브라함 집에 온 세 방문자의 경우가 바로 그런

예다. 하지만 그렇다고 해서 하느님과 천사가 등장하는 얘기가 모두 그렇다는 뜻은 아니다. 구약성서는 기본적으로 하느님과 천사를 구별한다. 하느님과 사람처럼 분명히 구별되진 않지만 그래도 하느님은 하느님이고 천사는 천사다. 하느님은 천사가 아니고 천사 역시 하느님이 아니란 얘기다. 그리고 천사는 사람과도 구별된다. 천사가 경계선을 넘어 사람과 섞이는 바람에("하느님의 아들들이 사람의 딸들의 아름다움을 보고 저마다 자기들의 마음에 드는 여자를 아내로 삼았다" [창세기 6:2]) 온 피조세계가 재앙을 겪은 얘기가 창세기 6장의 노아시대 홍수 얘기다.

있는 가운데 없고, 없는 가운데 있는 하느님

야곱이 하느님과 씨름한 얘기는 하느님이 야곱을 축복했고 그의 이름을 바꿨고 야곱이 그 장소에 '브니엘'이라는 이름을 붙여줬다는 원인론적 얘기에 그치지 않는다. 이 얘기도 하느님이 사람의 모습으로 나타난 경우 그를 만난 사람은 처음에는 하느님의 정체를 알아보지 못했다가 나중에 알아본다는 유형에 속한다. 이 유형의 얘기들에 담겨 있는 신학적 의미는 무엇일까?

야곱이 씨름 상대방이 하느님임을 깨달았을 땐 이미 하느님은 그곳을 떠난 후였다. 이 얘기는 구약성서의 하느님이 있는 가운데 없고 없는 가운데 있는 존재임을 맛보게 해주는 얘기다. 이른바 하느님의 '존재 중의 부재'(divine absence in presence)와 '부재 중의 존재'('divine presence in absence)의 신학 말이다. 야곱의 경험, 마노아 부부의 경험, 그리고 여러 시편 시인들의 '숨은 하느님'(hidden God)에 대한 노래들은 모두 이 주제가 구약성서에서 얼마나 중요한 자리를 차지하는지를 보여준다. 곧 야웨는 있을 때 없고 없을 때 있는 존재, 있는 것 같지만 없고 없는 것 같지만 있는 존재라는 얘기다.

20세기 후반에 뉴욕 유니언 신학교에서 가르쳤던 위대한 구약학자 사무엘 테리언(Samuel Terrien)의 구약신학 저서 *The Elusive Presence*는 이와 같은 구약성서 특유의 신학이 장르와 시대별로 어떻게 표현되어 있는지를 시적(詩的)인 아름다운 문체로 서술하고 있다. 'elusive presence'라는 말을 우리말로 번역하기가 쉽지 않다. '파악하기 어려운 현존' 또는 '알쏭달쏭한 현존'이라고 해야 할까? 알았다 싶으면 모르겠고 모르겠다 싶으면 알 것 같은 존재가 바로 구약성서의 야웨라는 말이다. 야곱은 하느님이 사라진 후에 비로소 그가 거기 현존했음을 인식하고 그 곳에 '브니엘'이라는 이름을 붙였다. 그에게는 무엇이 남았는가? 내용을 알 수 없는 축복과 바뀐 이름, 그리고 엉덩이뼈에 남은 상처와 절뚝거림, 이런 것들만이 그에게 남았다. 과연 그와 그의 후손들은 이런 것들에서 '하느님의 얼굴'(브니엘)을 찾을 수 있을까?

5장

왜 말로 하면
괜찮고 형상을
만들면 안 되나?

'몸'을 중요하게 다룬 구약성서

앞 장에서는 야웨가 사람의 모습으로 사람에게 나타난 경우를 살펴봤다. 이 장에선 잠시 쉬어가는 의미로 그리고 앞으로 전개할 얘기들의 서론 격으로 구약성서에선 왜 야웨의 모습을 청각을 자극하는 '말'로 표현하면 괜찮고 시각을 자극하는 '형상'을 만들어 표현하면 안 되는지에 대해 생각해보자.

예컨대 구약성서는 '야웨의 오른손'이라고 '말하는 것'은 전혀 문제삼지 않는다. 그것은 "야웨의 형상을 만들지 말라"는 십계명 중 둘째 계명을 어긴 것으로 치부하지 않는다는 얘기다. 하지만 '야웨의 오른손'을 어떻게든 그림으로 그리거나 조각상으로 만들면 그것은 계명을 어긴 것이 된다. 왜 그럴까? 왜 그래야 할까?

먼저 구약성서는 '몸'(body)에 대해 매우 관대하고 우호적이기까지 하다는 점을 분명히 해야겠다. 현대 기독교인들 중에는 몸을 위험하고 불안정하며 불결하고 문제투성이로 여기는 한편 영혼은 그 반대로 생각하는 사람들이 많다. 하지만 이런 생각은 구약성서 엔 해당되지 않는다. 구약성서는 몸을 매우 중요시하기 때문이다. 구약성서가 몸의 정결을 지키는 상세한 규정들을 갖고 있다는 사 실은 그만큼 몸을 중시한다는 것을 보여주는 역설적인 증거다.

구약성서가 몸을 정결하게 지키려고 얼마나 애쓰는지를 확인 하려면 레위기만 읽어봐도 알 수 있다. '이렇게까지 해야 했나…' 싶을 정도로 까다로운 규정들은 구약성서, 특히 사제 전승이 몸을 불결과 부정으로부터 보호하기 위해 얼마나 노심초사했는지를 잘 보여준다. 읽기엔 무척 지루하지만 말이다.

안타깝게도 이렇듯 상세한 규정들의 의미와 목적은 오늘날 기 독교인들에게 심각하게 받아들여지지 않거나 심지어 오해되기까 지 한다. 그 이유의 일부는 레위기가 읽기에 너무 지루하다는 데 있을지도 모른다. 지루하니까 안 읽게 되고 안 읽으니까 그 의미 를 알 수 없다는 얘기다. 여자의 달거리를 부정하다고 보는 등 레 위기에는 요즘 눈으로 보면 웃지 못할 얘기도 많지만 그것을 현 대적 시각과 과학으로 판단하는 건 부당하다. 현대인의 눈엔 맞지 않지만 부정과 불결로부터 몸을 지키려는 나름의 노력으로 받아 들일 수 있다는 얘기다.

구약성서가 몸을 중시하는 까닭이 여럿 있겠지만 사람이 야웨 의 '형상'으로 창조되었다는 사실도 그 중 하나겠다(이에 대해서는 다 음 장에서 상세히 살펴보겠다). 사람의 몸이 야웨의 형상으로 창조됐다면 그 몸을 어찌 중시하지 않을 수 있겠는가. 게다가 사람이 야웨에게 받은 "생육하고 번성하라!"는 명령은 근본적으로 몸 없이는 실행할 수 없는 명령이다. 몸을 부정과 불결로부터 지켜내지 못하면 이 명령을 실행할 수 없다. 구약성서에서 '몸'이 얼마나 중요하게 다뤄지는지를 강조하다보니 얘기가 길어졌다.

구약성서에서 야웨가 '몸'을 갖고 있다는 생각이 별로 낯설지 않은 이유도 이와 관련이 있다고 생각된다. '몸'을 본래부터 부정하게 여기지 않았기 때문에 야웨가 몸을 갖고 있다 해도 별 문제가 없었다는 얘기다. 그러나 이 말을 오해하진 마시라. 그렇다고 해서 야웨가 몸을 갖고 있다는 생각을 아무 거리낌 없이 갖고 있었다는 뜻은 아니니까 말이다. 야웨의 형상을 그림으로 그리거나 조각상으로 만드는 일은 둘째 계명에 의해 철저하게 금지됐으니 더 말할 것도 없고, 한 걸음 더 나아가서 구약성서는 야웨의 모습을 말로 표현하거나 머릿속에서 상상하는 것조차 매우 조심스러워했다는 증거들이 여기저기 있다. 예컨대 야웨를 의인론적(anthropomorphic)으로 묘사하는 것도 매우 조심스러워했다. 그리고 실제로 야웨를 볼 수 있는 상황에서도 사람들은 야웨를 쳐다보기를 극도로 꺼렸다(이는 출애굽기 24장에 나오는 얘기로서 나중에 상세하게 살펴볼 것이다). 야웨에 대한 경외심과 두려움이 그를 바로 쳐다보지 못하게 했던 것으로 추측된다.

그래서 자연스럽게 등장한 것이 '은유적'(metaphoric)이고 '상징적'(symbolic)인 표현이다. 야웨가 몸을 갖고 있다 해도 그것을 직접적으로 표현하기를 꺼렸기 때문에 그것을 꺼리지 않고 표현할 무언가에 비유하거나 위험한(?) 부분은 건드리지 않고 안전하게 표현하는 방법을 추구했다는 얘기다.

그러다 보니 야웨의 모습에 대한 묘사 전부를 은유나 상징으로 보는 오해가 생기기도 했다. 이런 오해는 야웨의 모습을 은유로 표현하게 된 이유를 이해하지 못하거나 망각한 데서 비롯됐다. 야웨를 은유로 표현하게 된 것은 그를 영적인 존재(spiritual being)로 믿었기 때문이 아니라 야웨의 몸을 직접적으로 표현하길 꺼렸기 때문이다. 야웨에 대한 은유적 표현은 추상적(abstract)이고 영적인 존재를 구상적(concrete)이고 물질적인 존재로 표현하는 수단이 아니었다. 그것은 구상적이고 물질적 존재인 야웨를 감히 똑바로 쳐다보고 눈에 보이는 방법으로 직접 표현할 수 없었기 때문에 사용한 방편이었던 거다. 많은 사람들이 생각하는 것과 정반대란 얘기다. 야웨에 대한 은유와 상징적 표현을 추상적, 영적인 존재를 구상적, 물질적으로 표현한 것으로 보는 것은 그리스적 사고를 구약성서에 잘못 적용한 것이라 할 수 있다. 아직 역사에 등장하지도 않은 그리스적 사고방식을 시간을 거슬러 올라가서 적용한 일종의 시대착오라는 말이다.

왜 남들이 다 하는 걸 야웨만 하지 말라고 했을까?

사람은 자기가 믿는 신을 어떻게든 표현하고 싶어한다. 왜 안 그렇겠는가. 이는 권력자들이 자기를 후원하는 신을 거대하고 웅장하며 경외심을 불러 일으킬 정도로 표현함으로써 신에 대한 공경심을 드러내려 했던 것과는 좀 다르다. 굳이 권력자가 아니더라도 자기가 믿는 신을 어떤 식으로든 표현하고 싶은 게 인지상정이다. 남들이 안 본다 해도 자신에게라도 표현하고 싶기 마련이다. 종교란 일차적으로 자기 자신을 설득하지 않으면 안 되는 것이니 말이다.

사람이 어떤 방식으로든 자기가 믿는 신을 표현하려는 이유 중 하나는 어떻게든 신의 '현존'(presence)을 느끼고 싶고 거기에 가까이 접근하고 싶기 때문일 것이다. 사람은 신의 현존에 가까이 가고 싶어한다. 루돌프 오토(Rudolf Otto)의 말대로 사람에게는 신에게 매혹되어 그 현존에 가까이 가고 싶은 마음과 두렵고 떨려서 거기서 멀어지고 싶은 마음이 동시에 있지만 말이다. 이 점에 대해서는 종교학의 고전인 오토의 《성스러움의 의미*Das Heilige, The Idea of Holy*》가 좋은 참고서가 된다.

신을 믿고 떠받드는 사람에게 그 신이 알지 못하는 신(the unknown god)이거나 신비에 싸여 접근조차 할 수 없는 신이라면 그는 만족하지 못할 것이다. 사람은 자기가 믿는 신을 발견할 수 있어야 하고 거기 접근할 수 있어야 하며 그와 소통할 수 있어야 한다. 그 앞에 나아가고 싶을 때 나아갈 수 있어야 하고 기도할 때 그의 기도가 신의 귀에 들려야 하며 제물을 바쳤을 때 그 제물이 신에게 받아들여졌다고 확인돼야 안심한다. 그러려면 신은 추상적 개념에 머물러 있어서는 안 된다. 그의 이름을 아는 데 그쳐서도 성에 차지 않는다. 신이 자기와 '함께 있다'는 사실이 어떤 식으로든 확인돼야 한다는 얘기다. 그래서 신이 현존하는 장소도 알아야 하고 필요하면 방문할 수도 있어야 한다. 그렇지 않은가.

형상과 상징을 만든 일은 이와 같은 필요와 욕구에 따라서 신의 현존(presence)을 확인하려는 시도라고 볼 수 있다. 흙이나 돌이나 금속으로 형상을 만들었던 사람들이 자기들이 만든 형상을 정말 신이라고 믿었을까? 그렇게 어리석었을까? 그렇지 않았을 것이다. 그보다는 신의 현존을 확인하는 하나의 수단으로 형상을 만들었다고 추측할 수 있겠다. 그런 의미에서 "우상이란 대장장이가 부어 만들고 도금장이가 금으로 입히고 은사슬을 만들어 걸친 것이다. 금이나 은을 구할 형편이 못 되는 사람은 썩지 않는 나무를 골라서 구하여 놓고 넘어지지 않을 우상을 만들려고 숙련된 기술자를 찾는다"라는 이사야 40장 19-20절은 형상을 만든 근본 취지와 목적에 대한 제대로 된 비판이라고 볼 수 없다. 형상을 만드는 재료가 한낱 물질에 불과하다는 사실은 그걸 만든 사람들도 알고 있었을 테니 말이다.

성서 히브리어에는 우리말로 '현존', 영어로 'presence'에 해당하는 추상명사가 없다. 물론 히브리어에도 추상명사가 있다. 다만 '현존'에 해당하는 추상명사가 없다는 얘기다. 그래서 야웨의 '현존'을 표현할 때는 부득불 다른 말을 쓸 수밖에 없는데 이때 주로 사용된 말이 '하느님/야웨의 얼굴'(face of God/YHWH)이다. 야곱이 얍복 나루터에서 자기가 하느님과 밤새 씨름하면서 하느님 얼굴을 보고도 죽지 않았다고 해서 그곳 이름을 '브니엘'이라고 지었다고 했는데 이 '브니엘'이 바로 '하느님의 얼굴'이란 뜻이라고 앞 장에서 말했다.

구약성서가 '야웨의 얼굴'이란 말을 썼을 때 구체적으로 눈 두 개, 코 하나, 입 하나에 귀가 두 개 달린 얼굴을 머릿속에 그렸을까? 그건 아니었을 것이다. 구약성서는 야웨가 사람의 모습으로 나타났을 때를 빼고는 그의 얼굴을 본 적이 없으니 그가 어떻게 생겼는지 알 턱이 없다. 에스겔 1장이 묘사하는 '이상한' 모습은 예외지만 말이다(이에 대해서는 나중에 얘기하겠다).

그래서 '야웨의 얼굴'이란 말에는 어느 정도는 은유적 의미가 들어있다고도 볼 수 있다. 하지만 그렇다고 해서 그것을 '전적으로' 은유로만 이해하는 것은 정당하지 않다. 눈, 코, 입 달린 얼굴은 아니었지만 그렇다고 해서 완전히 추상적인 '개념'도 아니었으니 말이다. 본래 추상적인 개념이었는데 눈에 보이는 형상으로 구상화했다고 보는 것은 앞에서 말한 대로 구약성서의 관점과는 부합하지 않는다.

이스라엘도 여느 종족들처럼 자기들의 신인 야웨의 현존을 경험했다. 상상 속에서 추상적인 개념으로 '경험했던'게 아니라(이걸 '경험'이라고 부를 수 있을까?) 현실세계에서 구체적으로 경험했다. 그래서 그들도 자기들이 경험한 야웨의 현존을 어떻게든 표현하고 싶어했다. 왜 안 그랬겠나.

야웨의 현존과 그와 만난 경험을 가장 직접적이고 효과적으로 표현하는 방법은 형상을 만들어 가까이에 두는 것이다. 때문에 대부분의 종족들은 다 그렇게 했다. 그게 신의 현존을 가장 쉽고 가장 직접적으로 표현하는 방법이고 가장 가까이 와닿는 방법이었기 때문이다. 그런데 야웨는 꼭 집어서 그 방법만은 절대로 사용하지 말라고 했다. 당신의 형상은 절대 만들어서는 안 된다는 거다. 왜 그랬을까? 왜 남들이 다 하는 걸 야웨만 하지 말라고 했을까? 형상을 만들지 말라고 한 둘째 계명에 대한 논의는 다음 장에서 자세히 할 터이므로 여기서는 일반적인 얘기만 해보겠다.

야웨 몸의 특정 부분을 상상하지 말아라

신을 바라보는 일은 사람이라면 누구나 편치 않은 일이다. 이 불편함을 알기 때문인지 대개 신은 자신을 뭔가로 가린다. 가리지 않으면 캄캄한 어둠 속에 있거나 반대로 강렬한 빛을 비춰서 사람들로 하여금 눈이 부셔서 자신을 제대로 바라보지 못하게 만든다. 만일 자신을 바라봐도 괜찮다는 신이 있다고 해도 사정은 크게 달라지지 않을 것이다. 왜냐하면 사람 편에선 여전히 신을 바라보는 게 불편하기 때문이다. 보라고 해도 불편해서 못 본다는 얘기다.

그럼에도 불구하고 대부분의 경우 신은 동물, 식물, 무생물의 모습이 아니라 사람의 모습을 갖고 있다. 일부 종교에서 동물의 모양을 갖기도 하지만 대부분은 사람의 모습을 띠고 있는 게 사실이다. 신은 말도 하고 걷기도 하며 웃기도 하고 먹고 마시기도 한다. 그럼에도 불구하고 신이 대소변을 본다거나 섹스를 한다고 말하는 종교는 없다. 과문한 탓인지도 모르지만 내가 아는 한 노골적으로 그렇게 말하는 종교는 없다. 그러니까 신이 사람의 모습을 갖고 있다고 생각하고 그렇게 표현한다고는 하지만 머리 끝부터 발 끝까지 완전히 사람 모습이라고 생각하진 않는 셈이다. 사람이 몸으로 하는 가장 기본적인 기능은 먹고 마시고 배설하고 종족을 번식하는 일이다. 그런데 신의 몸은 이와 같은 기본적인 기능들 중에서 몇 가지는 하지 않는다고 여기고 있다는 얘기다. 형상 만드는 걸 허용하는 종교들에서조차 여전히 꺼리거나 두려워하는 무엇이 남아 있기 때문일까.

여기서 발칙하지만 재미있는 상상을 한 번 해보자. 사람에게 있어서 종족번식과 배설의 기능을 하는 기관은 생식기다. 비록 신이 사람의 모습을 가졌다고는 하나 종족을 번식하고 배설한다는 묘사가 존재하지 않는 까닭은 혹시 생식기 때문은 아닐까? 신의 생식기를 감히 상상할 수 없었기 때문에 종족번식과 배설과 섹스에 대한 언급이 없는 게 아니냐는 얘기다. 한 가지 덧붙이면, 사람이 야웨를 봤을 때 발 윗쪽은 바라보지 못하고 아랫쪽만 바라봤던 이유도, 모세가 야웨의 앞모습을 못 보고 뒷모습만 볼 수 있었던 까닭도, 한 걸음 더 나아가서 둘째 계명이 야웨의 형상 만드는 것을 절대 금지한 까닭도 야웨 몸의 특정 부분을 상상하지 못하게 하려 했음이 아닐까?

이 장의 제목이 "왜 말로 하면 괜찮고 형상을 만들면 안 되나?"다. 왜 말로 하면 괜찮았냐고? 사실 말뿐 아니라 형상을 만드는 것 빼고는 모든 방법이 다 괜찮았다. '야웨의 오른손'이라고 말로 해도 괜찮았고 머리속으로 상상해도 괜찮았으며 심지어 막대기로 하느님의 오른손을 땅바닥에 그렸다가 금방 지워도 괜찮았다. 금지된 것은 오로지 야웨의 오른손을 그림으로 그리거나 조각상으로 만들어서 그것을 지속적으로 보관하는 행위였다. 왜 그건 안 됐냐고? 신명기에서는 그것이 야웨의 목소리를 귀 기울여 듣는 걸 가로막기 때문이란다. 왜 그것이 야웨의 목소리 듣는 걸 가로막는다고 여겼을까? 그것은 하느님 야웨는 백성들이 자기의 형상을 만들면 말하기를 그치기 때문이라고 했다. 그러면 왜 형상을 만들면 야웨는 말하기를 그치는가? 이 질문에 대한 대답을 얻으려면 둘째 계명의 의미를 자세히 살펴봐야 하는데 그 전에 먼저 사람이 야웨의 형상으로 창조됐다는 말이 무엇을 의미하는지를 살펴 볼 필요가 있다.

6장

사람은
'야웨의 형상'으로
만들어졌다는데…

'형상'은 무엇이고 '모양'은 무엇인가?

이 구절 때문에 얼마나 많은 학자들이 골머리를 썩였을까? 얼마나 많은 유대교와 기독교 신자들이 헷갈려 했을까? 얼마나 많은 먹물과 잉크가 사용됐으며 얼마나 많은 나무가 베어졌을까?

창세기 1장 26-27절, 단 두 절 때문에 말이다. 이 구절은 인류 역사상 그것을 해석하기 위해 가장 많은 자원이 사용된 구절이라고 해도 틀리지 않을 것이다. 단 두 절 때문에 말이다.

하느님이 말씀하시기를 "우리가 **우리의 형상**을 따라서 **우리의** 모양대로 사람을 만들자. 그리고 그가 바다의 고기와 공중의 새와 땅 위에 사는 온갖 들짐승과 땅 위를 기어 다니는 모든 길짐승을 다스리게 하자." 하시고 하느님이 **당신의 형상**대로 사람을 창조하셨으니 곧 **하느님의 형상**대로 사람을 창조하셨다. 하느님이 그들을 남자와 여자로 창조하셨다.

하느님이 '우리의 형상'을 따라서 '우리의 모양'대로 사람을 만들었다는 말을 학자들은 혼란스러울 정도로 다양하게 해석해왔다. 다양하기만 했다면 문제가 없었겠지만 때로는 그것들이 서로 상반되니까 문제였다. 다양한 해석은 첫째로 '형상'(image, 히브리어로 '쩰렘')이라는 말과 '모양'(likeness, 히브리어로 '드무트')이라는 말을 어떻게 이해할 것인가 하는 데서 비롯됐고, 둘째로 '우리'라는 말을 어떻게 이해할 것인가에서 비롯됐다.

'형상'은 무엇이고 '모양'은 무엇인가? 둘은 서로 다른 말인가, 아니면 강조할 목적으로 같은 뜻을 가진 말을 반복해서 쓴 걸까? 또한 둘은 겉모습을 가리킬까, 아니면 내면의 성격 같은 걸 가리킬까? 하나는 외면을 가리키고 다른 하나는 내면을 가리킬까? 또한 '우리'는 누굴 가리키는 말일까? 야웨는 유일신 아닌가? 유일신이라면 아무리 고독해도 홀로 존재하는 신이 아니던가? 유일신이 누굴 가리켜서 '우리'라고 부른단 말인가? 그렇게 부를만한 존재가 존재했나? '우리'는 유일신인 하느님과 수하의 천사들을 가리키나? 아니면 일부 근본주의자들 주장대로 성부, 성자, 성령 '삼위일체'를 가리키는가?

'우리'는 누구일까?

'형상'과 '모양'이 무엇을 가리키는지를 생각해보기 전에 먼저 '우리'가 누구를 가리키는지에 대해 생각해보자.

이 구절에 담겨 있는 종교적 배경이 다신교라면 '우리'란 말은 전혀 문제가 되지 않는다. '우리'는 여러 신들(gods)을 가리킬 테니 말이다. 하지만 이스라엘과 다신교는 본래부터 어울리지 않은 궁합이 아닌가. 민간신앙 차원에서는 모르지만 구약성서에 반영된 이스라엘의 공식종교에서 둘은 한 순간도 어울리는 조합인 적이 없었다. 따라서 '우리'가 '여러 신들'을 가리킨다는 답은 맞는 답일 수 없다.

그럼 '삼위일체'라는 답은 어떤가? 이게 정답이 되기 위한 최소 조건은 '우리'가 둘도 아니고 넷도 아니고 반드시 셋이란 증거가 있어야 하는데 여기서 '우리'는 둘일 수도 있고 넷일 수도 있고 수백, 수천일 수도 있는 불특정 복수다. 기독교에 '삼위일체'란 교리가 있으니 '셋'이리고 주장하는 거지 '사위일체'였다면 '셋'이 아니라 '넷'이 됐을 거다. 이렇듯 '우리'의 숫자를 늘였다 줄였다 할 수는 없으니 이 대답 역시 맞는 답일 수 없다.

마지막으로 '우리'가 유일신 야웨와 수하에 있는 다수의 천상의 존재, 곧 흔히 천사라고 부르는 존재를 가리킬 가능성이 있다. 고대 중동지역에서 신은 심부름꾼에 해당하는 다수의 하위 신들

(lesser gods)이나 전령들(messengers)을 거느리고 있다고 생각됐다. 제일 위에 최고신이 자리잡고 있고 그 아래 다양한 직능을 가진 하위 신들과 최고신의 명령을 받아서 수행하는 사자들이 포진하는 일종의 천상 어전회의(heavenly council)가 있다고 여겨지던 것이다. 이를 입증할 만한 증거들이 많이 발견되었으니 고대 중동 문화권에서 신들의 세계가 이랬음은 더 이상 의심할 여지가 없다.

문제는 같은 그림이 구약성서에서도 발견되는가 여부인데 이와 비슷한 광경을 그려볼 수 있는 데가 몇 군데 있다. 열왕기상 22장과 욥기 1-2장 같은 곳 말이다. 먼저 열왕기상 22장을 읽어보자.

예언자 미가야가 본 환상에 따르면 야웨는 북이스라엘 왕 아합을 죽이기로 작정하고 천상 어전회의를 소집했다. 미가야가 보니까 "야웨께서 보좌에 앉으시고 그 좌우 옆에는 하늘의 모든 군대가 둘러 서" 있더라는 것이다. 야웨가 둘러 서 있는 자들에게 "누가 아합을 꾀어내어서 길르앗의 라못으로 올라가서 죽게 하겠느냐?"라고 물었다. 이에 모두 저마다 의견을 내놓아 분위기가 어수선해졌는데 '한 영'(a spirit)이 야웨 앞에 썩 나서더니 그 일은 자기에게 맡겨달라고 했단다. 야웨가 계획이 뭐냐고 묻자 그는 이렇게 대답했다. "제가 거짓말하는 영이 되어 아합의 모든 예언자들의 입에 들어가서 그들이 모두 거짓말을 하도록 시키겠습니다." 이에 야웨는 좋은 생각이라며 그렇게 하라고 했다는 얘기다. 이 광경은 고대 중동문화권에서 흔히 볼 수 있는 천상 어전회의 장면과 매우 비슷하다.

욥기 1-2장도 비슷하다. 욥에게 닥친 고난은 그가 의롭게 사는 까닭이 무엇인가를 두고 천상 어전회의에서 하느님과 사탄이 내기를 거는 데서 비롯됐다. 하루는 '하느님의 아들들'(the sons of God, 히브리어로 '브네-하엘로힘')이 야웨 앞에 섰는데 '사탄'(the Satan, 히브리어로 '하 사탄' – 고유명사가 아니라 관사가 붙어 있는 일반명사로서 어떤 '직책'을 가리키는 말이다)도 그 중 하나였단다. 야웨가 사탄에게 "어디를 갔다가 오는 길이냐?"하고 물었더니 그는 "땅을 이리저리 돌아다니다가 오는 길입니다"라고 대답했고 이에 야웨는 사탄에게 "너는 내 종 욥을 잘 살펴 보았느냐? 이 세상에는 그 사람만큼 흠이 없고 정직한 사람, 그렇게 하느님을 경외하며 악을 멀리하는 사람은 없다"라고 일종의 자랑 같은 걸 했다.

이에 사탄이 "욥이 아무것도 바라는 것 없이 하느님을 경외하겠습니까?"라고 하느님에게 따져물으면서 "야웨께서 그와 그의 집과 그가 가진 모든 것을 울타리로 감싸 주시고 그가 하는 일이면 무엇에나 복을 주셔서 그의 소유를 온 땅에 넘치게 하지 않으셨습니까? 이제라도 야웨께서 손을 드셔서 그가 가진 모든 것을 치시면 그는 야웨 앞에서 야웨를 저주할 것입니다"라고 단언했다. 그래서 야웨는 사탄에게 "그가 가진 모든 것을 다 네게 맡겨 보겠다. 다만 그의 몸에는 손을 대지 말아라"고 명령했고 이에 사탄은 욥을 괴롭히게 됐다는 얘기다. 여기서 욥기의 내용을 다 다룰 생각도 여유도 없다. 다만 이 광경 역시 전형적인 천상 어전회의의 그것이라는 점을 분명히 하고 넘어가겠다.

창세기 1장 26-27절에 나오는 '우리'라는 복수 대명사의 배경에는 위의 두 경우와 비슷한 상황이 있었다. 그렇다면 우주를 창조할 때 야웨는 홀로 고독하게 있지 않았다는 얘기가 된다. 하느님이 혼자 창조하고 천사들은 그저 바라만 보고 있었는지, 천사들도 어떤 식으로든 창조활동에 참여하고 가담했는지는 분명치 않지만 좌우간 하느님은 혼자가 아니었음이 분명하다. 창세기 1장 26-27절에 따르면 말이다. 훗날 지혜문서 중에는 '지혜'(wisdom, 히브리어로 '호크마')가 하느님의 창조를 도왔다고 말하는 문서도 있다. "돕긴 누가 도왔다고 그래! 성서는 하느님이 홀로 말씀으로 천지를 창조했다고 말하는데!"하고 목소리를 높일 사람도 있을 것이다. 일리가 없진 않다. 창세기 1장 26절 이전까지만 읽으면 그렇다. 그때까진 무대 위에 하느님 혼자뿐이니 말이다. 하지만 26-27절은 어떻게 할 것인가? '하느님 홀로'를 고집하기 위해 이 두 절을 없애버려야 하나? 아니면 없는 것으로 치부해야 하나? 그러기에는 너무 유명한 구절이 아닌가.

구약성서의 언어는 지극히 함축적이고 생략적이다. 짧은 문장에, 아니 한 단어가 많은 내용을 내포하고 있는 경우가 많다는 얘기다. 때론 이게 너무 지나쳐서 이해하기 어려울 때도 있다. 그만큼 독자의 해석이 게재될 여지가 크다는 말도 된다.

　에릭 아우얼바하(Erich Auerbach)가 《미메시스*Mimesis*》에서 말한 바와 같이 뭐든지 그림 그리듯이 상세히 묘사하는 그리스 문학과 달리 히브리 문학은 극도로 함축적이고 생략적이라서 독자로 하여금 많이 생각하게 하고 풍부한 상상을 하게 만든다. 창세기 1장 역시 창조의 모든 과정을 세세히 설명하는 글이 아니라 많은 것이 축약되고 생략된 글이므로 거기 천사에 대한 언급이 없다고 해서 천사가 창조 때 없었다고 단정지을 수는 없다. 천사에 대한 언급이 없으니 천사가 존재하지 않은 것이라고 우기는 사람은 창세기 4장 17절은 어떻게 설명할 것인가. 거기에는 가인이 아내와 동침하여 에녹을 낳았다고 했는데 이 아내는 어디서 왔는가 말이다. 창세기를 글자 그대로 읽으면 세상에는 아담, 하와, 가인만 있어야 하지 않은가. 그렇다면 가인은 어디서 아내를 얻었을까? 이런 상황이 이치에 맞지 않지만 구약성서는 이에 전혀 개의치 않는다. 독자가 알아서 읽으리라고 믿기 때문에 대담하게 생략하고 축약할 수 있었던 것이다.

　'우리'라는 대명사를 쓸 때는 그게 누굴 가리키는지를 보여주는 선행사가 있게 마련이다. 그래야 '우리'가 누군지 알 것 아닌가. 그런데 여기는 선행사가 없다. '우리'라는 대명사는 아담과 하와가 선악과를 따먹은 후 하느님이 생명나무 열매를 보호하는 조치를 취할 때 다시 한 번 등장하는데("보아라, 이 사람이 우리 가운데 하나처럼 선과 악을 알게 되었다. 이제 그가 손을 내밀어서 생명나무의 열매까지 따서 먹고 끝없이 살게 하여서는 안 된다" [창세기 3:22]) 여기도 선행사가 없긴 마찬가지다. '우리'를 다양하게 해석하게 된 이유가 여기에 있다. 결국 문맥과 당시의 사회문화적, 종교적 상황에 대한 이해를 근거로 선행사를 추측할 수밖에 없다.

고대 독자들, 또는 이 구절을 말로(orally) 들었던 고대 청중들은 '우리'가 누군지 알았을까? 그래서 선행사를 명시하지 않고 그냥 '우리'라고 썼을까? 최근에는 선행사를 명시하지 않음으로써 의도적으로 문장의 의미를 모호하게 만들었다고 주장하는 학자들도 있다고 한다. 아마 설화자의 마음속까지 들여다보는 재주가 있는 모양이다.

학자들은 천상 어전회의 가설이 제일 그럴 듯하다고 생각한다. 구약성서 안에서 비슷한 예를 찾아볼 수 있기도 하거니와 다신교 가설이나 삼위일체 가설이 별로 설득력이 없기 때문이다. 확실한 물증을 댈 수는 없지만 말이다.

하느님, 천사, 사람의 공통적인 특성

이제 본격적으로 '형상'과 '모양'에 대해 생각해보자. 이것들이 '우리'의 '형상'과 '모양'이고 이 '우리'는 앞서 얘기한 대로 천상 어전회의를 구성하는 하느님과 천사들이라면 양자의 형상과 모양에는 어떤 공통점이 있다고 보는 게 논리적이다. 그래야 '우리'라는 말을 쓸 수 있을 터이니 말이다.

그 동안 이 구절을 연구한 학자들을 괴롭힌 질문은 '형상'과 '모양'이란 말이 외모를 가리키는 말인지 내면을 가리키는 말인지 여부다. 그 동안 학자들은 야웨를 몸이 없는(bodiless) 존재로 여겼으므로 '형상'과 '모양'은 외모를 가리키는 구상명사가 아니라 내면을 은유적으로 표현하는 추상명사라고 생각해왔다. 야웨를 몸이 없는 존재로 여긴다면 당연한 귀결이겠다. 그런데 반복해서 얘기해온 대로 구약성서는 야웨를 몸을 가진 존재로 인식하고 있다. 물론 몸을 가졌다고 해서 '형상'과 '모양'이 반드시 외모를 가리킨다고 볼 수는 없다. 몸을 가졌지만 내면을 표현하는 말일 수도 있으니 말이다. 다만 여기서는 야웨가 몸이 없는 존재이기 때문에 '형상'과 '모양'을 내면을 표현하는 말들로 보는 것은 옳지 않다는 사실만 지적하고 일단 넘어가보자.

다음으로 '우리'에 포함되는 천사들이 누구인가를 물어야 한다. 이들이 '우리'에 포함되는 걸로 보아 이들은 하느님과 공통점을 갖고 있어야 한다. 하느님과 천사의 공통점은 무엇일까?

우선 떠오르는 점은, 하느님과 천사는 천상의 존재(heavenly being)라는 공통점을 갖고 있다는 사실이다. 물론 하느님과 천사 모두 지상에 내려오기도 하지만 이들이 주로 거주하는 곳은 하늘이므로 '천상의 존재'란 점은 분명한 공통점이 된다. 그런데 이것은 사람과는 공유하지 않는 공통점이란 데 문제가 있다. 사람이 거주하는 곳은 하늘이 아니라 땅이니 말이다. 하늘을 사모하는 사람들이 많지만 그들조차도 발은 땅을 디디고 있다.

그 다음으로 '형상'과 '모양'이 하느님, 천사, 사람에게 공통적인 특성을 가리키는 말일 수 있다. 우리 논의와 관련해서 단순화하면 이 공통적인 특성은 내면적인 것을 가리킬 수도 있고 외면적인 것을 가리킬 수도 있다. 내면적인 것을 가리킨다면 하느님, 천사, 사람에게 공통적인 내면의 특성일 텐데 그게 뭘까? 자유의지? 양심? 그 동안 수많은 학자들이 이와 같은 추상적인 가치를 공통점으로 들었다. 이런 가치들에 대해서 누구나 수긍할만한 성서적 근거를 내세운 학자는 없었지만 그렇다고 해서 이들의 주장이 옳지 않다고 할 수는 없다. 다만 보편적인 동의를 얻지 못할 뿐이다.

마지막으로 '형상'과 '모양'이 하느님, 천사, 사람에게 공통적으로 보이는 외면적 특징을 가리킬 수도 있다. 이 주장이 가능하려면 하느님과 천사가 몸을 가진 존재여야 한다. 구약성서가 야웨를 몸을 가진 존재로 인식하고 있다는 얘기는 앞에서 누누이 했으므로 더 반복하지 않겠다.

그러면 천사의 경우는 어떨까? 구약성서에 등장하는 천사들은 대부분 몸을 갖고 있다. 앞서 인용한 열왕기상 22장의 '한 영'(a spirit)은 영화 〈에일리언Alien〉의 에일리언처럼 사람 몸에 들어갔다고 했지만 대부분의 다른 천사들은 사람처럼 몸을 갖고 있다 (3장과 4장 참조). 그러니 하느님과 천사의 공통점은 구약성서 학자들이 오랫동안 생각해온 것처럼 '몸 없음'(bodilessness)이 아니라 '몸 있음'이라고 말해야 한다. 사람 역시 몸이 있으니 만일 '형상'과 '모양'이 하느님, 천사, 사람에게 모두 있는 공통점이라면 그것은 눈에 보이는 외면적 특징일 수 있다. 적어도 논리적으로는 말이다.

이렇듯 창세기 1장 26-27절의 '형상'과 '모양'은 이 구절 안에서만 생각해보면 내면의 특성을 가리킬 수도 있고 외모의 특징을 가리킬 수도 있다. 그렇다면 이제 해야 할 작업은 구약성서에서 이 단어들이 쓰인 구절들을 찾아서 그것들이 어떤 의미로 쓰였는지를 확인해야 한다. 귀찮고 힘든 작업이지만 다른 길이 없으니 그렇게 할 수밖에 없다.

'형상'과 '모양'의 쓰임새

우리말로 '형상'이라고 번역된 히브리어 '쩰렘'은 구약성서에서 창세기 1장 26절과 5장 3절, 민수기 33장 52절과 사무엘상 6장 5절, 열왕기하 11장 18절과 에스겔 23장 14절 등에 등장한다. 이 중에서 우리가 씨름하고 있는 창세기 1장 26절에서만 그 뜻이 모호하고 나머지 구절에서는 모두 분명히 외모를 표현하는 데 사용됐다. 한편 우리말로 '모양'이라고 번역된 히브리어 '드무트'도 마찬가지다. '드무트'는 창세기 1장 26절과 5장 1절, 열왕기하 16장 10절과 이사야 40장 18절, 에스겔 1장 26절과 23장 15절 등에서 사용됐는데 이 단어 역시 창세기 1장 26절에서만 그 뜻이 모호하고 나머지 구절들에선 모두 외모를 가리킨다. 이 가운데 주의를 끄는 몇 구절만 살펴보자.

그렇다면 너희가 하느님을 누구와 같다 하겠으며 어떤 **형상**에 비기겠느냐?(이사야 40:18).
To whom then will you liken God, or what **likeness** compare with him?

또 그들의 머리 위에 있는 창공 모양의 덮개 위에는 청옥처럼 보이는 보석으로 만든 보좌 **형상**을 한 것이 있었고 그 보좌 형상 위에는 사람의 모습과 비슷한 **형상**이 있었다(에스겔 1:26).
And above the firmament over their heads there was the **likeness** of a throne, in appearance like sapphire; and seated above the **likeness** of a throne was a **likeness** as it were of a human form.

이사야 40장 18절은 하느님은 그 어떤 형상에도 비길 수 없다고 말한다. 여기서 '형상'은 이론적으로는 외모를 가리킬 수도 있고 내면을 가리킬 수도 있다. 하지만 바로 뒤에 이어지는 19절에서 예언자는 "우상('새겨진 형상' 영어로는 'idol' 또는 'graven image' 히브리어로는 '페셀')이란 대장장이가 부어 만들고 도금장이가 금으로 입히고 은사슬을 만들어 걸친 것이다"라고 말하므로 18절의 '형상'은 외모를 가리키는 말로 읽는 게 옳다. 에스겔 1장 26절도 비슷하다. 여기서 예언자는 자기가 본 하느님의 모습을 서술하는데 하느님을 가리키는 '보좌 형상 위'에 있는 '사람의 모습과 비슷한 형상'은 전후맥락으로 보아 외모를 가리킨다고 보는 게 옳다.

그 다음은 창세기 5장 1-3절인데 이 구절이 제일 흥미롭다.

아담의 역사는 이러하다. 하느님이 사람을 창조하실 때에 하느님의 **형상**대로 사람을 만드셨다. 하느님은 그들을 남자와 여자로 창조하셨다. 그들을 창조하시던 날에 하느님은 그들에게 복을 주시고 그들의 이름을 '사람'이라고 하셨다. 아담은 백서른 살에 자기의 **형상** 곧 자기의 **모습**을 닮은 아이를 낳고 이름을 셋이라고 하였다.

1절에는 '형상'(히브리어로는 '드무트'인데 같은 히브리 단어를 이처럼 달리 번역하는 것은 문제다)이 쓰였고 3절에는 '형상'('드무트')과 '모습'('젤렘')이 모두 쓰였다. 3절은 아담의 아들 셋이 아담을 닮았다고 하는데 이는 내면이 닮았다는 말일까 외모가 닮았다는 말일까? 전자가 절대로 불가하지는 않지만 아기가 태어나자마자 그의 내면이 아버지를 닮았다고 말하는 것은 아무래도 어색하다. 말도 못하는 아기의 내면이 어떻다고 말하는 것도 그런데 하물며 그것이 아버지의 내면과 닮았다고 말하는 것은 억지가 아닐까?

이상에서 살펴본 '형상'과 '모양'의 쓰임새를 보면 창세기 1장 26절의 그것들이 내면을 가리키는 말로 보기보다는 외모를 가리키는 말로 보는 게 더 적절해 보인다. 혹 이게 억지 주장인 것 같은가? 오히려 그 반대가 억지 주장이 아닐까? 아직까지는 '형상'과 '모양'이란 말을 하느님은 몸이 없는 존재라는 전제 하에 그것들이 구약성서 안에서 어떻게 쓰였는지를 살펴보지도 않고 무조건 '자유의지'나 '피조세계에 대한 지배와 정복' 등 추상적인 개념으로 이해한 게 아닌가 말이다. 억지를 군이 지적하라면 이게 바로 억지가 아닐까 한다. 텍스트를 자연스럽게 읽지 않고 교리를 잣대로 맘대로 자르고 붙이면서 부자연스럽게 읽어온 결과가 그것이었다. 오직 하나의 전제만 포기하면 모든 게 자연스러워진다. 하느님은 '몸이 없는 존재'라는 전제 말이다.

구약성서는 왜 야웨를 '사람의 모습'으로 표현했을까?

구약성서에서 하느님은 여러 가지 모습으로 사람에게 나타난다. 신현현(theophany)이 천둥, 번개, 지진, 화산 같은 자연현상을 동반하는 경우가 있지만 오해하지 말아야 할 점은 자연현상이 곧 하느님의 모습은 아니라는 점이다. 짙은 구름이나 눈이 부시게 밝은 빛 등의 자연현상은 오히려 야웨의 모습을 보지 못하게 만든다. 야웨가 불타는 떨기나무 가운데 나타난 출애굽기 3장에서처럼 자연현상이 야웨의 모습을 가리지 않는 경우도 있지만 말이다. 여기서도 2절에서는 '야웨의 천사'(angel of YHWH, 히브리어로는 '말라크 야웨')가 떨기 가운데 이는 불꽃으로 나타났다고 했다가 4절과 5절에서는 그렇게 나타난 이가 천사 아닌 '야웨' 자신이었다고 말한다. 일관성이 없긴 하지만 그래도 불꽃이 야웨, 또는 야웨의 천사 모습을 가리지 않았다는 점에서 위에서 말한 자연현상들과 구별된다. 별 것 아닌 차이일 수도 있지만 좌우간 이 경우는 자연현상이 야웨의 모습을 가리지 않으면서도 야웨의 모습이 묘사되지 않는 독특한 경우다.

야웨가 자연현상과 함께 나타나는 경우에 사람들은 대부분 크게 놀라고 매우 두려워한다. 그렇지만 야웨가 사람의 모습으로 나타나는 경우 사람들은 그가 야웨인 줄 몰라본다. 너무 평범해서 눈에 띠지 않기 때문이다. 혹 이 점이 창세기 1장 26-27절의 '우리의 형상과 모양'과 어떤 식으로든 관련되어 있지 않을까?

사람의 모습으로 나타나는 것은 야웨가 유일하게 사용한 방식은 아니지만 자주 사용한 방식이었다. 그래서 그런지 사람이 야웨를 봤다고 했을 때 그는 야웨의 모습을 자연현상이나 동물의 모습으로 그리지 않고 오로지 사람의 모습으로 그렸다. 이 사실이 창세기 1장 26절의 '형상'과 '모습'의 의미와 어떤 식으로든 관련되어 있지 않을까?

야웨가 불꽃으로 나타났다고 하면 사람들은 그 불꽃을 진짜 불꽃으로 이해한다. 구름, 천둥, 번개나 지진, 화산도 마찬가지다. 그것들을 굳이 은유로 이해하지 않고 글자 그대로 이해한다는 얘기다. 산은 산이고 물은 물이고 구름은 구름이고 화산은 화산이다. 구름은 '어둠'을 가리키는 비유이고 화산은 '분노'를 상징한다고 보지 않는다. 그런데 왜, 도대체 왜 야웨가 사람의 모습으로 나타났다고 서술하면 그건 은유로 여기는 걸까? 왜 사람의 뇌는 그런 방식으로 작동하는가 말이다. 왜 야웨의 오른손은 그냥 오른손이면 안 되고 꼭 '권능'의 은유여야 하나? 야웨가 "우리의 형상을 따라서 우리의 모양대로 사람을 만들자"고 말했을 때 '형상과 모습'은 왜 외모가 아닌 내면을 가리킨다고 봐야 하나? 오해하지 마시라. 나는 이 모든 구절들이 반드시 외모를 가리킨다고 주장하려는 게 아니다. 왜 야웨에 대한 의인론적 묘사들을 죄다 추상화해서 은유로 만들지 못해 안달하는가를 묻고 싶을 따름이다. 왜 꼭 그래야 하는가?

아마 불편해서 그랬을 거다. 야웨가 사람처럼 몸을 갖고 있다는 생각이 불편했기 때문일 거다. 이 불편함은 성서 저자들에게도 마찬가지로 느껴졌을 것이다. 하지만 그럼에도 불구하고 성서 저자들은 야웨를 사람의 모습으로 표현했다. 그들도 분명 불편했을 텐데 그렇게 표현했다면 거기에는 분명 그럴만한 이유가 있었을 게다. 그게 무엇이었을까? 가장 궁금한 점은 바로 이 점이다. 구약성서는 왜 불편했음에도 불구하고 야웨를 사람의 모습으로 표현했을까?

이렇게 생각해볼 수 있지 않을까. 성서 저자들에게 영적인 것을 분명히 인식하지 못한 한계가 있긴 했지만 그래서라기보다는 그들에게 가장 친근한 언어와 개념으로 야웨를 표현하고 싶었기 때문일 거라고 말이다. 그들이 가장 잘 아는 것은 사람이었고 가장 친밀한 관계도 사람과 사람 사이에 맺어진 관계였기 때문에 하느님도 그렇게 표현할 수밖에 없었을 거라는 얘기다. 성서 저자들이 야웨를 표현하는 데 달리 무슨 방법이 있었겠는가.

그들이 야웨를 사람의 모습으로 그렸기 때문에 야웨를 이해할 수 있었고 야웨와 사람 사이의 관계를 사람과 사람 사이의 관계로 표현했기 때문에 전인격적으로 몰입하고 투신하는 일이 가능했을 것이다. 그래서 그들은 신인 관계를 표현하는 말과 개념들을 거의 대부분 인간관계를 표현하는 말과 개념들에서 가져왔던 것이다. 호세아가 우상숭배를 부부 간의 '불륜'으로 표현한 것은 가장 좋은 예다. 우상숭배를 불륜에 비유하니까 머리에도 쉽게 들어오고 그 엄중함이 피부로 느껴지지 않는가.

구약성서가 단지 야웨의 외모만을 인간적으로 그린 것은 아니다. 구약성서에 등장하는 야웨는 자유롭게 움직이기도 하고 한 곳에 자리잡고 긴 시간 동안 거기 머물기도 한다. 마음을 굳혀 결심하기도 하고 마음을 바꾸고 계획을 변경하기도 한다. 독자적으로 결정을 내리기도 하지만 외부의 영향을 받아서 결정하기도 한다. 내려진 결정을 뒤집는 일도 드물지 않다. 남의 뜻을 수용하기도 하고 반대로 남의 뜻을 적극적으로 바꾸기도 한다.

이 모든 게 사람이 흔히 하는 행동이 아닌가! 잘 따져 보면 이런 행동들을 야웨가 한다는 사실이 당연하지는 않다. 전지전능, 무소부재, 절대자유한 하느님이 이렇게 사고하고 행동한다는 게 어떻게 자연스러울 수 있겠는가. 하지만 우리는 이를 당연하게 여기고 있다. 까닭은 이것들이 사람이 하는 행위이기 때문이다.

왜 야웨는 자기 형상대로 사람을 만들었을까? 그건 사람과 '소통'하고 싶은 강한 열망의 표현이 아니었을까? 사람은 야웨 하느님을 마치 사람인 것처럼 그리고 인식한다. 그건 야웨와 소통하고 싶은 강렬한 열망을 사람이 갖고 있기 때문이다. 그렇다면 야웨가 자기 형상대로 사람을 만든 것도 같은 이유 때문이 아닐까? 누군가와 소통하고 싶은데, 누군가와 친밀하게 소통하고 생각과 마음을 나누고 싶은데, 그러려면 그런 존재를 어떻게 만들어야 할까? 아! 그렇지! 나를 닮은 녀석을 만들자! 우리를 닮은 사람을 만들자! 그리고 그 녀석에게 내 맘속에 있는 생각을 숨김없이 털어놓자! 나도 그 녀석 영혼 속에 들어가 보고 그 녀석도 내 가슴속에 들어오게 하자! 그래서 그 녀석과 인격적/신격적 관계를 맺어보자! 이런 강렬한 열망 때문에 야웨는 자기와 가장 닮은 모습을 가진 사람을 만들지 않았나 싶다.

이런 의미에서 야웨는 매우 '인격적인' 신이다. 야웨가 이렇게 사고하고 행동한다는 것을 전혀 부자연스럽게 여기지 않는다는 점에서 말이다. 단 하나, 야웨의 '외모'만은 예외였다. 야웨의 모든 게 다 인간적이어도 아무 문제 없었는데 유독 외모에 대해서만은 그렇지 않았다. 왜 그랬을까? 혹시 사람에게 있어서 생육, 번식 그리고 배설을 담당하는 기관인 생식기 때문이 아니었을까? 그걸 야웨가 갖고 있다고는 차마 생각할 수 없었기 때문이 아닐까? 다음 장에서는 이 점에 대해서 얘기하겠다. '19금' 수준의 얘긴데 어쩌나…. '애들은 가라!' 할 수도 없고….

7장

야웨가
남성이라구?
그래서 어쩔건데?

야웨의 '허리 아래' 얘기

이 장과 다음 장의 얘기는 많은 사람이 불편해 할 얘기다. '어떻게 감히 이런 얘기를 하나…' 하며 화를 낼 사람도 있을 게다. 그러니 미리 경고를 드리는 게 좋겠다 싶다. 앞으로 할 얘기는 발칙하고 도발적일 수 있으니 단단히 준비하시기 바란다.

먼저 이런 질문을 한 번 던져보자. 구약성서의 야웨는 남성인가 여성인가? 둘 다 아니라면 야웨는 성이 없는, 곧 무성(asexual)의 존재인가? 야웨가 성격적으로 남성에 가까운가 여성에 가까운가, 아니면 둘 다 아닌가를 묻는 질문이 아니다. 앞에서 여러 차례 말했듯이 야웨는 '몸'(body)을 갖고 있는 물질적인 존재로 여겼다. 질문은 야웨의 '몸'이 남성의 그것인가, 여성의 그것인가, 아니면 둘 다 아닌가를 묻고 있는 것이다.

남성과 여성을 구별하는 신체기관이 여럿이지만 그 중 가장 손쉽게 구별하게 해주는 기관은 생식기다. 따라서 야웨가 남성인가 여성인가, 아니면 둘 다 아닌가를 알려면 야웨가 남자 생식기를 갖고 있는가 여자 생식기를 갖고 있는가, 아니면 둘 다 없는가를 알면 된다.

유대교와 기독교는 오랫동안 거의 의심 없이 야웨를 남성으로 여겨왔다. 구약 히브리어에서 야웨가 문법적으로 남성이니 이는 당연하다고도 볼 수 있겠다. 야웨를 받는 대명사는 '그녀'(she)가 아니라 '그'(he)다. 요즘은 여성주의자를 비롯해서 적지 않은 사람들이 야웨가 남성이라는 데 의문을 제기하거나 이견을 내놓지만 지금도 여전히 야웨는 남성으로 인식되는 게 일반적이다.

하지만 엄밀히 말하면 야웨는 문법적으로만 남성이고 그외에는 남성다운 특징을 보여주지 않는다. 그렇다고 야웨가 여성적인 특징을 두드러지게 보여준다는 얘기는 물론 아니다. 야웨는 분명 남성이다. 구약성서가 이 사실을 따로 증명하거나 설명하지 않는 까닭은 당연한 것으로 전제하기 때문이다. 요즘 의도적으로 야웨를 '그녀'로 지칭하는 학자들이 있지만 대부분의 경우 그럴 때에는 어딘가에 자기 글에서 야웨를 '그녀'로 표현하겠다고 설명을 붙여놓는다. 아직은 야웨를 '그녀'로 표현하려면 그걸 설명해야 한다는 얘기다. 반면 야웨를 '그'로 표현하는 데는 설명이 필요없다.

그런데 이상하지 않은가? 야웨를 '남성'으로 칭하는 걸 당연하게 여기면서도 야웨가 남성을 상징하는 신체기관을 가졌느냐고 물으면 당황하고 얼굴색이 어두워지는 게 말이다. 야웨의 남성성(maleness)은 '형이상학적'이거나 '문법적'으로는 용납되지만 '형이하학적'으로나 '실제적'으로는 용납되지 않는다.

'여는 글'에서 언급한 아일버그-슈바르츠의 책《하느님의 생식기》를 처음 봤을 때 받은 충격을 생각해보면 놀랄 일은 아니다. 야웨의 남성성을 그렇게 형이하학적으로 생각해본 사람이 얼마나 되겠는가. 이런 얘기에 흥미를 느끼는 사람보다는 불편을 느끼는 사람이 아무래도 많을 것으로 짐작된다. 하지만 야웨의 몸과 물질성을 고찰하는 데 있어서 성(gender) 문제를 다루지 않는다면 그건 뭔가 중요한 것이 빠진 것일 수밖에 없다. 그래서 야웨의 '허리 아래' 얘기를 하지 않을 수 없는 거다.

점입가경, 야웨를 표현한 그림

먼저 분명히 해야 할 점은, 고대 중동지역 문화권에서 신들은 모두 성 정체성을 확실히 갖고 있었다는 사실이다. 그때 거기서 모든 신들은 남성 아니면 여성이었다. 이 말은 그들이 단지 남성이나 여성스러운 특징을 갖고 있었다는 뜻이 아니라 남성 또는 여성임을 확실히 보여주는 신체기관을 갖고 있었다는 뜻이다.

그게 뭐 어쨌냐고? 조금도 이상하게 들리지 않는다고? 그렇다면 당신은 상당히 심각한 편견을 갖고 있다고 할 수 있다. 구약성서의 야웨 종교가 홀로 독특하고 고상해서 다른 종교들과는 비교할 수도 없다는 편견 말이다. 주변 종교의 신들이 성 정체성을 갖고 있었다는 사실은 당연하게 여기면서 왜 야웨만은 그들과는 달리 성 정체성이 없어야 한다고 믿는가 말이다. 물론 종교에 따라서로 다르다. 구약성서가 야웨의 성 정체성을 반드시 밝혔어야 한다는 얘기가 아니다. 양자의 차이는 성 정체성의 유무에 있지 않고 그것을 드러내느냐 감추느냐에 있다. 고대 중동문화권의 종교들은 그것을 드러냈고 구약성서는 감췄던 것이다. 왜 그랬을까? 왜 구약성서는 야웨의 성 정체성을 감추려 했을까?

또 다른 차이는 고대 중동 문화권의 대부분 종교들에서는 신이 배우자(consort)를 갖고 있었던 데 반해서 야웨는 그렇지 않았다는 점이다. 구약성서가 보여주는 이스라엘 공식종교(official religion)에서 야웨는 배우자가 없는 '독신'이다. '유일신이 독신인 게 당연하지!'라고 생각하는 사람은 세상엔 오직 하나의 신만 존재한다는 유일신교(monotheism)가 비교적 후대에 와서야 역사의 무대에 등장했음을 기억해야 한다. 구약성서 시대 초, 중기에 야웨 종교는 유일신교가 아니라 단일신교(henotheism)였다. 곧 여러 신들이 존재하지만 그 중 특정한 하나의 신만을 믿고 따르는 종교였던 것이다.

그런데 고고학 자료를 살펴보면 이와는 완전히 얘기가 다르다. 1975년과 1976년에 시나이 반도 북동쪽 쿤틸레트 앗주르드(Kuntillet 'Ajrud)라는 곳에서 신전 비슷한 것이 발굴됐다. 어떤 이는 신전이라고 했고 또 다른 이는 신전이 아니라고 했는데 지금은 후자가 더 많은 지지를 받고 있다. 그곳에 히브리어와 페니키아어로 쓰인 여러 개의 비문들과 토기에 그려진 그림들이 발굴됐는데 '엘'(El) 신, '바알'(Baal) 신, 그리고 '야웨'(YHWH) 신과 관련된 문구들 중에 야웨와 관련된 문구의 내용은 매우 충격적이다. 한 토기에 "사마리아의 야웨와 그의 아세라(Asherah)" "테만(Teman)의 야웨와 그의 아세라"라는 문구가 쓰여 있는 것이다. 사마리아는 북왕국 이스라엘의 수도이고 테만은 에돔(Edom)의 도시다. 보통 신의 이름이 도시명과 함께 사용됐을 때는 그 도시에 그 신을 모신 신전이 있다는 뜻이다. 사마리아는 북왕국의 수도니 그렇다고 해도(사실 여로보암은 사마리아가 아닌 베델과 단에 신전을 세웠다고 했지만 사마리아가 도시만이 아니라 북왕국 전체를 가리키기도 하니 '사마리아의 야웨'는 북왕국 전체의 야웨란 뜻으로 이해할 수도 있다) '테만의 야웨'라는 말은 이해하기 힘들다. 에돔 족속의 도시에 야웨의 신전이 있었다는 얘긴가? 아니면, 에돔 족속이 야웨를 믿었다는 얘긴가? 정말 그랬을까?

이보다 더 충격적인 것은 '야웨와 그의 아세라'라는 문구다. '야웨와 그의 아세라'라고? 이게 무슨 말인가? '아세라'는 가나안의 여신인데 그 이름을 어떻게 야웨와 나란히 두었는가 말이다. 마치 부부처럼 말이다. 구약성서에는 야웨에게 부인이 있다는 얘기도 없지만 설령 있다고 해도 가나안의 여신이 어떻게 야웨의 부인이 되는가 말이다.

이 문구를 두고 학자들은 아직껏 논쟁하고 있다. 학자들은 이스라엘의 민간신앙에선 야웨가 배우자를 갖고 있는 걸로 믿었다고 오랫동안 여겨왔다. 고고학자들이 발굴해낸 이스라엘의 가정집에서는 작은 크기의 야웨 신상과 함께 아세라로 짐작되는 여신상도 발견됐다. 공식종교와 민간종교 간에는 아무래도 차이가 있게 마련이지만 그래도 그렇지 아무리 민간신앙이라지만 야웨에게 배우자가 있었다는 사실(더 정확하게는 이스라엘이 그렇게 믿었다는 사실)은 충격이 아닐 수 없다.

'아세라'에 대해 다른 해석도 있으니 그것도 소개해야 균형이 맞겠다. 남성신과 그의 배우자를 지칭할 때 '그의'라는 소유격을 붙이는 경우는 여기 말고는 없다고 한다. 이 점에 착안해서 아세라가 여신이 아니라 '기둥'과 같은 성전 기구로 보는 견해가 최근 들어 지지를 얻고 있다. 성서 히브리어에선 명사에 접미사를 붙여서 소유격을 표현한다. '나의 방' '너의 칼' 등을 표현할 때 '방'이나 '칼'이란 명사 꼬리에 '나의'나 '너의' 등 소유격을 표시하는 접미어를 붙인다는 얘기다. 하지만 고유명사에 소유격 접미어를 붙이는 경우는 없다. 따라서 '아세라'는 가나안 여신을 지칭하는 고유명사가 아니란 얘기다. 어느 편이 옳을까? 아세라는 여신을 가리킬까 아니면 성전 기구를 가리킬까? 아직까진 결론이 내려지지 않았다.

'점입가경'이란 말이 있다. 글보다 더 충격적인 것은 거기서 발견된 '그림'이다. 아마 여러분도 보면 놀랄 것이다. 이 그림이 정말 야웨를 그린 것이라면 말이다. 많은 학자들은 그걸 야웨를 표현한 그림으로 본다. 그 그림은 야웨에게 우람한 생식기를 달아놓았다. 그러니 어찌 놀라지 않을 수 있겠는가. 십계명 중 둘째 계명을 어긴 것은 둘째 문제다. 너무 충격적이어서 처음에 봤을 때는 나도 무척 놀랐다.

Biblical Archaeological Review 최근호(2012년 11-12월호)에는 그게 생식기가 아니라 옷에 달린 꼬리 같은 거라고 주장하는 논문이 실렸다. 어느 편이 맞는지는 판단할 수 없다. 하지만 그림을 본 사람이라면 그가 받은 첫 인상은 그게 옷에 달린 꼬리로 보이기보다는 우람한 생식기로 보일 것이다.

그 밖에도 이 그림에는 여러 가지 문제가 있지만 여기서 다룰 만 한 얘기는 아니다. 물론 학자들의 주장을 다 받아들일 필요는 없다. 하지만 내 생각과 맞지 않는다고 해서 근거 없이 부정해서도 안 된다. 좌우간 쿤틸레트 앗주르드 발굴 이후 야웨 종교의 성격을 어떻게 이해할 것인가에 엄청난 변화가 생긴 것만은 사실이다.

'남자의 생식기'에 새긴 약속의 증표

기왕에 발칙하고 도발적인 '형이하학' 얘기를 시작했으니 좀 더 해보자. 널리 알려진 대로 창세기에는 두 개의 창조 설화가 있다. 하나는 창세기 1장부터 2장 4절 상반절까지 서술되어 있는 '사제 문서'(P로 약칭)의 창조설화이고, 다른 하나는 4절 하반절부터 3장 과 4장으로 이어지는 '야웨문서'(J로 약칭)의 창조설화다. 요즘은 오 경을 J, E, D, P 네 개의 문서로 나누는 자료비평의 이론을 그대 로 받아들이는 학자는 별로 없다. 대부분 이를 받아들인다 해도 비판적으로 받아들인다. 심지어 이를 무시하는 학자도 적지 않다. 하지만 그렇다 해도 많은 학자들은 이를 밑바닥에 깔아놓고 논의 를 전개한다. 세부적으로 문서를 나누는 데 논란이 있으므로 엄격 하게 따르지는 않지만 말이다.

두 개의 창조 이야기가 모두 '형이하학'에 깊은 관심을 보인다 는 점은 재미있는 사실이다. 먼저 사제문서의 창조 이야기를 보 자. 아담과 하와가 하느님(과 천사들) 형상대로 창조되었다고 서술 하는 창세기 1장 26-28절은 사제문서의 일부다. 하느님이 아담 과 하와에게 "생육하고 번성하여 땅에 충만하라!"고 명령하는 데서 보듯이 이 문서의 주요 관심사 가운데 하나는 가부장을 중 심으로 하는 '후손의 번성'이다. 그래서 하느님이 당신 형상대로 사람들을 만들고 내린 첫 명령이 '생육하고 번성하라'는 명령이었다.

사제문서는 이렇듯 '생육과 번성'을 중시한다. 사제문서에서 '창조'와 '생육' 및 '번성'은 떼어놓고 생각할 수 없을 정도로 밀접하게 관련되어 있다. 하느님은 창조하고 사람은 생육, 번성한다. 사람이 생육하고 번성하여 땅에 충만하게 되는 것은 창조의 목적에 적극 부응하는 일이요 그것을 궁극적으로 성취하는 일이다. 히브리어 어휘상으로는 '창조'와 '생육' 사이에 직접적인 관련은 없지만 내용상으로는 분명히 그렇다(영어로는 '창조'가 'creation'이고 '생육'은 '**procreation**'이니 영어로는 확실히 그렇다).

하느님의 '형상'과 '모습'이 대체 무엇인가에 대해서 학자들은 저마다 한 마디씩 했지만 그것은 창세기 1장 26-28절에 국한해서 생각해보면 '생육'과 '번성'과 '충만'과 관련되어 있다고 말할 수 있다. 그것들의 외모와의 관련성을 차치하고라도 말이다. 이렇게 말하면 '뭐라구? 고귀한 하느님의 형상과 모습이 겨우 종족 보존을 의미할 따름이라구?'라며 화낼 사람이 있을 게다. 그래서 '그 대답을 창세기 1장 26-28절에 국한해서 찾아보면'이라는 단서를 붙이지 않았나.

이런 생각의 근거는 창세기 1장 26-28절이 전부가 아니다. 역시 사제문서에 속하는 창세기 17장도 같은 시각으로 읽을 수 있다. 거기서 하느님은 아브라함에게 "나와 너 사이에 내가 몸소 언약을 세워서 너를 크게 '번성'하게 하겠다"고 약속했다. '종족 번성'은 야웨와 아브라함 사이에 맺어진 언약에 있어서 유일하다곤 할 수 없지만 매우 중요한 내용 중 하나다. 하느님은 아브라함을 '여러 민족의 조상'으로 만들어주겠다며 그의 이름을 '아브람'에서 '아브라함'으로 바꿔줬다. 그리고 이 언약은 하느님과 아브라함 사이에만 맺어진 것이 아니라 뒤에 오는 그의 '자손'과도 대대손손 맺은 '영원한 언약'이라고 했다.

아브라함이 이 말을 듣고 무슨 생각을 했을까? 하느님과 대화하는 중이었으니 차마 소리 내서 웃지는 못했겠지만 속으론 '이게 무슨 터무니 없는 얘긴가…' 하지 않았겠나. 자손이 번성하고 여러 민족의 조상이 되기는 커녕 자신은 당장 대 이을 아들 하나 없는 처지가 아닌가. 그런데 여러 민족의 아버지라니! 아니나 다를까, 아브라함은 얼굴을 땅에 대고 엎드려서 웃으며 혼잣말로 중얼거렸단다. '내 나이 백 살에 자식은 무슨…' 자기는 그렇다 쳐도 아흔 살이나 된 아내 사라가 무슨 수로 아기를 낳는다고 저러시나 하고 생각했다는 거다.

누가 들어도 맞는 말 아닌가. 요즘 늦둥이를 보는 사람이 더러 있지만 그래도 백 살과 아흔 살 먹은 부부가 그런 '기적'을 이뤘다는 말은 들어보지 못했다. 창세기 18장에서 사라도 이 말을 듣고 몰래 웃었다고 하니 이들 부부를 '웃음의 부부'라고 불러야 할까. 기뻐서 웃는 웃음이 아니라 어처구니 없어서 웃은 '헛웃음'이지만 말이다. 이 '헛웃음'은 훗날 '웃음'이란 뜻을 가진 아들 '이삭'의 탄

생과 더불어 제대로 된 웃음이 된다.

하느님은 아브라함이 눈에 보이는 물질적 증거를 원한다고 짐작했을까? 아니면 아브라함은 원치 않았는데 하느님이 그냥 증거로 준 걸까? 야웨는 참으로 얄궂은 곳에 약속의 증거를 새기라고 명령했는데 그 곳이 바로 남자의 생식기였다. 그 증거는 '할례'였다.

창세기 17장의 할례 규정은 비교적 상세하다. 할례는 남자 생식기의 양피를 베어내는 것으로 아브라함뿐 아니라 그의 모든 남자 후손이 행해야 했다. 이것이 그들 '모두'가 지켜야 할 언약이라는 것이다. 그런데 '그들 모두'에는 아브라함의 후손뿐 아니라 그들 집에서 태어난 종들과 외국인에게 사들인 종들까지 포함된다. 할례 받은 남자가 '정통' 이스라엘인만은 아니라는 얘긴데 그렇다면 어떻게 할례가 '언약의 표'가 될 수 있겠나 하는 의문은 남는다. 외국인과 사들인 종들까지 모두 '이스라엘'이란 말인가?

이렇듯 할례와 관련된 이야기들은 서로 상응하지 않는 점이 있기 때문에 할례의 역사적 기원은 하느님과 아브라함 사이에 맺어진 언약과 무관하다고 주장하는 이들도 있다. 할례의 기원과 역할에 대해서는 구약성서 학자들은 물론이고 비교종교학자들과 인류학자들도 다양한 주장들을 쏟아냈다. 하지만 우리의 관심사는 할례의 기원이 아니라 '왜 하필 남성의 생식기에?'라는 질문이므로 이 질문도 그냥 넘어간다.

왜 하필 남자의 생식기였을까?

왜 하필 거기였을까? 왜 그 많은 신체기관 중에 하필 남자의 생식기였나 말이다. 일단 남성 중심의 가부장사회였으니 언약의 주체가 남성이었음은 이해할만하다. 그때 그랬으니 지금도 그래야 한다는 뜻은 물론 절대 아니다. 그런데 왜 하필 남자의 생식기였을까? 왜 얼굴이나 손이나 발이 아니라 생식기였나 말이다. 이런 생각은 낯뜨거워서 가급적 피해왔지만 여기선 그럴 수 없다. 언약의 표를 남길 장소가 하필 거기였던 데는 그럴만한 이유가 있었을 터이니 말이다.

2012년 대통령 선거 기간 중 한국의 한 심리학 교수가 유력한 여성 대통령 후보를 가리켜 '생식기만 여성'이라고 말해서 구설수에 오른 일이 있었다. 그는 생물학적으로 여성이라고 해서 다 여성이 아니라 결혼도 하고 아이도 낳고 살림도 하는 등 사회적으로 여성의 역할을 해야 비로소 여성으로 규정할 수 있다는 뜻으로 그렇게 말했단다.

앞뒤 문맥을 다 잘라내고 한 구절만 떼어내서 비난하는 것은 옳지 않다. 물론 심리학 교수의 발언이 적절했다고는 생각하지 않는다. 하지만 '생식기'라는 말은 은어도 아니고 속어도 아니며 사람의 생식기관을 가리키는 표준어이므로 공적인 자리에서 사용해서는 절대 안 되는 말이라고는 생각하지 않는다. 물론 그런 용어를 공적인 자리에서 가급적 사용하지 않으려는 문화적 상황도 고려할 필요는 있다.

나도 그런 분위기에서 자랐고 교육받았으므로 '하느님의 생식기'라는 책 제목을 보고 기겁했던 것이다. 하지만 따지고 보면 'phallus'라는 말은 생식기를 가리키는 비교적 점잖은 말이기에 저자는 나름대로 하느님에 대해서 예의를 지킨 셈이다. 더 고상한 표현이 없으니 말이다. '생식기'라는 말은 남녀의 생식기관을 가리키는 표준어이고 가장 고상한 말이다. 따라서 유력한 여성 대통령 후보라고 해서 '생식기'란 말을 쓰지 못할 이유는 없다. 그 말을 썼다고 해서 발끈하는 사람들은 그녀를 신적인 존재로 여기는 걸까? 그런 사람들은 하느님에게도 생식기라는 말을 거침없이 사용한 슈바르츠에게 한 수 배웠으면 좋겠다.

각설하고, 시야를 조금 넓혀서 창조에서 하느님의 형상으로, 그리고 생육과 번성에서 아브라함에게 준 후손의 약속과 할례로 이어지는 사제문서의 서술을 살펴보면 이 문서가 하느님을 어떻게 인식하고 있었는지를 엿볼 수 있다. 여기서 남성의 생식기에 언약의 표를 남겼다는 사실이 중요한 역할을 한다. 이에 대해서는 다음 장에서 계속 얘기해보자.

8장

왜 그렇게
가리려 했을까?

한 몸이 된 사람들이 왜 부끄러워했을까?

할례 얘기를 계속하기 전에 창세기 2장 4절 하반절에서 시작해서 3장과 4장으로 이어지는 야웨문서의 창조 이야기를 먼저 읽어보자. 야웨문서와 사제문서의 창조 이야기가 어떻게 다른지는 널리 알려져 있으니 가급적 간단하게 요약하고 넘어가자.

우선 이 두 문서는 창조의 배경부터가 다르다. 사제문서는 창조 행위 이전 상태가 땅의 형태 없음과 어둠, 그리고 넘실대는 물로 특징지어지는 데 반해서 야웨문서의 그것은 초목도 채소도 없는 메마른 사막같은 땅이다. 사제문서에는 사람이 동식물보다 나중에 창조됐고 남자와 여자가 동시에 창조된 데 반해 야웨문서에서는 남자가 다른 피조물보다 먼저 창조됐고 여자는 그것들이 다 창조된 후 남자의 갈비뼈로 만들어졌다. 사제문서에서는 하느님이 사람과 빛을 포함한 모든 피조물을 '말'로 창조했지만 야웨문서는 다른 피조물의 경우는 구체적으로 밝히지 않고 사람의 경우는 야웨가 흙으로 빚고 숨을 코에 불어넣어 창조했다고 서술한다. 이런 얘기들을 자세히 하려면 끝이 없으므로 이 정도로 그치고 우리 얘기로 돌아가 보자.

아담이 깊은 잠에서 깨어나 보니 곁에는 잠들기 전엔 없었던 하와가 있었다. 그가 그녀를 보고 외친 탄성, "뼈 중의 뼈요, 살 중의 살"은 아무 생각 없이 읽어도 상당히 에로틱한 느낌을 준다. 오래 전에 봤던 19금 영화 〈뼈와 살이 타는 밤〉 탓일까. 바로 다음에 남자가 부모를 떠나 여자와 '한 몸'이 됐다고 말하니 영화가 아니더라도 에로틱한 얘기일 수밖에 없다. '한 몸이 됐다'는 말을 정신적 혹은 영적인 결합을 가리킨다는 식의 은유로 해석할 사람은 없을 거다. 구약성서 전체를 영적, 은유적으로 해석하기로 작정한 사람 말고는 말이다. 영적, 은유적 해석의 대가였던 필로도 그러지는 않았다. '한 몸이 됐다'는 말은 남녀가 '성적으로 결합했다'는 뜻 이외에 다른 뜻일 수 없다.

관심을 끄는 대목은 그 다음에 나오는 "남자와 그 아내가 둘 다 벌거벗고 있었으나 부끄러워하지 않았다"는 말이다. 사람은 벌거벗으면 부끄러워한다. 그렇지 않은 사람도 없진 않겠지만 적어도 우리는 벌거벗으면 부끄러워하는 문화권에서 살아왔고 지금도 그렇다. 야웨문서도 벌거벗으면 부끄러워해야 하는 문화를 배경으로 해서 쓰였음에 분명하다. 아담과 하와가 부끄러워하지 않았던 게 일종의 '비정상'인 것처럼 쓰고 있으니 말이다. 부끄러워해야 하는 게 마땅한데 그들은 부끄러워하지 않았다는 얘기다.

그들은 왜 부끄러워하지 않았을까? 야웨문서는 이 물음에 대답하지 않는다. 하지만 부끄러워하지 않는 게 '정상'인데 그들이 선악과를 따 먹은 후로는 벌거벗은 걸 부끄러워하게 됐다고 말하는 건 확실하다. 하긴 지금도 누드 비치에 가면 옷 입고 다니는 게 비정상이고 부끄러운 짓이긴 하지만 말이다.

너무 당연해 보여서 묻지 않는 질문은 그들은 어느 부분을 부끄러워했을까, 하는 것이다. 신체의 어느 부분이 그들로 하여금 부끄러움을 느끼게 했는가 말이다. '그거야 당연하지. 어디긴 어디야, 생식기라고 부르는 바로 그 부분이지!' 맞다. 너무 뻔한 질문에 너무 뻔한 대답이다. 정답은 남녀의 생식기다.

창세기 3장 7절은 아담과 하와가 선악과를 따 먹으니 "눈이 밝아져서 자기들이 벗은 몸인 것을 알고 무화과나뭇잎으로 치마를 엮어서 몸을 가렸다"고 말한다. 그들은 무화과나뭇잎으로 생식기를 가렸다. 정말? 뻔하긴 하지만 그래도 확인해 볼 요량으로 성서를 찾아봤다. 표준새번역 성서에는 어디를 가렸는지는 밝히지 않고 그냥 '몸을 가렸다'고만 해서 히브리 원어성서를 뒤져봤다. 그랬더니 이런, 히브리 성서에는 '가렸다'는 말 자체가 없다! 놀라서 영어성서 개정표준역(Revised Standard Version)을 찾아봤더니 거기도 "they sewed fig leaves together and made themselves aprons(그들이 무화과나뭇잎을 엮어 치마를 만들었다)"라고 번역되어 있다.

히브리 성서와 영어 성서에는 '가렸다'는 말 자체가 없는데 한글 표준새번역 성서는 원문에도 없는 "몸을 가렸다"는 말을 집어넣은 것이다. 다른 한글성서도 찾아보니 개역성서만 원문을 그대로 번역했고 나머지는 다 '가렸다'는 말을 첨가했다. '치마'를 괜히 만들지는 않았을 터이다. 그걸 만들었다면 입었을 것이고 입었다면 어디가 가려지나를 생각해봤다. '치마'(apron)라고 번역한 히브리어 '하고라'는 '허리 덮개'(loin covering)를 뜻하므로 길이에 따라서 가려지는 범위가 다르긴 하겠지만 통상 생식기와 엉덩이는 가려진다고 볼 수 있겠다.

'치마' 얘기를 쓸데없이 길게 했지만 그래도 어딜 가렸는지는 확실해졌다. 문제는, 왜 사람은 생식기가 드러나는 것을 그토록 부끄러워하게 됐을까 하는 점이다. 그건 당연하지 않냐고 쉽게 말하지는 말자. 첫 사람인 아담과 하와, 이미 '한 몸'이 된 사람들이 생식기를 드러내는 게 왜 부끄러웠을까? 누가 본다고? 설마 동물들 보지 말라고 가리지는 않았겠지.

'엽기적'인 얘기

여기서 잠시 시간을 뒤로 돌려보자. 야웨는 아담에게 선악과를 따 먹지 말라고 말한 후에 "남자가 혼자 있는 것이 좋지 않으니 그를 돕는 사람, 곧 그에게 알맞은 짝을 만들어주겠다"고 혼잣말을 했단다. 여기서 '돕는 사람'이 무슨 뜻인지도 중요하지만 우리 얘기와는 직접 관련이 없으니 따지지 말자.

잘 읽어보면 이 얘기는 굉장히 '엽기적'이다. 그걸 모른 채 여지껏 이 대목을 아무 생각 없이 읽어왔다는 게 놀라울 정도다. 뭐가 그리 엽기적이냐고? 잘 읽어보면 금방 알 수 있다. 충격받지 않도록 단단히 마음의 준비를 하고 읽어보자.

야웨는 아담이 혼자 있는 게 '좋지 않다'고 느꼈다. 여러분은 아는가? 이 구절 전까지는 내내 '좋다'(good, 히브리어로 '토브')는 말만 나오다가 여기서 처음으로 '좋지 않다'(not good, 히브리어로 '로-토브')는 말이 등장한다는 사실을 말이다. 줄곧 '좋다!'면서 만족감을 표시하던 야웨가 처음으로 불만을 표현한 것이다. 그 까닭은 아담이 외톨이였기 때문이었다.

그래서 야웨는 당장 그를 잠에 빠뜨리고 그에게서 갈비뼈를 취해 하와를 만들었나? 그렇지 않았다. 그 다음에 야웨는 "들의 모든 짐승과 공중의 모든 새를 흙으로 빚어서 만드시고(그들을) 아담에게로 이끌고 오셔서 아담이 그것들을 무엇이라고 하는지를 보셨다"고 했다. 아담에게 동물들 이름을 붙이라고 했다는 얘기다. 아담이 그대로 했다. 그런데 그들 중에는 "그의 짝이 없었다"고 한다. 그래서 야웨는 그를 깊이 잠들게 해놓고 갈비뼈 하나를 취해서 하와를 만들었다는 거다.

이게 무슨 괴상한 말인가? 짐승들과 새들 중에는 아담의 짝이 없었다고? 그렇다면 야웨가 짐승들과 새들을 아담에게 이끌고 온 목적은 두 가지였던 모양이다. 하나는 그들에게 이름을 붙여주는 것이고 다른 하나는 아담의 짝을 찾는 것 말이다. 첫 번째 목적은 달성됐지만 두 번째 목적은 달성되지 않았다. 그들 중에서 아담의 짝을 찾지 못했으니 말이다. 그래서 야웨는 아담을 깊이 잠재워야 했다.

'돕는 배필'이라고도 부르고 '도울 짝'이라고도 부르는 하와는 짐승들과 새들 중에서 짝을 찾지 못해서 야웨가 아담의 갈비뼈를 취해 만든 일종의 '비상조치'의 결과였던 셈이다. '돕는 배필'이란 말이 여성주의자들을 흥분시키고 화나게 만든 걸 안다. 왜 여자가 남자를 돕는 보조자냐는 것이다.

나는 오늘날 여자가 남자의 보조자라고 절대로 생각하지 않는다. 하지만 그렇다고 해서 구약성서도 그렇게 생각하리라고 추측하는 것은 말도 안 된다. 구약성서 시대의 윤리는 오늘의 윤리에 맞지 않는다. 다른 것은 다르다고 인정해야 한다. 구약성서가 가부장제를 인정하는 건 사실이다. 하지만 그렇다고 해서 우리도 가부장제를 인정해야 하는 건 아니다. 마찬가지로 우리가 여성주의를 긍정한다고 해서 구약성서도 그러리라고 기대할 수는 없다. 구약성서를 있는 그대로 읽고 그것의 내용을 제대로 파악한 다음에 그것을 어떻게 오늘의 상황에 맞게 해석하고 적용할까를 고민하는 게 우리가 해야 할 일이 아닐까.

각설하고, 만일 짐승들과 새들 중에서 아담이 짝을 찾아냈더라면 어떻게 됐을까? 그게 뭐가 됐든 그 동물이 하와가 할 역할을 하지 않았겠나. 만일 아담이 하와에 필적할만큼 맘에 드는 짝을 짐승들과 새들 중에 찾았더라면 그때도 "내 뼈 중에 뼈요 살 중에 살!"이라고 환호성을 올렸을까? 그래서 그 동물과 '한 몸'이 됐을까? 그러니 이게 얼마나 엽기적인 얘긴가 말이다. 하지만 달리 읽을 도리가 있나? 나중에 동물과의 성적 접촉을 엄중히 금하는 구약성서에 이런 엽기적인 얘기가, 그것도 아담과 하와 얘기에 나온다는 사실이 그저 놀랍기만 하다.

무엇이 동물과 구별하는 행위가 되었나

야웨문서의 창조 이야기에 흐르는 중요한 흐름 하나는, 사람이 짐승과 구별되는 과정에 대한 얘기다. 이렇게 말하면 '무슨 소리야? 사람과 짐승이야 처음부터 구별됐지. 야웨가 사람과 짐승을 구별하지 않고 창조했겠어'라며 흥분할 수도 있겠지만 잠시만 흥분을 가라앉히고 야웨문서의 창조 이야기를 읽어보자. 이 말은 사람과 짐승이 아무 차이도 없이 똑같다는 얘기가 아니라 창세기 2장과 3장은 사람이 점차로 짐승과 구별되어 야웨 편에 가까워지는 과

정을 보여준다는 얘기다.

사람도 흙으로 만들어졌고 짐승도 흙으로 만들어졌다. 사람이 짐승들에게 이름을 붙여줬지만 그것이 둘을 결정적으로 구별한다고는 볼 수 없다. 아담과 하와는 벌거벗고도 부끄러운 줄 몰랐다는데 세상의 모든 짐승도 그들처럼 벌거벗은 걸 부끄러워하지 않는다. 이 점에선 사람과 짐승이 다르지 않다는 얘기다. 또한 뱀은 사람처럼 말도 한다. 다른 짐승은 어땠는지 몰라도 뱀은 사람과 의사소통도 했단다. 이는 사람과 짐승이 우리가 생각하는 것만큼 확연하게 구별되진 않았음을 보여주는 얘기다.

사람과 동물은 선악과 사건을 계기로 해서 결정적으로 구별됐다. 뱀은 하와에게 선악과를 먹으면 "눈이 밝아져서 하느님처럼 된다"고 말했다. 정말 그렇게 됐나? 정말 선악과를 먹고 하느님처럼 됐는가 말이다. 그렇진 않은 것 같다. 선악과를 따 먹고 눈이 밝아지긴 했지만 그들이 하느님처럼 됐다는 말은 없으니 말이다. 다만 그들이 벌거벗은 걸 알고 몸을 가렸다는 얘기만 나온다. 여기서 '눈이 밝아졌다'는 말이 시각장애인이었다가 눈을 떴다는 뜻은 물론 아니다. 비록 구체적인 설명은 없지만 그런 뜻은 아니었을 거다.

하지만 이게 끝이 아니다. 나중에 야웨가 "보아라, 이 사람이 **우리 가운데 하나처럼** 선과 악을 알게 되었다"라고 말했단다. '우리'라는 대명사에 대해서는 앞 장에서 충분히 얘기했으니 반복하지 않겠다. 문제는, 사람이 '우리 가운데 하나처럼' 됐다고 야웨가 말했다는 대목이다. 사람이 하느님(과 천사들) 처럼 됐단다! 어떻게 그럴 수가! 사람 입에서 이 말이 나왔다면 '교만'이나 '신성모독'으로 치부했겠지만 야웨의 입에서 나왔으니 이를 어쩌랴! 야웨가 한 말이니 믿지 않을 도리가 없다. 그럼 선악과를 먹으면 하느님처럼 될 것이라는 뱀의 말은 거짓이 아니었다고 봐야 한다. 이래서 에덴동산에서의 뱀을 '최초의 신학자'라고 부르는 사람이 있나 보다.

아담과 하와는 선악과를 먹고 눈이 밝아져서 자기들이 벌거벗었음을 '알게 됐다'고 했다. 여기서 '알게 됐다'는 말이 무슨 뜻일까? 선악과를 먹기 전엔 벌거벗고 있다는 사실을 몰랐는데 먹고 나서 비로소 '어, 내가 벌거벗고 있었네!'하고 깨달았다는 뜻일까? 창세기 2장 25절이 "둘 다 벌거벗고 있었으나 부끄러워하지 않았다"고 말한 걸로 봐서 이들은 자기들이 벌거벗고 있다는 사실을 인식하고 있었다고 봐야 한다. 벌거벗고 있다는 사실조차 모른다면 그걸 부끄러워할 까닭도 없었을 테니 말이다. 따라서 벌거벗고 있음을 '알게 됐다'는 말은 그걸 '부끄러워하게 됐다'는 뜻으로 읽어야 한다. 신체의 특정 부분, 곧 생식기가 노출됨을 부끄러워했다는 말이다. 무화과나뭇잎으로 만든 치마로 가렸던 바로 그 부분 말이다.

생식기를 가렸다고 해서 사람이 하느님처럼 됐다는 뜻은 아닐

것이다. 그것이 하느님처럼 되는 필요충분조건일 수는 없다는 말이겠다. 하지만 사람이 그 부분을 가리게 됨으로써 동물과 구별되는 존재가 됐다고는 볼 수 있지 않을까? 사람도 '하느님처럼' 자신의 앞모습을 타인의 시선으로부터 가리고 싶어하게 된 것이다. 우리는 앞 장에서 야웨가 자신의 앞모습을 사람들에게 보여주지 않으려 한다는 얘기를 했다. 모세에겐 앞모습 아닌 뒷모습만 보여줬고 이스라엘의 대표들은 야웨의 발 아래만 봤다는 얘기 말이다. 아담과 하와도 선악과를 먹고 나서 '하느님처럼' 되어 생식기를 가렸다고 하니까 벗었어도 부끄러운 줄 모르는 동물에서부터 앞모습을 보여주지 않으려는 야웨에게로 한 걸음 다가갔다고 볼 수 있지 않겠나. 나중에 야웨는 무화과나뭇잎으로 만들어 임시방편으로 가렸던 것을 튼튼한 가죽옷을 만들어 제대로 가려줬다. 이 행위를 야웨가 아담과 하와를 '우리' 안으로 받아들였다는 신호로 읽어도 무방하지 않을까? 그게 아니라면 생식기를 가릴 '자격'이 있는 존재로 인정했다는 정도로 이해하는 건 괜찮지 않을까?

아담, 하와 이야기와 노아 이야기의 흥미로운 공통점

'벌거벗은 몸' 하면 생각나는 또 한 사람은 노아다. 그에 관한 얘기도 흥미진진하다. 이 얘기는 홍수 이후에 벌어진 사건으로서 야웨문서가 전한다.

노아에게는 셈과 함과 야벳이란 이름을 가진 세 아들이 있었는데 하루는 노아가 포도주를 거나하게 마시고 취해서 장막 안에서 '벌거벗고' 잠들었단다. 그런데 가나안의 조상인 셋째 아들 함이 그만 아버지의 벌거벗은 몸을 봤다는 거다. 그는 곧바로 장막에서 나와서 셈과 야벳에게 아버지의 벗은 몸을 봤다고 말했다. 그러자 셈과 야벳도 장막에 들어갔는데 이들은 함과 달리 행동했다고 한다. 어디서 배웠는진 몰라도 둘은 아버지의 벌거벗은 몸을 보지 않으려고 겉옷을 어깨에 걸치고 뒷걸음질 쳐서 장막에 들어가서는 그걸로 아버지의 벗은 몸을 가렸다는 거다. 설화자(narrator)는 이걸로는 안심되지 않았던지 "그들은 아버지의 벌거벗은 몸을 보지 않으려고 얼굴을 돌렸다"고 확인해준다. 말하자면 둘은 아버지의 벗은 몸을 절대로(!) 안 봤다는 거다. 노아가 잠에서 깨어나 이 얘기를 듣고 나서 함은 저주하고 셈과 야벳은 축복했다는 말로 얘기는 마무리된다.

자신의 벗은 몸을 남이 보는 것은 대부분의 경우 수치스런 일로 받아들인다. 하체는 더 그렇고 손윗사람의 벗은 몸은 더욱 더 그렇다. 여기서도 함은 아버지의 하체 곧 생식기를 봤기 때문에 저주를 받았고 셈과 야벳은 그걸 안 봤기 때문에 복을 받았던 것이다.

그런데 그게 수치스럽기만 한 일이었을까? 만일 그렇다 해도 노아가 함에게 퍼부은 무지막지한 저주는 너무 지나치니 않나? 아버지의 벗은 몸 한 번 봤다고 "가장 천한 종이 되어서 형들을 섬길 것"이라니! 이게 말이 되는가 말이다. 아버지의 벗은 몸을 한 번 본 게 이 정도로 엄청난 '사건'이란 말인가. 그 이상의 뭔가가 있지 않나 하는 생각이 든다. 혹시 이스라엘에선 그 어떤 경우에도 식구를 포함해서 타인 앞에서 하체를 절대로 드러내지 않았던 걸까? 그렇지는 않았을 거다. 하체 드러내는 게 아무리 수치스런 일이라 해도 어떻게 평생 한 번도 하체를 드러내지 않고 살 수 있겠는가.

그래서 이런 생각을 해봤다. 흔히 야웨는 아버지에 비유되지 않던가. 혹시 여기서 노아가 야웨를 표상하는 존재는 아닐까? 그래서 이 사건은 아버지의 하체를 봐서는 안 된다는 말이 아니라 야웨의 하체, 곧 야웨의 생식기를 절대 봐서는 안 된다는 메시지를 담고 있는 게 아닐까? 야웨가 절대로 보여주지 않으려 했고 사람도 절대 봐서는 안 되는 야웨의 하체를 본 사람은 이런 무지막지한 저주를 받는다는 경고를 담고 있는 사건이 아닌가 말이다.

아담, 하와 이야기와 노아 이야기 사이에는 몇 가지 흥미로운 공통점이 있다. 둘 다 생식기를 가리는 데 관심이 많다는 점이 그 첫째이고, 생식기 드러내는 걸 부자연스럽고 비정상적인 것으로 본다는 점(아담 이야기에서 선악과 사건 이전에는 그 반대였지만)이 둘째이며, 성적인 자각이 생김과 동시에 이에 대해 일정한 제한을 가한다는 점이 셋째이고, 쳐다보는 것(gaze)과 욕망(desire) 사이의 관계에 깊은 관심을 보인다는 점이 그 마지막이다. 어떤가? 흥미로운 얘기 아닌가?

생식기에 대한 얘기는 이 정도로 마무리하자. 나는 야웨가 몸을 갖고 있다고 믿지 않는다. 하물며 생식기는 말할 것도 없다. 야웨에게 생식기라니! 하지만 구약성서는 나처럼 생각하지 않는다. 구약성서는 야웨가 몸을 갖고 있다고 믿고 있다. 그리고 매우 조심스럽긴 하지만 야웨가 생식기도 갖고 있다고 믿는다. 물론 구약성서도 이런 얘기를 해야 할 경우에는 매우 조심스럽고 가급적 얘기하지 않으려 한다. 사실 구약성서는 '생식기'라고 구체적으로 표현하지 않고 대신 '발'을 은유적으로 사용한다.

구약성서는 야웨의 생식기를 쳐다보는 것은 말할 것도 없고 그걸 상상하고 생각하는 것조차 금기로 여긴다. 하지만 이 말은 구약성서가 야웨를 몸이 없는(bodiless) 존재로, 그리고 생식기가 없는 존재로 여긴다는 뜻은 아니다. 구약성서는 야웨가 몸도 있고 생식기도 있다고 생각한다. 하지만 그것이 '추측'에 그친 이유는 그걸 본 사람이 아무도 없기 때문이다. 야웨와 '얼굴을 마주하고' (face to face) 얘기했다는 모세조차 야웨의 앞모습은 못 보고 뒷모습만 봤다니 말이다.

이제 무대를 시내 산으로 옮겨서 십계명 중 둘째 계명이 뜻하는 바가 무엇인지를 낱낱이 파헤치기로 하자.

9장

둘째 계명,
도대체
뭘 하지 말라는
걸까?

야웨는 '왜' 자신의 형상을 만들지 말라고 했을까

도대체 왜 그랬을까? 야웨는 왜 이런 계명을 줬을까? 이스라엘에게 왜 이런 계명이 필요했을까?

너희는 너희가 섬기려고 위로 하늘에 있는 것이나 아래로 땅에 있는 것이나 땅 아래 물 속에 있는 어떤 것이든지 그 모양을 본떠서 우상을 만들지 못한다. 너희는 그것들에게 절하거나 그것들을 섬기지 못한다. 너희는 위로 하늘에 있는 것이나 아래로 땅 위에 있는 것이나 땅 아래 물속에 있는 어떤 것이든지 그 모양을 본떠 새긴 우상을 섬기지 못한다. 그 앞에 절하며 섬기지 못한다(출애굽기 20:4-5).

구약성서 학자들은 이 계명이야말로 야웨 종교의 독특함과 우월함을 가장 잘 보여주는 계명이라고 이구동성으로 말해왔다. 하긴 고대 중동의 어느 지역, 어떤 문화권에도 이런 계명은 없었다.

이와 비슷한 계명도 없었단다. 찬란한 문명을 꽃피운 이집트와 메소포타미아에도 이런 계명은 없었다. 그들은 모두 하나 같이 자기들이 믿고 떠받드는 신들의 형상을 만들어놓고 다양한 방법으로 그들을 섬겼다. 그 앞에서 절하고 온갖 미사여구를 동원해서 찬양하고 아부를 떤 건 물론이고 끼니 때마다 밥상 차려놓고 떠 먹이기까지 했다.

이런 사정을 감안하면 유대교와 기독교를 막론하고 둘째 계명의 고차원성과 진보성은 자랑할 만하다. 찬란한 문명을 자랑하던 이집트와 메소포타미아 지역의 종교들조차 화려하고 웅장하게 신의 형상을 곳곳에 만들어놓고 그것을 섬길 때 신의 형상은 생명 없는 껍데기에 불과하며 거기 절하는 짓은 어리석은 우상숭배일 뿐이라면서 '고고한' 야웨를 '고상한' 방식으로 섬겼던 이스라엘이 특이하고 특출나긴 했다.

하지만 그들은 왜 그랬을까, 라거나 야웨는 왜 그렇게 하라고 명했을까 라는 질문에 수긍할 만한 답은 여지껏 들어본 적이 없다. "그거야 하느님이 영적인 분이니까 영적인 방법으로 섬기는 게 당연하다"는 대답이 고작이다. 과연 그럴까? 그렇지 않다. 우선 '영적인 하느님을 영적인 방법으로 섬긴다'는 말은 시대착오다. 반복해서 말하지만 야웨는 '눈에 보이지 않는 영적인 존재'가 아니라 '몸을 갖고 있는 존재'요 '눈으로 본 사람은 반드시 죽는 물질적인 존재'로 인식됐다. '영적인 하느님' 운운은 훨씬 후대에

나 가능한 말이므로 시대착오인 것이다. 그럼 '왜' 그랬을까? 야웨는 '왜' 둘째 계명을 줬을까? '왜' 자신의 형상을 만들지 말라고 했는가 말이다.

야웨를 어떻게 표현하고 섬겨야하는가

둘째 계명은 출애굽기 20장 4-6절과 신명기 5장 8-10절 두 군데에 기록되어 있다. '왜?'라는 물음에 대한 대답도 마땅히 이 구절들에서 찾아야겠지만 그 전에 짚고 넘어가야 할 몇 가지 점이 있다.

첫째, 계명이 주어진 배경이 다신교 사회라는 점이다. 야웨는 첫째 계명에서 "너희는 내 앞에서 다른 신들을 섬기지 못한다"고 쐐기박듯이 말했다. 사람들은 흔히 이 계명이 유일신을 전제한다고 오해하는데 그렇지 않다. 다른 신들의 존재를 전제하고 있으니 말이다. 세상에는 야웨 말고도 다른 신들이 있는데 그들을 섬기지 말라는 얘기다. 그 이유는 이스라엘은 오로지 야웨 하고만 언약을 맺은 야웨의 백성이고 야웨의 '소유'이기 때문이다. 그럼 다른 백성들은? 그들은 야웨의 소유가 아닌가? 그렇다. 그들은 야웨의 소유가 아니라 다른 신들의 소유다. 그래서 구약성서는 이스라엘 아닌 다른 종족이 야웨를 믿으리라고 기대하지도 않았고 바라지도 않았다. 요즘 말로 '전도'도 '선교'도 하지 않는다는 얘기다. 계명은 다른 종족이 야웨를 믿지 않는 것은 문제삼지 않는다. 문제는 이스라엘이 야웨가 아닌 다른 신들을 믿고 따라가는 것이었다. 다른 종족은 어떤 신을 믿어도 상관없지만 이스라엘만은 야웨를 믿어야 한다는 얘기다. 여기엔 그 어떤 절충도 있을 수 없다. 첫째 계명이 뜻하는 바가 바로 이것이다.

이스라엘이 다른 신들의 존재를 인정했다고 해서 그들을 야웨와 동등하게 여겼다는 뜻은 절대 아니다. 다른 신들은 야웨처럼 강하지도 위대하지도 않다고 믿었다. 야웨보다 훨씬 덜 위대하고 힘이 약한 신들로 여겼던 것이다. 하지만 그 신들도 자기를 믿는 백성을 거느리고 있고 그들의 숭배를 받는 현실적인 존재로 여겨졌다. 이집트에는 이집트인들을 다스리는 신들이 있었고 그 땅은 이집트 신들의 영역으로 여겨졌다. 그래서 히브리인들은 야웨를 예배하려면 이집트 땅에서 나와야 했다. 그 땅은 이집트 신들의 영역이었기 때문이다. 그래서 광야로 나아가는 게 불가피했다는 얘기다. 모세와 아론은 파라오에게 광야로 사흘 길을 가서 야웨를 예배하게 히브리인들을 내보내 달라고 청했는데(출애굽기 5:3) 이 말은 이집트 신들의 영역을 벗어나게 해달라는 뜻이었다. 이렇듯 첫째 계명은 다른 신들의 존재와 그들의 영향력을 전제하고 있다. 비록 제한적일지라도 말이다.

그 다음으로 둘째 계명은 다른 신들을 섬기는 데서 생기는 문제점보다는 야웨를 어떻게 표현하고 어떻게 섬겨야 하는가 하는 데 주목하고 있다. 둘째 계명은 야웨 아닌 다른 신들을 어떻게 표현하고 어떻게 섬길 것인지를 규정하는 계명이 아니다. 야웨 아닌 다른 신들은 아무리 올바른 방법으로 섬긴다 해도 그건 '불합격'이다. 계명은 야웨를 바르지 않은 방법으로 섬기는 데 관한 계명이고 따라서 어떻게 해야 야웨를 '바르게' 섬기는 것인가에 관한 계명이다.

흔히 둘째 계명을 '우상'에 관한 계명이라고 부르지만 이는 올바른 표현이 아니다. '우상'이란 말에는 이미 가치판단이 들어있기도 하거니와 여기서 말하는 '형상'이 야웨가 아닌 다른 신을 표현한 것이란 그릇된 인상을 주기 때문이다. 히브리 원어를 그대로 번역하면 '우상'이 아니라 '새긴 형상'이라고 해야 한다. 대부분의 영어성서도 'a graven image'라고 번역했다. 여기서는 '형상'이란 말을 사용하기로 한다.

말로 표현하면 괜찮은데 그림은 안 되는 걸까

사람은 누구나 자기가 믿는 신을 어떤 방식으로든 '표현'하게 마련이다. 누가 기도하면서 하느님을 "전지전능하시고 무소부재하시며 사람의 생사화복을 주관하시는 사랑과 자비가 넘치시는 하느님…"이라고 불렀다면 그는 '하느님' 앞에 붙인 긴 수식어로 하느님을 표현한 셈이 된다. 여기서는 구상명사보다 추상명사가 압도적으로 많이 사용됐다. '전지전능'이나 '무소부재'는 물론이고 '사랑'과 '자비' 역시 추상명사니 말이다. 구상명사와 추상명사의 차이는 쉽게 말하면 그림이 그려지느냐 그려지지 않느냐의 차이다. 하나의 명사를 떠올렸을 때 마음속으로 그림이 그려지면 구상명사이고 그려지지 않으면 추상명사라고 보면 된다.

현대인은 대부분 하느님을 추상명사로 표현한다. 하느님을 눈으로 보지 못했으니 추상명사로 쏠리는 게 당연하다. 하지만 하느님을 구상명사로 표현한다고 해서 문제가 되지는 않는다. 예를 들면 "오 하느님, 당신의 강한 '오른손'을 뻗으시어 저를 고난에서 구해주소서"라고 기도했다고 하자. '오른손'은 분명 마음속으로도 그려지고 눈앞에도 떠오르는 구상명사다. 이렇게 기도했다고 해서 트집잡을 사람은 없을 거다.

구약성서에도 하느님을 이런 식으로 표현한 경우가 적지 않다. 예를 들면 출애굽기 15장 6절의 "야웨여, '오른손'이 원수를 쳐부수셨습니다"와 같은 구절이나 신명기 33장 2절의 **"야웨께서 시내산에서 오시고 세일 산에서 해처럼 떠오르시고 바란 산에서부터 당신의 백성을 비추신다. 수많은 천사들이 그를 옹위하고 '오른손'에는 활활 타는 불을 들고 계신다"** 같은 구절들 말이다. 마치 하느님에게 '오른손'이 있는 것처럼 표현되어 있다. 물론 이런 표현을 글자 그대로 이해할지 아니면 비유로(metaphorically) 이해할지는 사람마다 의견이 다를 수 있지만 말이다.

문자 그대로든 비유로든 하느님에게 오른손이 있다고 말로 (verbally) 표현하는 것은 문제가 되지 않는다. 구약성서에서 그걸 문제삼는 구절은 없다. 하지만 그걸 그림으로 그리거나 조각상으로 만들면 둘째 계명을 어긴 것이라고 난리가 난다. 왜 말로 표현하면 아무 문제도 없는데 그림으로 그리면 안 되는 걸까? 말과 그림 사이에 그토록 큰 차이가 있나?

'너 자신을 위하여…'

이쯤에서 둘째 계명을 한 번 제대로 읽어보자. 그러면 질문에 대한 대답을 발견할지도 모르니 말이다.

너희는 너희가 섬기려고 위로 하늘에 있는 것이나 아래로 땅에 있는 것이나 땅 아래 물 속에 있는 어떤 것이든지 그 모양을 본떠서 우상을 만들지 못한다. 너희는 그것들에게 절하거나 그것들을 섬기지 못한다. 너희는 위로 하늘에 있는 것이나 아래로 땅 위에 있는 것이나 땅 아래 물속에 있는 어떤 것이든지 그 모양을 본떠 새긴 우상을 섬기지 못한다. 그 앞에 절하며 섬기지 못한다(출애굽기 20:4-5).

You shall not make for yourself a graven image, or any likeness of anything that is in heaven above, or that is in the earth beneath, or that is in the water under the earth; you shall not bow down to them or serve them.

'우상'이라는 말이 부적절한 번역임은 앞서 얘기했으니 반복하지 않겠다. 여긴 그것 말고도 번역상의 문제가 또 있다. 이는 원문을 찾아보지 않아도 한글성서와 영어성서를 대조해보면 바로 알 수 있다. 히브리 원문에도 있고 영어성서에도 있는 "너희 자신을 위하여"(for yourself)라는 말이 한글성서에는 빠져 있는 게 그것이다. 그러니 첫 문장을 원문 그대로 번역하면 "너희는 너희 자신을 위하여 새겨진 형상을 만들지 못한다"가 되어야 한다. 영어성서 개정표준역처럼 말이다.

먼저 어순에 대한 얘기부터 해보자. 표준새번역 성서의 어순이 히브리 원문과 크게 달라서 읽는 사람은 헛갈릴 뿐 아니라 계명의 내용을 오해할 수도 있다. 문장구조가 다르기 때문에 어쩔 수 없긴 하지만 그래도 첫 문장을 "너희는 너 자신을 위하여 새겨진 형상을 만들지 못한다"라고 번역했더라면 더 좋을 뻔했다. 그래야 계명이 우선적으로 금하는 내용이 형상을 '만드는' 일임이 분명히 드러나니 말이다. 그렇게 만든 형상을 '섬기고' 거기에 '절하는' 문제는 형상을 만든 데서 비롯되는 부차적인 사항이다. 형상을 만들지 않았다면 거기에 절하거나 그것을 섬길 일도 없을 테니 말이다. '만들어 놓고 섬기거나 절하지만 않으면 괜찮지 않은가?'라는 말은 통하지 않는다. 아예 만들지를 말아야 한다. 물론 형상을 만들지 않는다고 해서 '우상숭배'와 무관하다고 말할 수는 없다. 눈에 보이는 형상이 없다고 해도 얼마든지 다른 방법으로 우상숭배를 할 수 있기 때문이다. 하지만 둘째 계명은 일차적으로 '마음 속으로' 하는 우상숭배를 금지하는 계명이 아니다. 이에 대해서는 다음 장에서 좀 더 얘기해보겠다.

다음으로 '너 자신을 위하여'(for yourself, 히브리어로 '르카')라는 말을 번역하지 않은 게 문제다. 왜 이 말을 번역하지 않았는지 이해가 가지 않는다. 원문에 엄연히 있는 말을 왜 번역하지 않았을까? 그 말이 들어갔다 해도 전혀 어색하지 않은데 말이다. 이 부분이 계명의 내용을 이해하는 데 중요할 수도 있는데….

'너 자신을 위하여'라는 말은 두 가지로 해석이 가능하다. 사람 편에서 보면 왜 사람이 야웨의 형상을 만드는지를 보여준다. 야웨를 예배하기 위해서라고 말하지만 사실은 '자신을 위해서' 형상을 만든다는 얘기다. 한편 하느님 편에서 보면 계명은 그것을 지켜야 할 '사람들을 위해' 줬다는 뜻이 된다. 곧 형상을 만들지 않는 편이 '사람을 위해서' 좋다는 얘기다. 문법적으로는 둘 다 가능하다. 어느 편이 더 진실에 가까울까?

'보는 것'과 '듣는 것'의 의미

우리는 '왜' 야웨가 둘째 계명을 줬을까, '왜' 야웨의 형상을 만들지 말라고 했을까, 라는 물음에 대답을 찾고 있지만 그것은 다음 장에서 본격적으로 찾아보기로 하고 여기선 틀린 대답 몇 가지를 제시하는 걸로 이 장을 마무리하겠다.

사람은 음악이 됐든 그림이나 조각상이 됐든 심지어 추상적인 개념이 됐든 어떤 방식으로든 자기가 믿는 신을 표현하고 싶어하고 또 실제로 그렇게 한다고 했다. 서양미술에서 하느님은 길고 하얀 수염을 가진 할아버지로 표현되는데 이는 엄밀히 말하면 둘째 계명을 어기는 게 된다. 그건 그렇고, 왜 청년이나 어린이가 아니라 할아버지일까? 여자가 아니고 남자인 거야 하느님에게 남자로 표현됐으니 그렇다 쳐도 왜 하필 할아버지인가 말이다. 기왕에 하느님을 눈에 보이는 형상으로 표현하기로 작정했다면 그게 뭐든 머릿속으로 상상하는 것을 표현하지 않았겠는가. 따라서 하느님을 할아버지로 표현했다면 그 까닭은 어린이나 젊은이보다는 할아버지가 하느님과 비슷하다고 여겼기 때문이겠다. 실제로 고대 중동의 여러 지역에서 신은 사람들이 상상하는 것과 비슷한 모양으로 표현되었다. 짐승이 됐든 해와 달과 별이 됐든 말이다.

하지만 구약성서는 이 세상에는 야웨와 비슷한 것도 없고 그에 필적하는 것도 없기 때문에 형상을 만들지 말라 했다는 거다. 야웨는 사자에 비견되지도 않고 해와 달에 비교되지도 않는다. 그래서 사자의 형상을 만들어도 안 되고 해와 달의 형상을 만들어도 안 된다. 감히 야웨에 비견되는 것은 이 세상에 존재하지 않기 때문이다. 야웨의 형상을 만드는 것이 금지된 이유가 바로 이것이란 설명이다. 정말 그런가? 정말 이런 이유 때문에 둘째 계명이 주어졌을까?

이런 설명은 '상징(symbol)과 물신(fetish)의 차이는 무엇인가?'라는 또 다른 질문을 묻게 만든다. 상징은 뭔가를 비유적으로 보여주는 것이고 물신은 신의 속성 중 일부 또는 전부가 신을 표현하는 물질 안에 들어 있다고 믿는 것이다. 예를 들면, 누가 신을 태양으로 형상화했다면 그는 정말 신이 태양처럼 생겼다고 믿었기 때문일까? 그게 아니면 어둠을 몰아내고 세상을 밝히는 태양의 빛과 에너지가 신의 성격과 맞아떨어지기 때문일까? 아마 후자일 것이다. 그러니 신을 태양의 형상으로 만들었다면 그것은 상징이지 물신은 아니다.

나중에 살펴보겠지만 '야웨의 궤'('언약궤'라고도 부른다)에 대해서도 똑같이 물을 수 있다. 야웨의 궤는 그 위에 야웨가 자리잡고 앉아 있다고 믿었던 야웨의 보좌 또는 발등상(pedestal)이었다. 비록 눈엔 보이지 않지만 야웨가 궤 위에 앉아 있다고 믿었다는 얘기다. 그렇다면 야웨의 궤는 상징인가 물신인가?

상징과 물신은 그것이 표현하려 하는 것과 어딘가 유사하기 때문에 의미를 갖는다. 그렇다면 이렇게 질문해 보자. 둘째 계명은 상징과 물신을 모두 금지하는가, 아니면 상징은 허하고 물신만 금하는가? 둘은 확고하게 구별할 수 있는가? 양자가 서로 경계선을 넘나들지는 않는가? 여기서 이 질문에 대답할 수는 없지만 얘기가 진행될수록 서서히 그림이 그려지게 되길 바란다.

한편 둘째 계명을 준 이유가 야웨를 본 사람이 아무도 없었기 때문이라고 설명하는 학자도 있다. 야웨를 본 사람이 없는데 어떻게 야웨를 형상으로 만들겠냐는 얘기다. 일리가 있는 주장이다. 하지만 만일 야웨를 본 사람이 있다면 형상을 만들어도 괜찮았냐고 묻는다면 어떻게 대답할까?

하느님을 본 사람은 반드시 죽는다 했는데 이 말은 둘째 계명과 어떻게 관련되는지를 물을 수 있다. 야웨는 사람이 볼 수 없고 또 야웨를 본 사람은 반드시 죽기 때문에 그래서 형상을 만들면 안 되는 걸까? 이 질문에 대한 대답도 다음 장에서 찾아봐야겠지만 여기서 한 가지만 분명히 하자.

둘째 계명을 전하는 시내 산 장면에서 신명기는 백성들은 거기서 야웨를 눈으로 보진 못하고 야웨의 말을 귀로 듣기만 했다고 말한다. 이 말은 "야웨를 본 사람은 아무도 살 수 없다"라는 말과는 직접적인 관련이 없다. 곧 거기서 야웨를 눈으로 보지 못한 까닭은 그를 봤더라면 죽었기 때문이 아니라 야웨의 말을 듣게 하기 위해서였다는 얘기다. 곧 신명기가 전하는 둘째 계명은 야웨를 본 사람은 반드시 죽는다는 말에는 아무 관심도 없다. 다만 '보는 것'과 '듣는 것'을 대비시킬 따름이다. 야웨의 '모습'을 보는 것과 야웨의 '말씀'을 듣는 것이 대조되고 있다는 얘기다. 둘째 계명이 '왜' 주어졌는지에 대한 대답을 찾을 수 있는 대목이 바로 여기다. 여기까지 숨가쁘게 달려왔으니 잠시 한숨 돌리고 답은 다음 장에 서 찾아보자.

10장

귀에 들린 음성은
정녕 야웨의
음성인가?

'야웨의 남성성'을 전면에 드러내지 마라

이제 우리의 관심은 '형상'에서 '목소리'로 건너왔다. 하지만 이제부턴 형상에 대해서는 더 이상 관심 갖지 않겠다는 말이 아니라 형상에 대한 구약성서의 독특한 관점과 관심을 추적하다 보니까 목소리를 만나게 됐다는 뜻이다. 구약성서가 형상과 무관하게 목소리에 관심을 집중한 게 아니라 오히려 형상이 갖고 있는 어떤 측면 때문에 그렇게 된 것이다.

잠시 쉬어가는 뜻에서 아일버그-슈바르츠 얘기를 해보자. 그의 얘기는 우리의 관심사에 닿아 있기도 하고 그렇지 않기도 하다. 논리적이지는 않은 말이지만 실제로 그렇다. 분명 우리 관심사와 관련이 있긴 한데 그의 궁극적인 논지는 우리 관심사와는 거리가 있기 때문이다.

나는 그의 강연이나 강의를 직접 들어본 적은 없다. 다만 책을 통해 알 따름이다. 하지만 그의 책을 읽다 보면 꼭 그가 얘기하는 걸 듣고 있는 기분이다. 그때마다 왜 그런지 생각해봤고 또 글 읽는 것과 얘기 듣는 것 사이에 어떤 차이가 있는가도 생각해봤다. 아무래도 글은 말보다 오래 보존되기에 정확성에 더 신경을 쓸 수밖에 없다. 그의 글이 말하는 것 같다고 해서 그가 논리적으로 앞뒤가 안 맞는다거나 허점이 있다는 뜻은 아니다. 오히려 그 반대다. 그의 논리는 매우 정교해서 쉽사리 허점을 찾아낼 수 없다.

그에게 한 가지 아쉬운 점은, 야웨의 형상이 아니라 목소리를 강조하는 텍스트들을 해석할 때 목소리 자체가 갖고 있는 특징과 신학적 역할을 탐구하기보다는 그것이 단지 관심을 형상에서 형상 아닌 데로 돌리는 데 목적이 있다고 주장한다는 사실이다. 형상이 아니라 목소리라고 말하는 텍스트들을 형상에 신경쓰지 말라는 뜻으로만 읽지 말고 목소리 그 자체에 집중하라는 뜻으로 읽었으면 더 좋았겠다는 생각이다.

야웨의 생식기에 대한 그의 관심과 논의는 매우 구체적이며 집중력도 있고 집요하기까지 하다. '구체적'이라고 말한 까닭은 해당 구절들을 매우 자세히 분석해 놓았기 때문이고 '집요하다'고 한 까닭은 그렇게 분석해 놓은 구절들 모두가 사람의 눈을 야웨의 생식기에서 비껴가게 할 목적이었다고 주장하기 때문이다. 여기에서 해석의 과잉이 느껴진다.

둘째 계명의 목적이 남성과 아버지로서 야웨의 '몸' 때문에 생긴 딜레마에 대처하는 것이라는 그의 주장도 과잉 해석의 한 예로 들 수 있다. 그가 《하느님의 생식기》에서 전개하는 논지를 간략히 소개하겠다. 여기서부터는 그의 주장이다.

야웨는 유일신이므로 여성 배우자(consort)를 가질 수 없고 그 대신 이스라엘 백성을 언약의 파트너로 갖고 있다. 여기에 문제가 있다. 그것은 야웨의 언약 파트너의 자격이 이스라엘 남자에게만 주어진다는 것이다. 그러면 야웨와 이스라엘의 언약관계는 남자와 남자의 동성관계가 되지 않겠나! 그런데 동성관계는 구약성서가 목소리 높여 반대하는, 절대로 용납할 수 없는 관계가 아니던가. 그러니 이게 얼마나 큰 문제인가 말이다. 구약성서는 이 사실을 감추기 위해 두 가지 방법을 쓴다. 하나는, 사람의 시선을 야웨의 남성 생식기에서 다른 데로 돌리는 방법이고, 다른 하나는 언약의 파트너인 이스라엘을 남성 아닌 여성으로 그리는 방법이다.

슈바르츠는 십계명 중 둘째 계명을 사람들 시선을 야웨의 생식기에서 다른 데로 돌리기 위한 방법 중 하나로 본다. 계명은 이를 극단적으로 확대해서 사람의 시선을 다른 데로 돌리는 데서 그치지 않고 아예 야웨의 형상 자체를 못 만들게 했다는 거다. 다시 말하면 둘째 계명의 목적은 야웨의 남성성이 전면에 드러나는 것을 근본적으로 막는 데 있다는 얘기다. 오해하지 마시라. 이건 나의 주장이 아니라 슈바르츠의 것이다. 야웨의 성이 전면에 부각되고 남성성이 적나라하게 드러나는 신체기관이 눈에 들어오면 이스라엘 남자들에게 동성애적 욕망이 끓어오를지 모르기 때문에 이를 근본적으로 막기 위해 아예 야웨의 형상 만드는 일을 원천봉쇄해버렸다고 그는 주장한다. 야웨가 모세에게 앞모습은 안 보여주고 뒷모습만 보여준 이유도 여기에 있단다. 앞모습을 보여줬다가는 생식기를 보게 될 테니까.

여러분 생각엔 그의 주장이 일리가 있는가? 아니면 엉뚱하고 말도 안 되는가? 나는 일리가 있어 보인다. 둘째 계명을 비롯해서 그가 동성애 금지가 목적이라고 예로 든 구절들 모두 그가 읽은 방식으로 읽을 수 있다. 하지만 그의 논지에 두 가지 근본적인 의문이 든다. 하나는 정말 구약성서가 동성애에 대해 슈바르츠처럼 집요하게 반대하는가 하는 점이고, 다른 하나는 둘째 계명이 갖고 있는 의미가 '고작' 야웨 하느님의 생식기를 못 보게 하려는 게 전부인가 하는 점이다. 둘 사이에는 뗄 수 없는 관련이 있기도 하다. 둘이 사실은 하나일지도 모르겠다.

구약성서가 동성애를 반대한다는 사실은 두말할 필요도 없는 사실이다. 거기에는 추호의 의심도 가질 수 없다. 구약성서는 확실히 동성애를 금지한다(레위기 18:22 참조). 이것을 현대인이 어떻게 읽고 해석할 것인가 하는 문제는 별개다. 구약성서는 동성애 반대를 분명히 한다. 다만 동성애 금지의 비중과 중요성이 오로지 열개 밖에 안 되는, 구약성서 계명의 '종합판'이라고 할 수 있는 십계명 중에 둘째 계명의 주제가 될만큼 그렇게 중요했는가는 의문이다. 정말 그랬을까? 정말 둘째 계명은 야웨의 생식기를 상상도 못하게 하려는 목적으로 주어졌을까? 나는 그렇게 생각하지 않는다. 그럼 뭐냐고? 이제부터 그 얘기를 해보려 한다.

"오직 소리만 들었을 뿐"

신명기에 따르면 야웨가 형상을 금한 이유는 야웨가 호렙 산 불길 속에서 이스라엘 백성에게 말하던 날 그들은 아무 형상도 보지 못했기 때문이라고 했다(4:15). 그들은 "오직 목소리를 들었을 뿐"이다(12절). 그 날 그들 모두가 일시적으로 시각장애인이 되어 아무런 형상도 보지 못했다는 얘기가 아니다. 그들은 분명히 "하늘 한가운데까지 높이 치솟는 불길이 그 산을 휩싸고 어둠과 검은 구름이 산을 덮"고 있는, 두려움을 자아내는 장엄한 광경을 봤다(11절). 그래서 그들은 불길 속에 야웨가 현존함(presence)을 확실히 인식했다. 다만 직접 보지 못했을 뿐이다. 신명기 4장은 이 사실을 둘째 계명의 근거로 내세우고 있다.

내 관심은 야웨의 형상을 만들지 말라는 계명과 "말씀하시는 소리만 들었을 뿐 아무 형상도 보지 못"한 경험이 어떻게 관련되는가에 있다. 무엇이 먼저인가? 어느 편이 어느 편의 근거인가? 야웨가 형상 만드는 걸 원치 않아서 자기 모습을 안 보여준 걸까, 아니면 야웨가 모습을 안 보여줬기 때문에 형상을 만들면 안 되는 걸까?

상식적으로는 그 날 야웨의 모습을 직접 보지 못했다는 사실이 계명의 근거가 될 수는 없다. 왜냐하면 그 전엔 아브라함, 야곱, 모세가, 그 후엔 여호수아, 마노아 부부 등이 야웨를 직접 봤거나 야웨와 얘길 나눈 적이 있으니 말이다. 그런데 어떻게 야웨의 모습을 보지 못했다는 게 계명의 근거가 되겠는가. 지구상에 그 누구도 야웨의 모습을 안 봤다면 말이 되겠지만 그건 아니니 말이다.

그렇다면 남아 있는 가능성은 뭔가? 신명기 4장에서 계명의 근거를 찾는다면 남아 있는 가능성은 "오직 소리를 들었을 뿐"이란 대목 밖에 없다. '그 날' 야웨의 목소리를 들었다는 사실이 계명의 근거요 이유란 얘기다. 따라서 이제부턴 야웨의 목소리에 대해서, 사람이 야웨의 목소리를 듣는 것에 대해서 생각해볼 차례다.

사람들은 흔히 야웨의 목소리를 알아듣는 걸 당연하게 여기는데 잘 생각해보면 그렇지 않다는 사실을 깨닫게 된다. 그게 그리 간단한 일이 아니란 얘기다. 우선 목소리의 주인공이 사람이 아니라 신이란 사실을 인식할 수 있어야 한다. 그 다음에는 그게 다른 신이 아니라 야웨라는 사실도 인식할 수 있어야 한다. 그렇지 않은가. 길게 수염 나고 흰옷 입은 할아버지가 나타나서 목소리 깔고 말한다고 해서 그게 다 야웨의 목소리라고 자신할 수 있겠나. 소리가 하늘에서 들려왔다고 해서 그게 다 야웨가 말했다고 여겨서도 안 된다. 꿈이나 환상에서 음성을 들었다고 해서 그게 다 야웨의 계시라고 어떻게 확신하겠는가 말이다. 야웨의 목소리를 분별하고 알아듣기 위해서는 사람의 인식능력과 식별능력을 최대한으로 사용하지 않으면 안 된다.

'야웨의 말씀'과 씨름한 예언자

구약성서는 사람이 야웨의 목소리를 '들을 수 있다'고 전제한다. 이런 생각은 현대인에게는 매우 낯설지만 그때는 얼마든지 그럴 수 있다고 여겨졌다. 물론 그때라고 해서 야웨의 목소리를 직접 듣는 일이 흔했다는 얘기는 아니다. 더욱이 그런 경험은 지극히 개인적이고 주관적이어서 객관적으로 확인하기가 쉽지 않다. '야웨가 당신한테 직접 말했다면서? 하늘에서 말하던가, 아니면 땅에서 말하던가? 길 가다 들었나, 성전에서 들었나? 또 어떤 언어로 말하던가? 한국어였나 영어였나, 아니면 히브리어였나? 혼자 들었나, 아니면 여럿이 같이 들었나?' 이런 의문은 누구나 가질 수 있다.

야웨가 사람에게 직접 말을 건다는 생각은 현대인에겐 불가능하진 않다고 해도 아무래도 낯설다. 성서에서도 하느님이 특정한 장소에서 특정한 시간에 특정한 사람에게 말했을 때 그 시간에 그 자리에 있던 모든 사람들이 똑같은 경험을 하지는 않았다. 바울이 다메섹으로 가던 중에 부활한 예수를 보고 그의 목소리를 들었을 때 그와 동행하던 자들은 목소리는 들었지만 형상은 보지 못했단다(사도행전 9:7). 또한 민수기 22장에서 당나귀는 야웨의 천사를 봤는데 발람은 보지 못하고서 애꿎은 당나귀를 세 번이나 때렸다. 야웨가 말을 하는 시간에 그 자리에 있었다고 해서 모두 똑같이 인식하진 않았음을 보여주는 예다.

어쨌든 구약성서는 야웨가 뜻하기만 하면 언제 어디서나 사람에게 나타나서 말할 수 있다고 전제한다. 하지만 이런 일은 시공간적 '사건'이다. 야웨의 형상을 만들어놓고 그걸 바라보는 것 같이 지속적인 일은 아니란 얘기다. 야웨의 목소리를 듣는 일은 시간과 공간 안에서 순간적으로 벌어지는 일이다. 물론 그 시간이 제법 길 수는 있지만 그것이 형상을 만들어 놓고 그걸 바라보는 것처럼 지속적이고 반복적으로 경험하는 일은 아니란 얘기다.

구약성서에서 예언자는 야웨의 말을 '듣고' 그것을 백성들에게 전했던 사람이다. 많은 경우 예언자들은 "야웨께서 이렇게 말씀하셨다"(Thus says YHWH)라는 이른바 사자전언양식(messenger formula)을 사용해서 야웨의 말을 전했다. 이와 관련해서 오랫동안 구약성서학계에서 뜨겁게 논쟁해온 주제가 있다. 그것은 인용부호 안에 들어있는 말(사실 히브리어에는 인용부호라는 게 없기 때문에 인용문은 문맥을 보고 추측해야 하지만 말이다), 곧 야웨가 예언자에게 전하라고 명령했다는 바로 그 말이 가감도 없고 변용되지도 않은 순수한 야웨의 말(ipsissima verba)인지, 아니면 예언자가 나름대로 이해하고 소화하고 해석한 말인지를 두고 벌인 논쟁이다.

양식비평의 선구자인 헤르만 궁켈(Hermann Gunkel) 이후로 발터 찜멀리(Walter Zimmerli)를 비롯한 대부분의 구약학자들은 인용부호 안에 들어있는 말이라 해도 그것은 글자 그대로 순수한 야웨의 말이 아니라 예언자가 인식해서 소화하고 해석한 말로 이해해왔다. 예언자는 야웨의 말을 앵무새처럼 받아서 그대로 옮긴 기계가 아니라는 거다. 그들은 자기들이 들었던 야웨의 말을 백성에게 전하기 전에 먼저 자기 나름대로 소화하고 해석했다. 그렇게 소화되고 해석된 말을 "야웨께서 이렇게 말씀하셨다"라는 사자전언양식에 담아서 선포했던 것이다. 예언자들은 야웨의 말을 앵무새처럼 반복한 게 아니라 그것과 더불어 뒹굴고 씨름했다는 얘기다. 마치 야곱이 야웨와 씨름했듯이 말이다.

'목소리', 영적인 세계와 물질 세계를 이어주는 다리

'물질성'이라고 하면 대개 공간적인 개념으로 이해한다. 눈으로 보고 손으로 만질 수 있는 것을 '물질'이라고 부른다. 그래서 구약성서가 야웨를 물질적 존재로 인식했다고 하면 눈으로 볼 수 있

고 손으로 만질 수 있는 존재로 봤다는 뜻으로 받아들였다는 것
이다. 이것은 틀린 얘기는 아니지만 그렇다고 해서 충분히 포괄적
이지도 않다. 물질성은 거기서 그치지 않는다는 얘기다. 눈에 보
이지 않고 손으로 만져지지 않는 물질도 있다. 예를 들어 '목소리'
같은 거 말이다. 사람의 목청을 진동하여 대기 중에 나와서 듣는
사람의 고막을 울려서 지각하게 만드는 사람의 목소리 역시 '물
질적'이 아닌가 말이다. 목소리가 물질적이지 않다면 그걸 정신적
이라고 불러야 하나, 영적이라고 불러야 하나!

야웨의 형상을 금하는 둘째 계명의 이유를 정신적/영적인 것
과 물질적인 것의 차이와 대립에서 찾으려는 학자들이 오랫동안
구약성서학계에 있어왔다. 곧 이스라엘로 하여금 야웨가 물질적
인 존재가 아님을 망각하지 말라고 이 계명이 주어졌다는 얘기다.
하지만 왜 형상과 목소리의 대립을 물질과 정신/영혼의 대립으
로 봐야 하는지 나는 이해할 수 없다. 왜 형상은 물질에 속하고 목
소리는 정신/영혼에 속한다고 보는가 말이다. 목소리도 형상과는
성격이 다르긴 하지만 물질이 아닌가.

구약성서에서 물질과 정신/영혼은 확실히 구별된다. 물론 구약
성서에서 '영혼'을 얘기하는 것은 시대착오다. 아직 영육 간의 구
별이 존재하지 않았기 때문이다. 구약성서는 물질세계와는 구별
되는 다른 세계가 있음을 어렴풋이 인식하고 있었는데 그것을 여
기서는 편의상 '영혼'이란 말로 표현하겠다. 물론 신약성서적인

영혼의 개념과는 같지 않지만 말이다.

구약성서와 신약성서의 차이는 구약성서에선 영적인 세계가 물질세계와 완전히 구별되거나 대립되지 않는다는 점이다. 구약성서도 두 세계가 서로 다르다는 사실은 희미하게나마 인식하고 있다. 하지만 구약성서에서 두 세계는 가끔 만나기도 하고 섞이기도 하며 중첩되기도 한다. 제임스 쿠걸(James Kugel)이 말하는 방식을 따르면 두 세계가 중첩될 때 사람이 잠시 '혼동하는 순간'(moments of confusion)이 있다는 얘기다.

이렇듯 구약성서는 두 세계가 어떤 식으로든 관련되어 있다고 인식한다. 야웨의 초월적 세계와 사람의 현실세계는 절대로 건널 수 없는 강으로 나뉘어 있는 게 아니라 때로 섞이고 중첩되기도 하는데 야웨의 '목소리'가 두 세계를 이어주는 '다리' 역할을 했다고 나는 생각한다. '형상'은 이 역할을 할 수 없다. 그것은 전적으로 물질세계에 속한 것이기 때문이다. 하지만 '목소리'는 할 수 있다. 왜냐하면 목소리는 두 세계에 걸쳐 있는 것이기 때문이다.

지금은 흘러간 유행가처럼 되어버렸지만 1970-80년대에는 남미 해방신학이 전 세계적으로 유행했다. 물론 한국에서도 그랬다. 그 시기에 신학교를 다녔던 나는 해방신학에서 참으로 많은 걸 배웠고 그걸 통해 중요한 진실을 깨달았다. 그래서 지금 해방신학을 가르치는 신학교나 종교학과를 찾아보기 힘든 게 참으로 아쉽다. 1990년대 중반까지는 가르치는 학교가 드물지만 있었다는데 지금은 눈을 씻고 찾아보려 해도 찾아볼 수 없다.

내가 신학교를 다닐 때 감명 깊게 읽은 해방신학 책 가운데 하나가 호세 미란다(José Porfirio Miranda)가 쓴 《마르크스와 성서－억압의 철학 비판 Marx and the Bible: A Critique of the Philosophy of the Oppression》이란 책이다.

이 책은 둘째 계명에 대한 논의에 많은 지면을 할애한다. 저자도 나처럼 둘째 계명의 초점은 '열 조각의 말(곧 십계명)을 **듣는 데**' 있다고 주장한다. 그 이유는, 야웨는 말하기를 그치면 하느님이기를 그치는 신이기 때문이란다. 이 말을 뒤집으면 사람은 야웨의 말 듣기를 그치면 더 이상 야웨를 하느님으로 믿는 게 아니란 뜻이기도 하다.

그렇다면 언제, 왜 야웨는 말하기를 그치는가? 언제 하느님이기를 멈추는가? 저자는, 사람이 **형상을 만들면** 야웨는 말하기를 그친다고 주장한다. 왜냐하면 형상으로 만들면 야웨는 내 바깥에 존재하는 하나의 '대상'이 되어버리기 때문이란다. 다시 말해서 사람 바깥에 존재하여 '객관화'(objectified)되어 버린 신은 더 이상 하느님이 아니란 얘기다.

구약성서에서 야웨는 말을 하고 사람은 그 말을 듣는다. 물론 반대의 경우도 있지만 대부분의 경우 말을 하는 쪽은 야웨이고 듣는 쪽은 사람이다. 그러니 야웨는 목소리로 현존하는 신이라고 하면 지나친 말이 될까? 말하지 않으면 야웨가 아니다. 목소리가 없으면 야웨도 없다. 말하지 않으면 야웨는 하느님이기를 그친다.

그런데 미란다의 주장은, 사람이 야웨를 형상으로 만들어버리면 야웨는 말하기를 그친다는 것이다. 그렇게 되면 목소리로만 연결되는 야웨와 사람 사이의 관계가 끊어져버린다. 형상은 목소리를 그치게 만드는 '괴물'이다.

미란다가 말하는 '야웨의 목소리'는 사람의 고막을 울리는 공기의 진동에 그치지 않는다. 그것은 듣는 사람에 의해 인식되고 소화되고 해석된 '말'이다. 20세기 가장 영향력이 큰 신약성서 학자로 알려진 루돌프 불트만(Rudolf Bultmann)은 이미 오래 전에 하느님과 하느님 말씀을 나의 바깥에 존재하는 하나의 '대상'(object)으로 여기게 되면 그는 더 이상 하느님이기를 그친다고 했다. 하느님과 하느님의 말에 대해선 "나는 생각한다. 고로 나는 존재한다"라는 데카르트 식의 사유가 불가능하다는 얘기다. 주체와 객체를 분리해서 거리를 두는 것은 사람과 하느님 사이의 관계에는 해당되지 않는다. 불트만의 이러한 주장은 미란다의 그것과 맥을 같이 한다고 보인다. 그리고 인용부호 안에 들어있는 야웨의 말씀이라고 해도 그것은 단순히 듣는 사람의 고막을 울리는 공기의 진동이 아니라 그 사람에 의해 인식되고 소화되어 해석된 말이란 사실 역시 야웨와 그의 말은 객관화, 대상화될 수 없다는 인식과 궤를 같이 한다. 그래서 궁켈과 베스터만(Claus Westermann)을 비롯한 많은 구약학자들은 예언자의 선포에서 하느님의 말씀과 예언자의 말은 구분할 수 없다고 했던 모양이다.

결국 구약성서가 야웨의 말을 듣는 게 둘째 계명의 핵심이라고 말했을 때 그것은 공간적 물질성이 아니라 시간적 물질성으로 초점을 이동시킨 것이다. 그것은 공기의 진동을 청각기관으로 받아들이는 데 그치지 않고 감성과 지성의 자리인 '마음' 또는 '심장' (히브리어로 '레브'라고 부르는 곳)까지 진동시키는 걸 의미한다. 그래서 야웨의 목소리는 현실세계의 공간 및 시간과 하느님의 초월적 세계를 연결하는 다리와 만남의 광장 역할을 한다고 볼 수 있겠다.

한 가지만 더 얘기하고 이 장을 마무리하자. 후대에 이르러 우상숭배는 눈에 보이는 형상을 만들어 놓고 거기에 절하는 것으로 이해하지 않았다. 우상숭배는 예배자가 '마음'으로 하느님에 대해 옳지 않은 개념과 생각을 만들어내는 것이라고 이해했다. 곧 우상은 눈에 보이는 물질세계에 존재하는 게 아니라 사람의 마음속에 존재하는 것이며 따라서 우상과의 싸움은 '상상력'을 두고 벌어지는 싸움이 됐다. 이로써 우상과의 싸움은 특정 철학과 동맹을 맺고 거짓된 이념의 가면을 벗기는 일이 되었으며 인간의 악한 욕망을 드러내고 그것을 없애거나 억누르는 일이 되었던 것이다. 하지만 이런 일들은 구약성서 시대보다 훨씬 후대에 벌어진 일들이다. 이런 생각을 구약성서 시대로 투사하는 것은 시대착오적이므로 전후를 잘 살펴봐야 한다.

다음 장에선 야웨의 궤에 대해서 이야기할 것이다. 무려 네 편이나 만들어진 영화 〈인디아나 존스〉 시리즈 중 첫 편에 등장했던 바로 그 궤 말이다. 수많은 나치 군인들을 죽이고 미국 어딘가에 비밀리에 보관되어 있다는(물론 영화 속에서만 그렇다) 바로 그 궤가 야웨의 현존과 어떤 관련이 있는지를 살펴보자.

11장

야웨의 궤?
뭣에 쓰는
물건인고?

'궤'는 신비한 힘을 가지고 있었을까?

'이게 대체 뭣에 쓰는 물건인고?' '야웨의 궤'(the Ark of YHWH) 또는 '언약궤'(the Ark of Covenant)나 '증거궤'(the Ark of Testimony)라고 부르는 궤에 대한 얘기들을 다 끌어모아 읽었을 때 가장 먼저 떠오르는 질문이 바로 이거다. 궤를 어디에 썼던 물건인지 도대체가 분명하지 않다. 궤는 구약성서에서 다양한 모습으로 그려져 있고 여러 용도로 사용됐기 때문에 한 마디로 정의내리기란 무척 어렵다. 하지만 궤가 긴 세월 동안 존재했고 복잡한 역사적 상황 속에서 다양한 용도로 사용됐음을 감안해보면 그런 다양함이 그리 이상하진 않다.

앞에서 얘기했듯이 눈에 보이는 '형상'으로 야웨를 표현하는 것에 대한 뿌리 깊은 혐오감은 구약성서 종교의 중요한 특징 가운데 하나다. 흥미로운 사실은 그럼에도 불구하고, 곧 형상을 눈 앞에 두지 않았음에도 불구하고 이스라엘은 자기들 가운데 야웨가 현존한다고 믿고 정기적으로 제의(ritual)를 실행했다는 점이다.

여기서 한 가지 드는 의문은 정말 그들은 아무 것도 없이, 완전히 텅빈 공간에서 눈에 보이는 물건이라고는 하나도 없이 제의를 행했을까 하는 점이다. 야웨의 형상은 아닐지라도 그의 현존을 느끼게 해주는 눈에 보이는 물건 하나 없이도 제사를 지낼 수 있었을까?

구약성서를 읽어보면 그러지 않았음을 알 수 있다. 아무리 형상을 반대하고 그것 없이 제의를 행한다고 해도 아무 것도 없지는 않았다. 이스라엘의 제의에는 제단도 있었고 촛대도 있었으며 짐승을 죽여서 바치는 데 사용된 도구들도 적지 않게 있었다. 그 중에서 야웨의 현존과 직접적으로 관련된 물건이 바로 '야웨의 궤'였다.

그런데 이 궤에 얄궂은 구석이 없지 않다. 먼저 용도만 놓고 보면 이것은 전혀 '실용적'이지 않았다. 제단은 제물을 올려놓는 데 썼고 촛대는 불을 밝히는 데 썼으며 칼과 같은 도구들은 짐승을 죽일 때 썼으니 그것들은 모두 '실용적'인 도구였다. 반면 궤는 구체적인 용도가 확실하지 않은 도구였다. 아니, 구체적인 용도가 아예 처음부터 없는 도구였다. 도구 아닌 도구였다고 할까….

'야웨의 궤'는 이스라엘이 광야에 있었을 때 만들었다(출애굽기 37장). 백성들은 광야를 유랑하던 내내 갖고 다니다가 가나안 땅까지 가지고 들어갔다. 백성들이 이 궤를 들고 행진하자 흐르던 요단강 물이 멈춰서 그들은 무사히 강을 건널 수 있었고(여호수아 3장), 이걸 들고 여리고성 주위를 돌자 성이 무너졌다고 한다(여호수아 6장). 이 궤는 잠시 블레셋에게 빼앗기기도 했지만 곧 되찾아왔고 그 후엔 실로의 '성전'에 안치되었다. 나중에 다윗에 의해 궤는 예루살렘으로 옮겨졌고 예루살렘 성전이 바빌론에게 파괴될 때까지 거기 안치되어 있었다.

열왕기와 역대기는 성전 파괴 후 궤가 어떻게 됐는지 전하지 않는다. 그리스어로 쓰인 '제3 에스라서'는 바빌론 사람들이 그것을 자기 나라로 갖고 갔다고 전한다. 하지만 궤의 최후에 대한 후대 랍비들의 진술은 일치하지 않는다. 어떤 랍비는 궤가 바빌론으로 옮겨졌다고 말하지만 다른 랍비는 그렇게 되는 걸 피하려고 누군가가 궤를 잘 숨겨뒀는데 너무 깊이 숨겨둬서인지 훗날 찾지 못했다고 말한다. 그로부터 거의 2천 년 후에 인디아나 존스와 나치가 그걸 찾겠다고 사방팔방으로 돌아다녔다는 영화를 만들어서 스필버그가 엄청난 돈을 벌어들였는데 사실, 영화 줄거리는 신빙성이 전혀 없는 얘기다. 이 궤가 어디 있는지는 아무도 모른다. 어떤 고고학자가 이것을 발굴한다면 세계를 뒤흔들 뉴스가 될 것이다. 그런데 궤는 정말 〈인디아나 존스〉 영화에 나오는 것처럼 신비한 힘을 갖고 있을까?

학자들은 궤의 본래 이름이 '야웨의 궤'(the Ark of YHWH)였을 것으로 추측한다. 물론 그냥 '궤'(the Ark)로 부르기도 했다. 그러다 나중에는 신명기 전승(줄여서 'D'라고 부르는 전승)에 의해 '언약궤'나 '증거궤'로도 불리게 됐다. 이름이 바뀐 것은 중대한 의미를 갖는다. 이름이 바뀌면서 그것의 의미와 역할 또한 바뀌었기 때문이다. 이에 대해서는 차차 살펴보겠고 우선은 '야웨의 궤'가 본래 뭐하던 물건인지, 어디에 쓰던 물건인지 알아보자.

"내가 거기서 나를 만날 것이다"

야웨의 궤는 이스라엘이 광야생활을 할 때 야웨의 명을 받아서 제작됐다. 궤를 만드는 방법은 출애굽기 25장 10-22절과 37장 1-9절 두 군데에 전해진다. 왜 두 군데에 전해질까? 이 질문은 단순히 호기심에서 묻는 질문이 아니다. 두 텍스트를 나란히 놓고 읽어보면 비슷한 내용인 것 같지만 거기에는 중요한 차이가 있기 때문이다. 37장은 그것을 '브살렐'이란 사람이 만들었다고 말하는 반면 25장에는 제작자의 이름이 없다. 하지만 이 점이 중요한 차이는 아니다. 정작 중요한 차이는 25장에는 궤 안에 '증거판'을 넣어두라고 명하는 내용이 나온다는 점이다.

너는 그 속죄판을 궤 위에 얹고 궤 안에는 내가 너에게 줄 **증거판**(the testimony 또는 the covenant)을 넣어 두어라. **내가 거기에서 너를 만나겠**

다(I shall meet you there). 내가 속죄판 위, 곧 증거궤 위에 있는 두 그룹 사이에서 이스라엘 자손에게 명할 모든 말을 너에게 일러주겠다 (출애굽기 25:21-22).

한글성서가 '증거판'이라고 번역한 말의 히브리 원어는 '하—에두트'로 그냥 '증거' 또는 '언약'이란 뜻이다. 영어성서도 '판' (tablet)이란 말없이 그냥 'testimony'라고 번역했다. 많은 주석가들은 십계명 돌판을 염두에 두고 이걸 '증거판'으로 여기지만 원문에는 그냥 '증거' 또는 '언약'이라고 되어 있다는 사실을 먼저 지적해 둔다. '증거판'으로 이해한다고 해서 크게 문제되지는 않지만 말이다.

출애굽기 37장에는 언급되지 않은 '증거판'이 25장에는 있다. 야웨는 그것을 궤에 넣어 두라고 명한다. 궁금해 하던 궤의 용도가 여기서 밝혀진다. 그러니까 궤는 증거판을 넣어두는 용도로 쓰였던 물건이다. 그런데 학자들은 이것이 이스라엘에만 있었던 특이한 물건은 아니었다고 말한다. 고대 중동지역에서는 통상 신과 사람 사이에 맺어진 언약의 문서를 궤에 담아 신전 같은 데 보관해두었기 때문이다. 그럼 야웨의 궤 역시 당시 흔히 주변에 널려 있던 것과 같은 궤였을까? 아니면 다른 궤들에게는 없었던 특별한 의미와 용도가 있었을까?

우선 눈에 띠는 점은, 야웨가 "내가 거기에서 너를 만날 것이다"

라고 말했다는 사실이다. '너'는 단수로 모세를 가리키고 '거기'는 궤 위를 가리키는 말이므로 이 말은 야웨가 궤 위에서 모세를 만나겠다는 뜻이다.

이게 무슨 말인가? 야웨가 모세를 만난다는 말은 무슨 말이며, 그 만남이 왜 하필 궤 위에서 이루어져야 하는가? 궤가 얼마나 크기에 그 위에 야웨가 설 수 있을까? 모세는 야웨와 만날 때 그를 눈으로 볼 수 있었을까? 얼굴과 얼굴을 마주보며 만났을까? 아니면 그저 상징적인 뜻으로 한 얘기였을까? 궤는 누구나 눈으로 볼 수 있는 물건이다. 그런데 그 위에서 야웨가 모세를 만났다면 눈에 보이게 만났다고 생각하는 게 자연스럽지 않겠나. 그런데 그 말을 왜 '상징'으로 이해해야 하는가 말이다.

궤의 이동성과 야웨의 성격

'이게 대체 어디에 쓰는 물건인가?' 이 물음으로 이 장을 시작했다. 이 질문에 답하기가 그리 쉽지 않은 까닭은 궤를 언급하는 구절들을 읽어가면 갈수록 답이 찾아지긴커녕 오히려 더 깊은 미궁에 빠져드는 느낌이 들기 때문이다. 하지만 서두르지 말고 당황하지도 말고 꼼꼼하게 그 구절들을 읽어보자.

야웨의 궤는 특정 시점에 특정한 사람(들)에 의해 만들어졌고 특정 시점에 사라졌다. 더 정확히 말하면 특정 시점 이후로는 구약성서에서 궤에 대한 언급이 사라졌다. 그래서 우리는 야웨의 궤의 말년에 대해 알지 못한다.

궤의 일생은 크게 두 시기로 나눌 수 있다. 첫째는 한 곳에 머물러 있지 않고 이스라엘과 함께 돌아다녔던 시기이고, 둘째는 예루살렘 성전에 안치되어 거기에 머물던 시기다. 두 시기에 궤가 행했던 역할이 달랐다는 점이 흥미롭다. 그것이 차지한 위치도 달랐다.

야웨의 궤는 사람이 들고 다닐 수 있도록 운반용 막대기가 달려 있었다(출애굽기 25:13; 37:4). 그러니까 궤는 본래 사람이 들고 다닐 수 있도록 디자인된 물건이었던 거다. 따라서 그것을 한 곳에 안치해 뒀다면 그건 궤의 본래 의도와는 맞지 않는 행위라고 할 수 있겠다. 애초에 한 곳에 둘 요량이었다면 운반용 막대를 만들 필요가 없었을 터이니 말이다. 궤도 그렇고 다음 장에서 살펴볼 '장막'도 그렇고 그것들이 갖고 있는 이동 가능성 또는 운반 가능성은 야웨의 성격과도 잘 맞아 떨어진다. 붙박이 장소에 그 궤를 갖다둔 것은 야웨와는 어울리지 않는 조합이었다.

야웨는 움직일 예정이었다. 이스라엘 백성과 함께 시내 산을 뜰 예정이었던 거다. 이때 야웨는 이스라엘에게 두 가지 물건을 만들라고 명했는데 '야웨의 궤'와 '장막'이 그것이었다. 이 두 가지가 완성된 후에야 야웨와 이스라엘이 시내 산을 떠났던 것을 보면 광야를 유랑하는 데 있어서 이것들이 반드시 필요한 물건이었음을 능히 짐작할 수 있다. 나중 일이긴 하지만 이 둘은 가나안에 들어가서도 필요한 물건이었다.

이스라엘은 낮에는 궤와 장막을 들고 다녔고 밤에는 궤를 장막 안에 모셔뒀다. 장막의 용도는 다음 장에서 살펴볼 터이니 여기서는 궤에 대해서만 생각해보자.

궤는 뭐 하는 물건이었을까? 그것이 증거판을 넣어두는 상자로 쓰였고 야웨와 모세가 만나는 장소로 쓰였다는 사실은 앞에서 언급했다. 그런데 두 가지 용도는 서로 관련이 없어 보인다. 전자가 본래의 용도였을까, 아니면 후자가 그랬을까? 다시 말하면 증거판을 넣어둔 궤였기 때문에 야웨와 모세의 만남이 거기서 이뤄진 것일까, 아니면 둘이 만나는 장소였기에 증거판을 거기 넣어뒀을까? 별걸 다 따지고 든다고 불평하진 마시라. 궤에 대한 이스라엘의 신학적 사고가 어떻게 전개되었는지 따져보기 위해서는 그렇게 무의미한 질문은 아니니까 말이다.

학자들이 주는 답은 만남의 장소였기 때문에 증거판을 넣어뒀다는 것이다. 궤는 처음에는 야웨와 모세의 만남의 장소로 쓰려고 만들어졌는데 나중에 거기에 증거판을 넣어두는 상자 역할을 하게 됐다는 얘기다. 학자들은 이를 입증하는 구절들을 여럿 들지만 여기서는 생략하겠다. 우리가 알고 싶은 것과 직접적인 관련이 없기 때문이다.

그런데 시간이 흐르면서 궤는 야웨가 현존하는 곳으로 여겨지지 않고 증거판을 넣어두는 상자로 여겨지게 된다. 이는 야웨에 대한 시각적 체험보다는 청각적 체험 쪽으로 강조점이 옮겨졌다는 사실과 흐름을 같이 한다. 시간이 지나면서 궤의 역할이 달라진 것은 이같은 신학적 추세가 반영되었다는 얘기다. 이 문제는 나중에 더 살펴보기로 하고 여기서는 야웨 현존(presence of YHWH)의 장소로서의 궤에 대해서 조금 더 살펴보자.

전리품이 아니라 애물단지가 된 '궤'

'야웨의 궤' 하면 빼놓을 수 없는 이야기는 사무엘상 4-6장에 있는 블레셋과의 전쟁 이야기다. 이스라엘이 전쟁터에 궤를 갖고 나갔다가 크게 봉변당한 이야기 말이다. 이 이야기에 주목하는 이유는 그것이 궤에 대한 이스라엘의 생각을 잘 보여주기 때문이다. 비록 그게 옳지 않다는 사실이 밝혀진 계기가 됐지만 말이다.

궤의 위력은 그 이전에 이미 확인됐다. 이스라엘이 가나안에 들어가기 직전 마지막 관문인 요단강을 건널 때였다. 궤는 이때 결정적인 역할을 했다(여호수아 3장). 이때 궤를 들고 행진해온 제사장들이 제일 먼저 요단강 물에 들어갔다. 그러자 흐르던 물줄기가 끊겨 백성들은 무사히 맞은편으로 건너갈 수 있었다. 이때 백성들은 궤의 위력을 실감했을 것이다.

블레셋과 이스라엘은 악연이었다. 그들은 가나안 서쪽 해안지역을 뺏고 빼앗기는 전쟁을 오랫동안 벌였다. 때는 블레셋이 이스라엘을 쳐들어와 각각 아벡과 에벤에셀에 진을 치고 전쟁을 벌일 때였다. 이스라엘이 이 전쟁에서 대패하여 의기소침해 있을 때 장로들이 묘안을 냈다. 야웨의 궤를 전쟁터에 갖고 나가자는 것이 그거였다.

> 야웨께서 오늘 우리가 블레셋 사람에게 지도록 하신 까닭이 무엇이겠느냐? 실로에 가서 야웨의 언약궤를 우리에게로 모셔다가 **우리 한 가운데 있게 하여** 우리를 원수의 손에서 구하여 주시도록 하자(사무엘상 4:3).

여기서 '우리 가운데 있게 하여'라는 말이 눈에 띤다. 이 말은 야웨가 이스라엘 백성 가운데 현존함(divine presence)을 표현하는 전형적인 표현이다. 장로들은 야웨의 현존의 표현인 언약궤를 전쟁터에 갖고나가서 전투에서 승리하고 싶었던 거다. 그것이 승리를 보장한다고 믿고 말이다.

여기서도 궤가 단순히 야웨 임재의 실체 없는 '상징'에 불과하지 않다는 점이 분명히 드러난다. 그게 단순히 '상징'이었다면 굳이 그걸 전쟁터로 가져가지 않았을 거다. 이스라엘은 비록 눈엔 보이지 않더라도 궤 위에 실제로 야웨가 앉아 있다고 믿었다는 얘기다.

이스라엘은 궤를 진지로 가져왔다. 그러자 모든 이스라엘 백성들이 땅이 진동하도록 환호성을 울렸단다. 마치 전투에서 이기기라도 한 것처럼 말이다. 재미있는 사실은, 그들이 왜 환호성을 울렸는지 알게 된 블레셋 사람들이 두려워 사시나무 떨듯 떨었다는 점이다. 그들은 "이제 우리에게 화가 미쳤다. 일찍이 이런 일은 없었다. 누가 저 강력한 신의 손에서 우리를 건질 수 있겠느냐…"라며 떨었단다. 그들도 궤의 위력을 알고 있었고 그것이 이스라엘에게 승리를 가져다줄 것이라고 생각했다는 얘기다. 하지만 그들은 "블레셋 사람들아, 대장부답게 힘을 내어라. 그렇지 않으면 우리는 히브리 사람들의 종이 될 것이다"라면서 죽을 각오로 전투에 나섰다.

결과는 어땠을까? 놀랍게도 이스라엘은 대패하고 말았다. 궤를 전쟁터에 갖고 나갔음에도 불구하고 말이다. 그뿐 아니다. 그들은 궤를 블레셋에 빼앗기기까지 했다! 어떻게 그런 일이 일어났단 말인가! 그 궤는 단순한 궤짝이 아니지 않는가. 야웨 현존의 상징, 아니 야웨의 현존 그 자체가 아니던가. 그런 궤를 어떻게 빼앗길 수 있고 또 빼앗을 수 있단 말인가! 그렇다면 '야웨의 현존을 빼앗겼다'는 얘기인가? 그것이 빼앗고 빼앗길 수 있는 거였나? 아니다! 그건 절대 아닐 거다! 그렇다면 블레셋이 궤를 빼앗아가기 전에 야웨는 어딘가로 떠나버렸을까? 혹은 야웨가 의도적으로 블레셋 땅으로 건너갔던 것일까?

> 이스라엘은 이 때에 아주 크게 져서 보병 삼만 명이 죽었다. 하느님의 궤를 빼앗겼고 엘리의 두 아들 홉니와 비느하스도 이 때 전사하였다 (사무엘상 4:10-11).

궤를 빼앗긴 얘기를 이렇게 짧고 건조하게 전하는 것도 놀랍다. 마치 얼마든지 일어날 수 있는 일이 일어났다는 투 아닌가. 이래도 되나? 이 일이 이렇게 간단히 얘기하고 끝낼 사건인가 말이다. 질문이 꼬리를 물고 이어지는데 정작 답은 찾을 수 없다.

궤와 블레셋이 얽힌 얘기는 이게 끝이 아니다. 블레셋은 궤를 다곤 신전에 갖다 놓았다. 이는 고대 중동지역에는 전쟁에서 이긴 편이 진 편의 신상을 전리품처럼 자기네 신전에 갖다두는 관례에 따른 것이니 놀랄 일이 아니다. 그런데 거기서 심상치 않은 일들이 잇달아 일어나게 된다. 아침에 일어나 보니 다곤 신상이 박살난 채로 궤 옆에 엎어져 있었다든지, 아스돗 사람들이 종기에 시달렸다든지 하는 일들 말이다.

아스돗 사람들은 이 모든 재앙이 궤 때문에 벌어졌다고 여겨 그것을 가드(Gad)라는 곳으로 옮겼는데 이번에는 그곳 주민들이 극심한 종기로 고통당하자 다시금 그것을 에그론(Eglon)으로 보내려 했단다. 그런데 에그론 주민들이 울부짖으며 반대하자 블레셋 권력자들은 이러지도 저러지도 못하고 엉거주춤하다가 일곱 달이나 지난 다음에 온갖 제물을 바쳐서 궤의 진노를 달랜 다음에 (이쯤 되면 궤는 전리품이 아니라 애물단지라고 불러야 하겠다) 이스라엘로 되돌려 보냈다고 한다.

블렛셋과의 전투에서 궤는 왜 그렇게 무력했을까?

이 웃지 못할 얘기에는 중요한 신학이 담겨 있다. 우선 이스라엘이 궤와 야웨의 현존을 따로 떼어놓고 생각하지 않았다는 사실에 주목할 수 있다. 그들은 야웨가 '오로지' 궤에만 현존한다고 믿지는 않았지만 그들은 궤가 있는 곳에 야웨가 있고 야웨가 있는 곳에 궤가 있다고 믿었던 것이 분명하다. 하지만 그들은 전쟁 때마다 궤를 전쟁터에 들고 나가지는 않았다. 야웨의 현존이 반드시 승리를 가져다준다고 믿었다면 전쟁 때마다 궤를 갖고 나갔을 법한데 그러지 않은 걸 보면 궤 자체에 마술적인 힘이 있다고 믿지는 않았던 것 같다. 블레셋과의 전쟁에 궤를 들고 나갔던 이유는 앞선 전투에서 패배한 데 따른 비상대책이었을까? 여리고 성 함락의 경우를 빼면 이런 일은 전에도 없었고 후에도 없었다. 궤가 전쟁에서 승리를 가져다준다는 생각은 오히려 블레셋 사람들에게 더 친숙했던 것으로 보인다. 그들은 이스라엘이 궤를 전쟁터에 갖고 온다는 소문을 듣자마자 두려움에 떨었으니 말이다.

이 얘기에서 우리가 주목해야 할 대목은 이스라엘이 궤를 승리를 보장하는 물건으로 믿었는가 여부가 아니라 그 믿음이 무참하게 깨졌다는 사실이다. 물론 믿지 않았다면 그 믿음이 깨지는 일도 없지만 여기서 방점은 믿음이 깨졌다는 데 있다. 하지만 이 말은 궤를 야웨 현존의 표현으로 믿었던 믿음이 깨졌다는 뜻이 아니다. 그것이 여전히 야웨 현존의 표현이란 사실은 블레셋이 궤 때문에 엄청난 재앙에 시달렸던 데서 입증된다. 궤는 여전히 힘을 갖고 있었다. 궤는 다곤 신상을 넘어뜨리고 블레셋 사람들을 종기에 시달리게 할 힘을 유지하고 있었던 것이다. 그러면 블레셋과의 전투에서 궤는 왜 그렇게 무력했을까? 야웨가 어딘가로 잠시 '외출'한 사이에 전투가 벌어졌던 걸까?

사무엘상 4-6장의 궤 얘기는 구약성서 안에서 매우 오래된 얘기라고 주장하는 학자들이 적지 않다. 궤가 전투에서 승리를 보장한다느니 궤 때문에 종기에 시달린다느니 하는 얘기들이 현대인에게는 미신적으로 들리기 때문이다. 하지만 이 얘기의 중요성은 그런 미신적인 내용을 뒤집어 엎어버렸다는 사실에 있다. 정확하게 말하자면 완전히 뒤집어 엎지는 않았지만 궤를 전쟁터에 갖고 나갔음에도 불구하고 이스라엘이 패했다는 사실은 궤의 위력이 해체되고 있음을 보여준다는 얘기다.

이 사건이 갖고 있는 중요한 신학적 의미는 궤의 위력이 유지됐는가 여부에 있지 않다. 그것은 이 얘기가 보여주는 야웨의 현존, 특히 그것의 이동성(mobility)에 관한 신학적 성찰에 있다.

야웨의 현존(presence of YHWH)이 도대체 무엇인가? 야웨가 '지금 여기' 있다는 것이 아닌가. 그렇다면 야웨가 '지금 여기' 있다는 게 무엇을 뜻하나? 그것은 기본적으로 야웨와 사람 사이에 소통이 가능하다는 뜻이 아닌가 말이다. 야웨는 왜 이스라엘 가운데 현존하는가? 그들과 소통하기 위해서다. 그들에게 힘자랑하려고 현존하는 게 아니지 않는가. 야웨가 소통하기 위해 이스라엘 가운데 현존하는 것, 이것이 바로 야웨와 이스라엘 사이에 맺어진 '언약관계'(covenantal relationship)의 핵심적 내용이다.

야웨와 아브라함의 언약

궤와 직접적인 관련은 없지만 '언약'이라는 말이 나왔으니 야웨와 아브라함이 맺는 언약에 대해 살펴보자. 구약성서에서 야웨와 개인 또는 이스라엘 백성이 언약 맺은 얘기는 여럿이지만 그 중 창세기 15장이 언약의 성격을 가장 잘 보여준다.

야웨는 아브라함에게 땅과 자손을 약속했다. 하지만 아브라함과 사라는 이미 아기를 가질 수 있는 나이를 훨씬 넘긴 상태였다. 아무리 야웨의 약속이라 해도 그것이 성취되리라고 믿기는 어려운 상황이었다. 이에 야웨는 그에게 하늘을 바라보라며 그의 후손이 저 하늘의 별처럼 많아질 거라고 예언했다(창세기 15:5).

그 다음에 야웨는 아브라함에게 "나는 야웨다. 너에게 이 땅을 주어서 너의 소유가 되게 하려고 너를 갈대아 우르에서 이끌어 내었다"라고 말했다. 아브라함에게 가나안 땅을 주겠다는 약속 역시 성취되기 어렵기는 마찬가지였다. 이미 여러 족속들이 자리 잡고 사는 땅을 어떻게 그가 소유할 수 있겠는가. 그래서 아브라함은 야웨에게 물었다. "야웨 나의 하느님, 우리가 그 땅을 차지하게 될 것을 제가 어떻게 알 수 있습니까?"

뭔가 보증을 보여달라는 요구였다. 이에 야웨는 제물로 바칠 짐승들을 가져오라고 말했다. 아브라함은 삼 년 된 암송아지 한 마리와 삼 년 된 암염소 한 마리, 삼 년 된 숫양 한 마리와 산비둘기 한 마리와 집비둘기 한 마리씩을 가져와서 몸통 가운데를 쪼개어 서로 마주보게 차려 놓았단다. 학자들은 이 부분이 창세기, 더 나아가서 모세오경 가운데 가장 오래된 본문이라고 추측한다. 제물 바치는 방법이 상당히 원시적이고 엽기적이기 때문이다. 짐승들을 둘로 쪼개서 그 가운데로 사람 지나갈 정도의 거리를 두고 서로 마주보게 놓아두었다니, 얼마나 징그럽고 엽기적인가 말이다.

주변은 짐승의 피로 흥건했을 것이다.

해가 질 무렵이 되어 아브라함이 잠들었을 때 깊은 어둠과 공포가 그를 짓눌렀다. 그리고 해가 지고 어둠이 짙게 깔리니 연기 나는 화덕과 타오르는 횃불이 갑자기 나타나서 쪼개 놓은 희생제물 사이로 지나갔다고 했다(17절). 어둠은 현현한 야웨를 보지 못하게 하려는 것이고 '연기 나는 화덕'과 '타오르는 횃불'은 야웨가 친히 나타났음을 상징하는 물건들이다. 그러니까 야웨가 친히 아브라함이 놓아둔 짐승들 사이를 지나갔던 것이다.

이 장면은 무엇을 말하는가? 야웨는 이 '엽기적'인 예식을 통해서 무엇을 보여주려 했을까? 이 예식은 약속에 대한 일종의 보증을 보여달라는 아브라함의 요청에 대한 야웨의 응답으로 이뤄졌다. 이때 짐승을 둘로 쪼개어 가운데 사람이 지나갈 정도의 공간을 확보하고 서로 마주보게 놓은 것은 언약 당사자 중 어느 편이라도 언약을 어길 때는 쪼개진 짐승처럼 될 것임을 보여주기 위한 것이다. 약속을 그냥 말로만 한 게 아니라 눈앞에서 짐승을 죽여서 반을 갈라놓고 했다는 얘기다.

사람들은 그 동안 이 얘기를 잘못 이해해왔다. 언약의 하위 당사자인 아브라함이 상위 당사자인 야웨의 계명대로 살겠다는 약속을 지키지 않으면 쪼개진 짐승 신세처럼 될 것이라고 말이다. 이런 식으로 생각하는 것은 예식이 누가 누구에게 요청한 보증에 대한 응답이었는지를 망각한 데서 온 오해다. 이 예식은 아브라함의 보증 요구에 대한 야웨의 대답이다. 따라서 약속을 어겼을 때 짐승 꼴이 되는 쪽은 야웨다!

보증이 필요한 것은 아브라함의 신실함이 아니라 야웨의 신실함이다. 땅에 대한 약속에는 아브라함이 지켜야 할 의무사항이 없다. 아브라함은 땅을 달라고 하지도 않았다. 약속을 지켜야 할 쪽은 야웨이고 보증받아야 할 것은 야웨의 신실함이다. 만일 야웨가 신실하게 약속을 지키지 않을 경우 그는 쪼개진 짐승 신세가 될 거란 뜻이다.

사람과 사람 사이에도 뭔가를 약속하고 맹세하는 것은 스스로를 구속하는 일이다. 스스로를 묶는 일인 것이다. 약속하지 않았더라면 굳이 하지 않아도 될 일을 약속했기 때문에 하는 것이니 뭔가를 약속하거나 언약을 맺는 것은 스스로를 구속하는 일이다. 구약성서에서 언약은 '맹세를 동반한 관계 맺기'를 가리킨다. 야웨와 노아가, 야웨와 아브라함이, 모세를 중재자로 해서 야웨와 이스라엘이, 야웨와 다윗이, 그리고 신약성서에 와서는 야웨와 새 이스라엘인 교회가 언약을 맺었다는 말은 당사자 중 어느 한쪽만이 아니라 양쪽 모두가 그 관계에 자신을 묶어서 스스로를 구속했다는 뜻이다. 창세기 15장은 그게 설령 야웨일지라도 언약을 깨뜨린다면 쪼개진 짐승 신세가 될 것임을 보여준다.

흔히 '하느님' 하면 사람들은 무엇을 떠올리는가? 힘? 권능? 무한한 지식? 전지전능? 무소부재? 주권? 다 맞다. 하느님은 이 모든 것을 소유한 존재로 여겨진다. 하지만 이 모든 것을 가능하게 하는 것은 하느님의 '절대자유'다. 야웨가 절대 자유하지 않으면 힘도 권능도 지식도 다 소용없다. 야웨가 어딘가에 매여 있고 누군가에 예속되어 있다면 힘도 지식도 자유롭게 쓸 수 없을 터이니 말이다. 그게 무슨 하느님인가. 그래서 무엇에도 거리끼지 않고 누구에게도 속박되지 않는 절대자유한 존재가 하느님이라고 여기는 것이다.

그런데 구약성서는 이렇게 절대자유한 야웨가 언약관계에 스스로를 묶었다고 말한다. 굳이 하지 않아도 될 맹세를 아브라함에게 함으로써 자신을 부자유한 상태에 몰아넣은 것이다. 그러니 이제부터 야웨는 모든 걸 자기 마음대로 할 수 없다. 스스로 맹세한 게 있으니 그것을 어기지 못하고, 그러니 그는 절대자유가 아니란 얘기다. 아브라함이 맺어달라고 애걸한 것도 아니다. 야웨 자신이 주도적으로 맺은 언약이니 그걸 먼저 깨뜨릴 수 있겠나. 그렇다면 쪼개진 짐승 꼴이 될 텐데? 야웨가 누군가와 언약관계에 들어갔다는 얘기는 바로 이런 뜻이다.

오래 전에 본 닉 놀티와 에디 머피가 나오는 〈48시간〉이란 영화가 기억난다. 에디 머피는 범죄자이고 닉 놀티는 경찰인데 둘이 힘을 합해서 더 큰 범죄자를 잡는 얘기였다. 이 둘은 하나의 수갑을 차고 있었는데 한 사람은 오른손에 다른 사람은 왼손에 수갑을 같이 차고 다녔다. 야웨가 아브라함과 언약관계에 들어간 것은 둘이 한 수갑을 차는 것과 비슷하지 않나 싶다. 야웨는 자기의 맹세가 믿을만하다는 사실을 보여주려고 쪼갠 짐승 가운데를 걸어가셨다. "이래도 못 믿겠니?"라고 말하듯이 말이다.

물론 언약관계에 야웨가 묶였다는 생각에는 위험한 구석이 있다. 사람이 야웨를 맘대로 휘두를 가능성 때문에 말이다. 손이 묶여 있으니 한편이 흔들면 다른 편도 흔들릴 수밖에 없다. 야웨와 언약관계에 놓인 사람에게도 물론 요구되는 게 있고 맹세해야 할 게 있다. 그걸 지키느냐 어기느냐는 사람의 양심과 믿음에 달려 있다. 야웨는 상대방에게 그걸 기대하고 요구한다. 어기면 쪼개진 짐승 신세가 되기로 작정한 야웨에게는 그럴 자격이 충분히 있다.

야웨의 준엄한 철퇴

이렇듯 소통은 쌍방의 '자유'를 전제로 하고 언약은 쌍방의 '결속'을 전제로 한다. 따라서 야웨와 이스라엘이 서로 소통하면서 언약관계에 놓여 있다는 말은 둘이 자유와 결속으로 맺어져 있음을 의미한다. 자유와 결속은 저울의 양편에 놓여 있다. 그래서 중요한 것은 '균형'이다. 어느 한 편이 무거워지면 기울기 때문에 양자 간에 균형이 중요하다는 말이다.

궤와 장막이 광야에서 만들어졌고 그것들의 이동성이 강조된 사실은 야웨 현존에 있어서 '자유'의 측면을 대변한다. 이스라엘과 언약을 맺었다 해도 야웨의 근본 속성이 '자유'임은 달라지지 않는다는 얘기다. 야웨는 절대 자유한 존재다. 야웨는 은혜를 베풀고 싶을 때 은혜를 베풀고 자비를 행하고 싶을 때 자비를 행하는 존재다.

이런 야웨가 이스라엘과 언약관계를 맺었다. 곧 이스라엘과 결속관계에 들어간 것이다. 이로써 야웨는 이스라엘의 하느님이 됐고 이스라엘은 야웨의 백성이 됐다. 야웨의 자유가 '제약'을 안게 된 것이다. 언약을 맺게 되면 언약의 '파트너'가 생기고 그에 대한 약속이나 의무가 생겨나기 때문에 언약 맺기 전에 누렸던 자유는 일정 정도 제한받을 수밖에 없다. 야웨가 이스라엘과 언약을 맺었다는 얘기는 야웨가 스스로의 자유에 대해 제약을 감수하겠다는 뜻이다.

그런데 언약의 파트너인 이스라엘은 야웨의 자유보다는 '결속'을 원한다. 물론 야웨의 자유를 인정하지만 그보다는 언약의 상위 파트너인 야웨가 자비와 은총으로 스스로를 자신에게 결속해주기를 기대한다는 얘기다. 더 많은 은총과 혜택을 누리기 위해서 가급적 야웨를 더 가까이 붙잡아두고 싶어하는 것이다.

사무엘상 4-6장의 궤에 대한 얘기는 표면적으로는 야웨 현존의 자유를 보여주는 것으로 보인다. 궤는 어디든 갈 수 있고 옮길 수 있으며 어디서든 위력을 갖고 있다는 것이다. 이처럼 자유로운 이동성은 광야에서 야웨의 '자유'를 부각시켰다. 거기서 이스라엘은 야웨가 가자는 데로 갔다. 궤는 그렇게 이동하는 이스라엘 가운데 야웨가 현존함을 보여주었다.

그런데 이스라엘은 블레셋과의 전투에 자기들이 내린 결정에 따라 궤를 전쟁터에 들고 나갔다. 궤가 자기들과 함께 있으면 전투에서 승리할 거라고 믿었기 때문이다. 궤가 승리를 보장한다고? 야웨의 현존이 이스라엘에게 승리를 가져다 준다고? 야웨의 의지와 무관하게 그렇게 했는데도? 그건 아니라는 얘기다! 그런 식으로 야웨의 현존을 사람들 맘대로 옮기는 건 허용되지 않았다. 궤가 움직일 수 있다는 것은, 궤를 옮길 수 있다는 것은 야웨의 자유를 보여주는 것이지 그것을 들고 다니는 사람들의 자유를 보여주는 게 아니란 얘기다. 야웨의 의지에 따라서, 야웨가 주도하는 이동과 이스라엘의 필요에 따른 이동은 전혀 다르다.

그래서 이스라엘이 전투에서 패한 사건은 단순한 패배 이상을 보여준다. 그것은 때론 이기고 때론 지기도 한다는 의미에서 '병가지상사'가 아니었다. 그것은 야웨의 현존을 좌지우지함으로써 자기 의지를 관철하려는 사람들의 의도에 대해 내린 야웨의 준엄한 철퇴였던 것이다.

궤는 둘째 계명이 금지한 야웨의 형상에 속하지 않는다. 구약성서는 궤의 제작을 금하지 않았다. 금하긴커녕 궤는 야웨의 구체적인 명령에 따라 제작된 것이다. 따라서 궤는 우상일 수 없다. 만일 궤가 우상이라면 야웨는 우상을 만들라고 명령한 셈인데 이게 말이 되는가.

하지만 사무엘상 4-6장이 전하는 궤에 관한 얘기는 본래 우상이 아니었던 것도 우상이 될 수 있음을 잘 보여주는 교훈적인 얘기다. 우상이 우상인 까닭은 사람이 그것을 통제할 수 있기 때문이다. 우상 앞에서 절하고 찬양하고 경배하며 제물을 바치면서 그것을 어르고 달래고 그것이 갖고 있다고 믿는 초자연적인 힘을 사람들 맘대로 사용하려는 것, 그것이 바로 우상숭배의 목적이 아닌가. 이런 의미에서 블레셋과의 전투에 이스라엘이 들고 나갔던 궤는 한치도 모자라지 않은 우상, 바로 그것이었다.

블레셋과의 전투는 이스라엘의 패배로 끝났다. 하지만 의식, 무의식적으로 야웨의 자유를 제한하고 야웨를 자기들에게 묶어놓으려는 이스라엘의 시도는 끝나지 않았다. 끝나긴커녕 이제 본격적으로 시작됐다고 봐야 한다. 야웨의 현존이 보장하는 혜택을 영구히 소유하고 무조건적인 것으로 만들려는 시도는 궤를 예루살렘에 가져다가 거기 영구히 두려고 했던 다윗에게서 절정을 이루었다. 이에 대해서는 '성전'에 관한 장에서 자세히 살펴보기로 하고 다음 장에서는 광야시대의 산물로서 야웨의 현존을 표현하는 또 다른 기구였던 '장막'에 대해 알아보자.

12장

그 장막에선 대체
무슨 일이
벌어졌던 거야?

장막에서의 야웨의 현존

어떻게 그럴 수가 있었을까? 받은 은혜를 쉽게 잊어버리는 게 사람이라지만, 그래서 '배은망덕'이란 말도 생겼겠지만, 그래도 그렇지 남의 땅에서 종살이 하던 무리를 갖은 고생 끝에 해방시켜 자유의 몸이 되게 해줬더니 불과 몇 달만에 그 은혜를 잊어버리고 배교할 수 있는가 말이다. 게다가 절대 하지 말라고 했던 우상까지 만들어놓고 난리법석을 떨 수 있는가. 종살이에서 벗어난 후 자기들을 해방시켜준 야웨에게만 충성하는 백성이 되겠다고 철석같이 맹세했던 이스라엘 얘기다.

이번에 다룰 내용은 '장막'(tabernacle)이다. 그런데 왜 장막에 대한 얘기를 이스라엘 역사에서 가장 어두웠던 시절의 배교 얘기로 시작했냐고? 둘은 서로 별 연관이 없을 거 같지만 실제 텍스트는 느슨하게나마 둘을 연결시키고 있기에 그렇다.

이번 장은 '장막'을 다룬다고 했지만 더 정확하게는 '장막에서의 야웨의 현존'이라고 해야 한다. 흔히 '거룩할 성' 자를 붙여서 '성막'이라 불리기도 했던 이것은 그 외에도 여러 개의 이름을 갖고 있는데 그 얘긴 차차 하기로 하자. 우선 이것이 어떻게 해서 생겨났는지부터 살펴보도록 하자. 장막이 만들어진 역사적 배경과 문학적 맥락을 알면 이것이 어떤 의미를 가졌고 어떤 역할을 했는지 아는 데 도움이 될 테니 말이다.

이스라엘이 이집트를 탈출한 지 석 달이 되던 때 시내 광야에 우뚝 서있는 야웨의 산 앞에서 짐을 풀었다. 거기서 그들은 야웨와 정식으로 '상견례'를 치르기 위해 조심스럽게 준비를 해야 했다. 몸도 씻고 옷도 빨고 아내도 가까이 하지 않으면서(아내가 무슨 불결한 존재라도 되나?) 말이다.

마침내 셋째 날이 되어 모세가 백성들을 산기슭으로 데리고 갔을 때 야웨가 (하늘로부터) 연기 자욱한 산 위로 불꽃 가운데 내려와서는 모세를 산꼭대기로 불렀다. 백성들은 절대 산에 오르지 못하게 하고 말이다. 그 후 야웨는 모세에게 십계명을 비롯한 여러 계명들을 주었고 그는 이것을 산꼭대기에서 받았다.

상당히 긴 시간이 걸리긴 했을 거다. 출애굽기 20장부터 31장까지 적혀 있는 계명들을 받으려면 상당한 시간이 걸리긴 했을 거란 얘기다. 모세는 그것을 받는 동안 산꼭대기에서 꼬박 머물러 있어야 했다. 하지만 아무리 그래도 그 시간을 못 참고 배교한다는 게 말이 되는가.

아무리 기다려도 모세가 내려오지 않자 백성들은 아론에게 몰려가서 "일어나서 **우리를 인도할 신을** 만들어 주십시오. **우리를 이집트 땅에서 올라오게 한 모세**라는 사람은 어떻게 되었는지 모르겠습니다"라고 아우성쳤다(출애굽기 32:1).

사람은 정말 이렇게 간사한 존재인가. 그들이 야웨와 모세를 언급하는 구절들을 비교해보니 절로 그런 생각이 든다. 그들은 '우리를 이집트 땅에서 올라오게 한 모세'라고 했다. 정말 그들은 야웨의 인도와 도움없이 모세의 인도를 받아 거기까지 왔다고 생각했을까? 야웨 없이도 모세가 그 일을 할 수 있었으리라 믿었을까? 게다가 '우리를 인도할 신'이라니? 그 신은 야웨를 가리키는 말일까, 아니면 야웨 아닌 다른 신을 가리키는 말일까? 전자라면 왜 구체적으로 '야웨'라는 이름을 말하지 않았을까? 후자라면 그들은 이제부터 야웨와는 결별하기로 작정했던 것일까? 그들은 야웨를 버리고 새로운 신을 따르기로 작정한 걸까? 게다가 '신을 만들어달라'니! 자기들이 신을 만들 수 있다고 믿었던 걸까? 신의 형상을 만들어 달란 뜻이었다면 왜 그렇게 말하지 않고 '신을 만들어 달라' 했을까?

이들이 아론에게 한 요구 또는 강압은 방금 받은 십계명의 둘째 계명을 정면으로 어기겠다는 뜻이다. 어떻게 이런 일이 벌어질 수 있단 말인가. 모세가 야웨에게 받은 계명을 낭독할 때 이들은 딴 데 가 있었을까? 건성으로 들었거나 계명을 지킬 의사가 애당초 없었던 걸까? 계명을 듣고 '아멘!'으로 답했다고 모든 게 끝난 건 아닌가 보다. 야웨 앞에서 먹고 마셨어도 소용이 없나 보다. 이들은 자기들을 이집트에서 해방시켜줬고 홍해에서 구해줬으며 거기까지 인도해준 야웨를 단숨에 잘라버리고 새로운 신을 '창조'해냈으니 말이다.

그런데 그들보다 더 이해하기 어려운 사람은 아론이다. 아론이 누군가? 그는 모세의 형이요 이집트에서 모세의 대변인 역할을 함으로써 출애굽 사건에 혁혁한 공을 세운 사람이다. 그런 아론이 신을 만들어달라는 백성들의 요구를 듣고 꾸중해 돌려보내기는커녕 백성들이 갖고 있는 금붙이를 다 가져오라고 해서 그걸로 송아지 상을 만들었다. 백성들은 그렇게 만들어진 송아지 상을 가리키며 "이스라엘아! 이 신이 너희를 이집트 땅에서 이끌어 낸 너희의 신이다"라고 외쳤고 아론은 그런 작태를 보고도 신상 앞에 제단을 쌓고 "내일 야웨의 절기를 지키자"고 선포했단다. 뭐? 야웨의 절기를 지키자고? 정말 미친 거 아냐? 정말 다들 미쳤나 보다. 미치지 않았으면 어떻게 이런 행동을 할 수 있는가. 이 얘기를 읽는 나도 미칠 거 같은데 말이다. 모세 한 사람 없다고 해서 다들 미쳐서 송아지 상에 번제 올리고 화목제 바치며 먹고 마시고 흥청거리며 뛰놀았단다. 하지만 아무리 미쳐 돌아갔어도 따져볼 건 따져봐야겠다.

이들이 만든 송아지 상은 뭐였나? "뭐긴 뭐야. 어리석을 '우' 자 붙은 '우상'이지! 그게 뭔지 몰라서 묻나?"라며 어처구니없다는 듯 되물을 사람들이 많으리라. 하지만 본문을 잘 읽어보면 그게 그리 간단하지 않다. 우선 염두에 두어야 할 점은, 백성들이 송아지 상을 가리키며 "이스라엘아! 이 신이 너희를 이집트 땅에서 이끌어 낸 너희의 신이다"라고 외쳤다는 점이다. 그들을 이집트 땅에서 이끌어 낸 신은 야웨다. 그들이 아무리 양심이 없어도 그 사실까지 왜곡할 수는 없었을 거다. 그렇다면 그들은 송아지 상을 야웨라고 믿었다는 얘긴데 '어리석은' 백성은 그렇다고 쳐도 아론까지 거기 동조한 것은 아무리 이해하려고 해도 이해할 수 없다. 그가 백성들이 외치는 소리를 듣고서 "내일 야웨의 절기를 지키자!"라고 외쳤다니 말이다.

아론과 이스라엘 백성들은 정말 송아지 상과 야웨를 동일시했을까? 설마 그럴리가…. 하지만 '설마'는 우리 생각일 뿐이다. 그들이 둘을 동일시하는 건 우리가 생각하는 것처럼 그렇게 터무니없는 얘기는 아니었다. 그들에게 있어서 신은 야웨를 포함해서 영적인 존재가 아니라 물질적인 존재였다. 그러니 야웨를 송아지 상으로 표현한 일은 그리 터무니없는 짓은 아니었다는 얘기다. 그들 생각에는 야웨와 눈에 보이는 형상 사이의 거리가 우리가 생각하는 것 처럼 멀지는 않았던 것이다. 방금 야웨의 형상을 만들지 말라는 계명을 받았지만 제 버릇 뭐 못 준다고 그게 그렇게 금방 실행됐겠는가. 그래서 야웨의 형상 만드는 일이 그토록 극구 금지됐는지 모른다.

야웨의 청천벽력 같은 선언

야웨는 이들의 '작태'를 보고 분노를 터뜨렸다. 그는 모세에게 얼른 산 아래로 내려가 보라고 명했다. 야웨가 이스라엘에 대해 내린 평가는 이랬다.

> 나는 이 백성을 살펴 보았다. 이 얼마나 고집이 센 백성이냐?(출애굽기 32:9).

야웨는 이들이 그토록 고집스런 자들인지 몰랐나? 그래서 살펴봐야 했나? '살펴보다'라고 번역된 말의 히브리 원어는 '라아'인데 이 말은 시각적 경험뿐 아니라 '인식 작용'도 의미했다. 야웨가 백성들을 살펴본 결과 이들은 구제할 수 없을 만큼 고집스러운 자들임을 알게 됐다는 얘기다.

그래서 야웨는 그들을 완전히 없애버리기로 작정했다.

> 이제 너는 나를 말리지 말아라. 내가 노하였다. 내가 그들을 쳐서 완전

히 없애 버리겠다(출애굽기 32:10).

이 선언에 덧붙여서 모세만큼은 큰 민족으로 만들어 주겠다고 약속했다. 어떻게 그렇게 만들어 주겠다는 건지 구체적인 방법은 밝히지 않았지만 우리 관심은 딴 데 있으니 이 문제는 여기서 따지진 않겠다. 좌우간 이때 모세는 야웨에게 애원했다. 소돔 성을 두고 아브라함이 그랬듯이(창세기 18장 참조) 모세는 이스라엘 백성을 두고 야웨와 '겨루기 한 판'에 들어갔던 거다. 모세가 붙잡은 '담보'는 야웨의 '명성'이다. 야웨가 해방시켜준 백성을 다른 신도 아니고 야웨 자신이 멸절시키면 야웨의 명성이 뭐가 되겠냐는 얘기다. 그렇게 되면 선조들에게 한 약속은 어떻게 되겠냐고, 그러니 제발 진노를 거둬달라고 매달렸다.

아브라함에게 그랬듯이 야웨는 이번에도 모세에게 설득됐다. 해방시켜준 백성을 멸절시키거나 선조들에게 후손과 땅을 주겠다는 약속을 깨뜨린다면 야웨의 '명성'에 치명적인 흠집을 남길 것이란 모세의 말에 야웨는 백성들을 멸하지 않기로 맘을 고쳤다. 야웨가 고작 '명성' 때문에 행동이 좌우된다는 사실이 실망스럽지만 따지고 보면 약속을 준수해야 하는 까닭은 명성 때문이 아니던가.

이 후에 모세는 십계명이 새겨진 돌판을 새로 받아 들고 산 아래로 내려왔다. 야웨에게 들어서 모세는 자초지종을 알고 있었지만 아론에게서 다시 한 번 상황을 듣고 나서 레위인들의 손을 빌어 동족 삼천 명을 죽였다고 한다. 이집트 탈출 이후 최초로 이스라엘에 대량학살의 참변이 벌어진 것이다.

10·26 사건이 벌어지던 날 이후락은 국민 일백만 명쯤 죽는 건 대수롭지 않은 일이라고 말했단다. 그처럼 '대범한' 사람도 없진 않지만 이유야 어찌 됐든, '배교'의 죄를 저질렀다고 해도 삼천 명이나 되는 이스라엘 백성이 한꺼번에 도륙당한 사건은 오래도록 백성들에게 트라우마로 남았을 만하다. 더구나 이 참변은 모세가 계명을 받는 도중에 벌어지지 않았나. 그렇게 복된 일이 일어나던 중에 이런 참변이 일어나다니!

이 사건이 일어난 후 야웨는 청천벽력같은 선언을 했다. 더 이상은 "그들과 함께 가지 않겠다"는 선언을 한 것이다. 이스라엘은 이스라엘이 갈 길로 가고 야웨는 야웨가 갈 길로 가겠다는 얘기다. 출애굽을 이끈 야웨가 이제부터는 그들과 동행하지 않겠다는 말이다. 이유는, 이스라엘이 너무 고집이 세기 때문에 야웨가 그들과 함께 가다가는 그들을 모두 멸절시켜 버릴지도 모르기 때문이란다.

야웨는 매사에 미리 계획을 세우고 그대로 일을 착착 진행하지는 않는 모양이다. 이건 또 무슨 말이냐고? 전지전능한 야웨가 무계획적으로 행동하다니, 그게 말이 되냐고? 하지만 텍스트를 잘 읽어보면 그렇게 생각할 수밖에 없다. 야웨는 자기가 어떤 행동을 할지 자기도 모른다고 말했다. 참을 수 있는 데까지는 참아보겠지만 그 한도를 넘으면 자기도 어떻게 행동할지 모른다는 것이다. 그땐 고집 센 이스라엘 백성을 모두 다 죽여버릴지도 모르니까 그렇게 되느니 차라리 그들과 함께 가지 않는 게 낫겠다고 한 것이다. 야웨는 그 대신에 천사 하나를 보낼 터이니 그를 따르하고 말했다(출애굽기 33:1-3).

이 말을 들은 이스라엘 백성들은 대성통곡을 했다. 이건 또 뭔가? 바로 앞에서 송아지 상을 만들어놓고 광란의 밤을 보냈던 자들이, '우리를 인도할 신'을 만들어 달라고 아론을 몰아세웠던 자들이 야웨가 '결별선언'을 하자 대성통곡했다고? 이스라엘의 마음은 산들바람에도 팔랑거리는 갈대와 같았나 보다. 이스라엘 백성들… 현재 이스라엘인들도 그렇지만 이 사람들, 정말 이해하기 어려운 자들이다.

'그 아버지에 그 아들'이란 말 대신에 구약성서에선 '그 신에 그 백성'이라고 말해야 할지도 모르겠다. 야웨가 그토록 엄격히 금지한 우상숭배의 죄를 저질러 놓고 야웨의 결별선언 한 마디에 통곡해 마지 않았던 이스라엘이나, 그런다고 해서 금방 마음을 바꾸어 먹는 야웨라니 정말 '그 신에 그 백성'이라고 하지 않을 수 없다.

이스라엘 백성들이 대성통곡하자 야웨는 그들을 불쌍히 여겼던지 그들의 몸에서 장식물들을 다 떼버리라고 명했다. "내가 너희에게 어떻게 할지를 이제 결정하겠다"라고 여지를 남겨주고서 말이다(출애굽기 33:5). '만세 전'부터 미리 계획을 세워놓긴커녕 방금 내린 결정조차 이렇듯 손바닥 뒤집듯 뒤집어버리면 야웨를 어떻게 신뢰하라고….

"… 이제 결정하겠다"는 말은 모호한 구석이 있다. 백성들이 장식물을 떼버리는 걸 보고 결정하겠다는 뜻인지, 그들과 동행하다가 그들이 행동하는 걸 보고 결정하겠다는 뜻인지가 불분명하다. 좌우간 야웨의 명령대로 백성들은 장식물을 떼버렸지만(6절) 그래서 야웨가 어떤 결정을 내렸다는 얘기는 없다. 그 다음 7절부터는 느닷없이 장막에 대한 얘기로 이어진다. 그러니 텍스트의 순서를 놓고 보면 야웨가 백성들과 동행할 것인지 여부와 장막 사이에는 모종의 관계가 있다고 짐작할 수 있다.

이게 도대체 뭐하는 물건인고?

7절 이하에 나오는 장막에 대한 서술을 두고 학자들은 오랫동안 논쟁해왔다. 장막 얘기가 느닷없이 등장하기 때문이다.

이스라엘 백성이 진을 칠 때마다 모세는 장막을 거두어 가지고 진 바깥으로 나가 진에서 멀리 떨어진 곳에 그것을 치곤 하였다. 모세는 그 장막을 야웨와 만나는 곳이라고 하여 회막(the Tent of Meeting, 히브리어로 '오헬 모에드')이라고 하였다. 야웨를 찾을 일이 생기면 누구든지 진

밖에 있는 이 회막으로 갔다. 모세가 그리로 나아갈 때면 백성은 모두 일어나서 저마다 자기 장막 어귀에 서서 모세가 장막으로 들어갈 때까지 그 뒤를 지켜보았다. 모세가 장막에 들어서면 구름기둥이 내려와서 장막 어귀에 서고 **야웨께서 모세와 말씀하셨다.** 백성은 장막 어귀에 서 있는 구름기둥을 보면 모두 일어섰다. 그리고는 저마다 자기 장막 어귀에서 엎드려 야웨를 경배하였다. 야웨께서는 마치 사람이 자기 친구에게 말하듯이 모세와 **얼굴을 마주하고** 말씀하셨다. 모세가 진으로 돌아가도 눈의 아들이며 모세의 젊은 부관인 여호수아는 장막을 떠나지 않았다(출애굽기 33:7-11).

이스라엘이 진을 칠 때마다 모세는 장막을 진 밖으로 갖고 나가서 진에서부터 멀리 떨어진 곳에 쳤단다. 누구든지 야웨를 만날 일이 있으면 그리로 나갔다는 거다. 그리고 모세가 장막에 들어서면 그리로 '구름기둥'이 내려와서 장막 어귀에 섰는데 야웨는 그렇게 모세와 만나서 서로 얘기를 나누곤 했단다. 마치 사람이 친구에게 말하듯이 '얼굴과 얼굴을 마주 대하고' 말이다. 백성들은 장막 어귀에 구름기둥이 서 있는 것을 보면 모두 엎드려 '야웨에게' 경배했다고 한다.
　위(하늘?)에서 내려온 것은 '구름기둥'이었다. 그런데 백성들은 '야웨에게' 경배했다고 하니 구름기둥 '안에' 야웨가 있었다는 얘기일까? 그렇다면 장막은 뭐 하자는 물건이었나 하는 질문이 생긴다. 야웨를 만날 때 모세는 장막 '안으로' 들어갔고 구름기둥은 장막 '어귀'에 서 있었다고 했으니 장막 안에서 만남이 이뤄지지는 않았던 것 같다. 아니면 구름기둥이 장막 어귀에서 사람들의 시선을 가로막았고 야웨는 그 사이에 장막 안으로 들어가서 모세와 만났다는 얘기일 수도 있다. 어느 쪽이었을까?

궁금하긴 하지만 이 정도는 문젯거리도 안 된다. 여기서도 앞장에서처럼 '이게 도대체 뭐 하는 물건인고?'라고 물어야겠다. 장막에 대한 얘기도 궤에 대한 얘기처럼 헛갈리고 앞뒤가 안 맞으니 말이다. 우선 장막이 '어디서' 만들어졌나부터 헛갈린다. 자초지종을 샅샅이 파헤쳐보자.

야웨는 출애굽기 26-27장에서 장막의 제작에 관한 자세한 규례를 모세에게 줬다. 일종의 설계도와 제작지침에 해당된다. 이대로 장막을 만든 얘기가 35장에서 시작된다. 모세가 이스라엘 온 백성에게 장막 제작에 필요한 자재를 자원해서 헌납하라고 독려한 얘기는 35장 4절에, 장막 제작 기술자를 임명했다는 얘기는 같은 장 30절 이하에, 그리고 백성들이 헌납한 자재가 장막을 만들고도 남아서 모세가 더 이상 헌납하지 말라고 했다는 얘기가 36장 2-7절에 나오고 같은 장 8절에 가서 비로소 장막 제작에 착수했다는 서술이 나온다. 그 얘기는 39장까지 이어지고 40장에는 장막을 야웨에게 바치는 얘기가 나온다.

그러니까 출애굽기 33장 7절에는 완성품이든 미완성품이든 장막이란 물건은 세상에 존재하지 않았다. 그런데 야웨와 모세가 장막에서 정기적으로 만났다니 이게 대체 어찌된 영문인가. 장막이 두 개였을까? 그렇다면 두 번째 장막이 완성된 다음에 첫 번째 장막은 어떻게 됐을까? 둘 다 갖고 다녔나, 아니면 첫 번째 장막은 폐기되어 버렸나? 아니면 장막에 대한 두 개 이상의 전승이 있었는데 나중에 하나로 합쳐진 것일까?

학자들은 일찍이 이와 같은 불일치에 주목해서 장막에 관한 구절들을 상세히 살펴본 결과, 다음과 같은 결론을 내렸다. 출애굽기와 레위기 그리고 민수기에 전해지는 장막에 대한 얘기는 대략 세 개 정도의 전승들이 얽혀 있다는 것이다. 이스라엘의 진 바깥에 두었다는 '만남의 장막'에 대한 전승이 그 첫째이고, 이스라엘 진중에 있었다는 '만남의 장막'이 둘째이며, '만남의 장막'이 아닌 제사가 드려진 '장막'이 셋째 전승이다. 학자들은 복잡하게 얽혀 있는 세 전승의 갈래를 구별해냈는데 여기서 그것까지 펼쳐 보일 필요는 없어 보이므로 생략하겠다. 우리의 관심은 야웨의 현존과 그 양식에 놓여 있으니 말이다.

"친구에게 말하듯이 얼굴을 마주한" 야웨와 모세

세 전승의 공통점은 모두가 어떤 방식으로든 야웨가 백성들 가운데 현존하는 장소(place for divine presence in the midst of Israel)였다는 점이다. 장막은 진 바깥의 '만남의 장막'이든 진중의 '만남의 장막'이든, 아니면 제사를 드리는 '성막'이든 모두 야웨 현존의 물질적 표현이었다. 그것의 역할과 기능은 다 달랐지만 이스라엘은 야웨가 장막에 현존한다고 믿었던 것이다. 눈에 보이지 않는 '영적인 존재'로서가 아니라 눈에 보이는 '물질적인 존재'로서 말이다. 그렇지 않았다면 장막을 그렇게 공들여 만들었을 이유가 없다. 이에 관한 구체적인 얘기는 다음 장에서 하겠지만 여기서는 한 가지만 분명히 하고 넘어가자.

진중이든 진 바깥이든 이스라엘이 야웨가 현존하는 장소로서 장막을 만들었다는 얘기는, 그것도 야웨에게 받은 구체적인 청사진과 제작지침에 따라 그렇게 했다는 얘기는 현실세계 안에서 야웨의 현존을 추상적인 개념이나 상징이 아니라 구체적이고 현실적인 물질로 느끼고 체험했음을 전제한다. 눈에 보이지 않는 '상징'을 두기 위해서, 시각이든 청각이든 감각을 통해서 받아들일 수 없는 '허깨비'를 모셔 두기 위해서 그토록 상세하고 구체적인 청사진과 제작지침을 주어 장막을 만들라고 명령하는 신이 어디 있으며 그 명령을 받들 사람이 어디 있겠냐는 말이다.

구약성서가 이 장막을 '만남의 장막'이라고 부른 까닭은 거기서 야웨와 백성의 대표인 모세 사이에 '만남'이 이뤄졌기 때문이다. 시내 산에서 이스라엘 장로들이 쳐다보며 그 앞에서 먹고 마셨던

적이 있는 바로 그 야웨와의 만남 말이다. 더욱이 둘이 만날 때마다 백성들은 하나같이 무릎을 꿇고 경배했다는데 이때 그들이 느꼈을 두려움과 경외감을 단순히 고대인의 미개함과 무지함 탓으로 돌리는 것은 현대인의 치명적인 오만이 아닐까.

그럼에도 불구하고 만남에 대한 결정적인 묘사는 여전히 모호하다는 사실 또한 지적하지 않을 수 없다. 장막 안에서 모세가 무엇을 봤는지는 아무도 모른다. 야웨와 모세가 "친구에게 말하듯이 얼굴을 마주하고" 말했다고 하니 이 말을 글자 그대로 받아들이면 이때 모세는 야웨의 앞모습을 본 셈이다. 그는 야웨의 앞모습을 봤다! 바로 다음 구절에선 그가 야웨의 뒷모습밖에 보지 못했다고 얘기하지만 말이다(출애굽기 33:23).

야웨에 대한 의인론적 표현들 중에는 은유로 읽어야 하는 구절들이 분명히 있다. 하지만 그렇게 읽기에는 너무도 생생하고 구체적인 구절들도 있는 게 사실이다. 야웨와 모세가 만남의 장막에서 만난 얘기는 추상과 상념, 상징, 은유 등으로 여기기에는 너무도 생생하지 않은가. 다시 말하지만 그럼에도 불구하고 그것을 은유와 상징으로 읽겠다면 그것은 야웨를 영적인 존재로만 이해하는 현대인의 선입견 때문이다. 물론 이러한 현대인의 신관이 틀렸다는 말이 아니다. 구약성서는 야웨를 그렇게 인식하지 않는다는 것뿐이다.

장막에 대해서는 아직 할 얘기가 많이 남아 있다. 그래서 다음 장에서도 역시 장막에 대한 얘기를 살펴볼 것이다.

13장

장막은
왜 그렇게 많은
이름을
갖고 있을까?

장막 명칭은 왜 셋이나 됐을까?

구약성서는 장막을 '성막'(sanctuary, 히브리어로 '미크다슈'), '장막'
(tabernacle, 히브리어로 '미슈칸'), 그리고 '만남의 장막'(tent of meeting, 히
브리어로 '오헬 모에드') 등 세 가지 이름으로 부른다. 때로는 '증거의
장막'(tabernacle of testimony, 히브리어로 '미슈칸 하-에두트')으로 불리기도
하지만 크게 세 가지 이름으로 불린다고 보면 된다. 상식적으로
생각해봐도 광야 유랑 중의 이스라엘에게 세 개의 서로 다른 장
막이 있었을 것 같지는 않다. 기약없이 광야를 떠도는 형편에 장
막을 세 개씩이나 들고 다녔을 리는 없지 않은가. 따라서 세 개의
이름은 하나의 동일한 장막을 가리킬 터인데, 그렇다면 왜 이름이
셋이나 됐나 하는 의문이 든다.

　앞 장에서 얘기했듯이 그것은 장막에 대한 세 개의 서로 다른
전승이 하나로 모여 있기 때문이다. 하지만 세 전승이 서로 어울
리지 못할 정도로 차이가 있거나 모순되지는 않기에 별 무리 없

이 하나의 얘기로 모일 수 있었다. 약간 어색한 데가 없진 않지만 말이다.

장막은 이스라엘이 시내 산에서 가나안까지 가는 동안 야웨가 백성들 가운데 거하던 장소(dwelling place)였다. 가나안 정착 후에도 장막은 솔로몬이 예루살렘에 성전을 지어 야웨에게 바쳤을 때까지 야웨가 거주한 장소였다. 그러니까 장막은 야웨가 백성들 가운데 현존하는 장소 역할을 했던 것이다. 거기에 안치됐던 궤는 엘리 제사장 시대에 딴 데로 옮겨져서 영영 돌아 오지 않았지만 그렇다고 해서 장막의 역할이 달라지거나 없어지지는 않았다. 궤 때문에 장막이 야웨의 장막이었던 게 아니라 장막은 처음부터 야웨의 거주장소로 만들어졌기 때문이다.

이스라엘은 야웨가 모세에게 보여준 청사진대로(출애굽기 25-31장) 그의 지휘를 받아 장막을 만들었다(출애굽기 35-40장). 장막이 완성되던 날엔 구름이 장막에 머물러 있었고 '야웨의 영광'(the glory of YHWH, 히브리어로 '크보드 야웨')이 장막을 가득 채웠다고 했다(출애굽기 40:35). 이 싯점에서부터 이스라엘을 인도, 보호하는 야웨의 현존은 낮에는 구름 모양으로 밤에는 불 모양으로 백성들과 함께했다(출애굽기 40:38; 민수기 9:15-23; 10:11-12, 33-34도 참조). 구름과 불이 야웨가 아님은 두말할 나위도 없다. 아무도 그것들을 야웨와 동일시하진 않았다. 다만 그것들은 야웨가 이스라엘 가운데 현존한다는 사실을 보여주는 상징이었다. 추상적인 상징이 아니라 구체적이고 물질적인 상징이었던 거다.

'장막'에 관한 가장 오래된 전승은 앞 장에서 살펴본 대로 출애 굽기 33장 7-11절이 전한다. 이스라엘 진 바깥에 놓아뒀던 장막에 대한 전승이 바로 그것이다. 그것은 여러 가지 면에서 제사를 드리던 성막과는 달랐다. 그것은 제사를 주관했던 아론 및 레위인들이 아니라 눈의 아들 여호수아 한 사람에 의해 관리됐다(11절). 앞 장에서도 얘기했듯이 이 텍스트는 장막에 대한 가장 오래된 전승에 속한다.

그러니까 장막에 관한 가장 오래된 전승을 통해 그것이 야웨와 모세의 만남이 이뤄지는 시설물임을 알게 된다. 그것은 야웨에게 희생제사를 드리는 시설도 아니고 언약궤를 안치하기 위한 시설도 아니었다. 이 전승에서 야웨와 모세의 만남은 장막 '어귀'에서 이루어졌다고 했다. 이 점은 다른 전승에서 야웨가 현존하는 곳을 장막에서 가장 깊고 비밀스런 장소인 '지성소'로 보는 것과도 차이가 있다. 이 전승은 장막에 '지성소'라는 게 있다고 생각하지 않는다. 야웨가 여기 상시적으로 거주하는 게 아니기 때문에 지성소가 필요없다는 얘기다.

'만남의 장막'이란 이름은 이곳에서 야웨와 모세가 만났으므로 그 역할에 잘 맞는 이름이다. 야웨는 이곳에서 상시적으로 거주하지 않았다. 다만 가끔 거기로 와서 모세와 만났을 뿐이다. 그래서 '거주지'라는 뜻의 '미슈칸'이란 이름은 거기 어울리지 않는다. '미슈칸'은 '거주한다'는 뜻을 가진 히브리어 동사 '샤칸'에서 파생한 명사다. '오헬 모에드'와 '미슈칸'은 일단 야웨가 거기에 머무는 시간에서 차이가 난다.

'오헬 모에드'에 관한 전승은 이것이 전부가 아니다. 출애굽기 29장 38절 이하에는 "네가 제단 위에서 바쳐야 할 것은 이러하다…"라면서 매일 장막에서 바쳐야 할 번제에 대한 규정이 전해지는데 그것을 '만남의 장막'에서 바치라고 했다.

이것은 너희가 대대로 계속해서 야웨 앞에서 '만남의 장막 어귀'에서 바칠 번제이며 내가 거기에서 너희를 만날 것이며 거기에서 너에게 말하겠다(출애굽기 29:42).

학자들은 출애굽기 33장 7-11절은 엘로힘문서에 속한다고 보고 출애굽기 29장 38절 이하는 사제문서에 속한다고 본다. 양자의 차이는 장막이 '제사'를 드리는 곳인가 아닌가 여부에 있다. 전자에서 장막은 제사를 드리는 곳이 아니라 야웨와 모세가 만나는 곳이다. 곧 만남을 통해서 야웨의 뜻이 백성들에게 전달되는 곳으로 이해됐다는 얘기다. 반면 사제문서에서 장막은 '만남의 장막'으로 불리지만 번제가 드려지는 곳이다. 나중에 예루살렘 성전이 담당할 역할을 광야유랑시대에는 만남의 장막이 담당했다는 것이다. 사제전승은 기존의 엘로힘전승에서 이름만 받아들여 장막을 '만남의 장막'이라 부르면서 역할은 자신의 신학에 따라서 만남의 장소에서 제사 드리는 장소로 바꿨다는 얘기다.

'인간학적' 장소, '인격적' 장소

하지만 우리의 관심은 장막에서 야웨가 현존하는 방식의 차이에 있으므로 '만남'인가 '제사'인가에 대해서는 더 얘기하지 않겠다. 20세기에 가장 영향력이 큰 구약학자라는 폰 라트(Gerhard von Rad)도 장막에서 야웨가 현존하는 방식에 주목했다. 장막을 '만남의 장막'으로 보는 전승은 그곳을 야웨의 '거주지'로 보지 않는다. 그렇다면 이 전승에서 야웨는 어디 거주하는가? 야웨의 주소는 어딘가? 전승은 '하늘'이 야웨의 주소라고 말한다. 야웨는 평소에는 하늘에 거주하다가 모세와 만날 때만 땅으로 내려와서 만남의 장막 어귀로 온다는 것이다. 더 상세한 얘기는 야웨의 '이름'과 '영광'을 다루는 장에서 하기로 하고 장막에 대해서 더 알아보자.

　장막에는 '오헬 모에드'(만남의 장막)라는 이름 외에도 두 개의 이름이 더 있는데 '미크다슈'와 '미슈칸'이 그것이다. 이제부터는 셋을 구별하기 위해서 히브리어 이름을 사용하겠다.

　'미크다슈'는 이 중 가장 널리 사용되는 이름으로서 '거룩하다'는 뜻을 가진 '카도슈'에서 파생된 명사다. 흔히 영어로는

'sanctuary'로 번역되고 우리말로는 '성막'이라고 번역한다. 한편 '미슈칸'은 앞에서 말했듯이 '거주하다'는 뜻을 가진 '샤칸'에서 유래된 말로서 우리말로는 '거주지'로, 영어로는 'dwelling place'로 번역한다. 이 말이 야웨의 현존(presence), 또는 내재(immanence)에 촛점이 맞춰져 있다는 사실은 "내가 그들 가운데 머물 수 있도록 그들에게 내가 머물(샤칸티) 성소(미크다슈)를 지으라 하여라"(Let them make me a sanctuary that I may dwell in their midst)라는 야웨의 명령에 잘 드러나 있다. 장막을 가리키는 세 용어를 보면 이스라엘에게 있어서 '장막'이 갖는 의미는 결국 그들이 야웨와 어떻게 만나며(encounter with YHWH) 야웨가 그들 가운데 어떤 방식으로 머무는가(YHWH's dwelling in their midst)에 집중되어 있다고 할 수 있다.

에덴동산 이야기와 장막 이야기 사이에 유사점을 발견한 사람은 웬함(Gordon Wenham)이란 구약학자다("Sanctuary Symbolism in the Garden of Eden Story," in *Proceedings of the Ninth World Congress of Jewish Studies*, 1986, 19-24). 두 얘기는 언어, 주제, 그리고 구조에 있어서 비슷한 점이 많기 때문에 둘을 비교해서 읽어보면 야웨가 머무는(dwelling, 미슈칸) 장소(place)와 방식(mode)이 어떻게 변화하는지를 알 수 있다는 것이다.

야웨가 남자와 여자를 지었고 거닐기도 한 곳은 에덴동산이다. 에덴은 야웨가 현존하는 장소였던 거다(창세기 2-3장). 하지만 안타깝게도 아담과 하와는 선악과를 따 먹고 에덴동산에서 추방당하고 말았다. 곧 실질적으로 야웨의 현존으로부터 멀어진 것이다. 하지만 이때는 '야웨의 현존으로부터 멀어졌다'라고 표현이 사용되지 않았다. 이 표현이 처음으로 사용된 때는 가인이 아벨을 살해한 다음이었다. 창세기 4장 16절은 이때 가인이 "야웨의 앞을 떠나서 에덴의 동쪽, 놋 땅에서 살았다"(Then Cain went away from the presence of YHWH, and dwelt in the land of Nod, east of Eden)고 말한다. 놋이란 곳은 지리적으로는 에덴의 동쪽이지만 영적으로는 '야웨의 현존으로부터 먼 곳'이란 얘기다. 이를 뒤집어 읽으면 에덴동산은 야웨가 현존하는 장소가 된다.

레위기 26장에서 야웨는 이스라엘이 우상을 만들지 않고 안식일을 잘 지키며 성막을 거룩하게 유지하는 등 규례를 잘 지키면 "너희가 사는 곳에서 나도 같이 살겠다. 나는 너희를 싫어하지 않는다. 나는 너희 사이에서 거닐겠다. 나는 너희의 하느님이 되고 너희는 나의 백성이 될 것이다"(11-12절)라고 약속한다. 우리말 성서보다는 영어 성서가 원문의 뜻을 더 잘 살렸으므로 인용해본다.

And I will make my abode(미슈카니) among you, and my soul shall not abhor you. And I will walk among you, and will be your God, and you shall be my people.

야웨는 자신의 '거주지'(미슈카니)를 '백성들 가운데'로 정하겠고 그들 사이에서 '거닐겠다'(walk)고 약속했다.

창세기 4장과 레위기 26장의 차이가 눈에 확 들어오지 않는가. 둘 사이에는 신학적으로 큰 차이가 있다. 두 본문은 의도적으로 비슷한 용어, 주제, 구조를 사용함으로써 독자들에게 둘을 비교하도록 이끈다. 하지만 결정적인 대목에선 다르게 서술함으로써 독자에게 그 차이를 주목하게 만드는 것이다. 그 차이는 야웨가 현존하는 '장소'에 있어서의 차이다. 곧 창세기 4장에서는 야웨 현존의 장소가 에덴동산이라는 지리적인 장소이지만(그래서 가인은 동생을 살해한 후 야웨가 현존하는 장소로부터 멀리 떨어진 곳으로 추방당한다) 레위기 26장에서 야웨가 현존하는 장소는 지리적인 공간이 아니라 '이스라엘 백성들 가운데'라고 하는 '인간학적' 장소, 또는 '인격적' 장소라는 얘기다.

야웨의 현존 방식

이 변화는 매우 중요한 신학적 의미를 갖는다. 이미 살펴봤지만 복습하는 의미에서 다시 정리해보자. 출애굽한 이스라엘은 시내산으로 인도되어 거기서 야웨를 만났다. 야웨와 언약도 맺었고 십계명을 비롯한 계명들도 받았으며 궤와 장막을 어떻게 제작할지에 대한 지시도 받았다. 이제 궤와 장막을 제작해서 그것들을 갖고 약속의 땅을 향해 걸음을 내딛을 일만 남아 있었다.

그런데 이 지점에서 불행한 사건이 벌어졌다. 모세 부재 중에 백성들이 아론을 부추겨서 금송아지 상을 만들어놓고 광란의 밤을 보낸 것이다. 그 후 엄청난 살륙이 있었고 야웨는 백성들과 함께 가지 않겠다는 결심을 밝힌다. 함께 갔다가는 끓어오르는 분노를 참지 못하고 백성들을 멸절시킬지도 모르기 때문이란다. 더 큰 살륙의 가능성이 있다는 얘기다.

모세는 이 말을 듣고 야웨의 마음을 바꾸기 위해 젖먹던 힘까지 쓴다. 그는 그렇게 되면 야웨의 명성에 먹칠하게 된다고 야웨를 설득한다. 모세의 말에 야웨는 마음을 바꿔 백성들과 동행하기로 작정한다. 그 다음에 장막 만드는 얘기가 이어진다. 장막의 청사진은 금송아지 사건 전에 주어졌지만 제작은 그 후에 착수됐던 거다.

사제전승에서 장막 얘기가 본격적으로 시작된 것은 이 즈음, 곧 금송아지 사건 이후다. 이 전승에서 장막은 어떤 이름으로 불리든 간에, 곧 '오헬 모에드'로 불리든 '미슈칸'으로 불리든 좌우간 그곳은 제사가 행해지는 곳이었다. 그래서 이 전승은 장막을 일종의 '성전'(temple)으로 이해한다. 다른 데서 제사를 지내서는 안 된다. 오직 장막에서만 제사를 지내야 했으므로 그것은 이스라엘의 여러 성전들 중에서 특히 '예루살렘 성전'의 전신이라고 할 수 있다.

엘로히스트전승에선 장막이 제사 드리는 곳이 아니므로 이런 생각은 찾아볼 수 없다.

여기서 비롯되는 또 하나의 차이가 있다. 엘로히스트전승에선 장막이 야웨가 모세와 만날 때만 '일시적'(temporarily)으로 머무는 장소였지만 사제전승에서는 그것이 제작되어 야웨에게 봉헌된 이후 야웨는 줄곧 그 곳을 떠나지 않고 '지속적'으로(continuously) 거기에 머물렀다. 사제전승에 속한 출애굽기 40장 35-38절에 따르면 장막이 완성되자 구름이 장막을 덮었고 야웨의 '영광'(카보드)이 장막에 가득찼다고 한다. 그래서 모세도 장막에 들어갈 수 없었단다. 야웨가 장막에 들어갔기 때문이다.

이후 이스라엘은 구름이 움직이는 대로 움직였다. 구름이 장막에 머물면 백성들도 그 자리에 진을 치고 머물렀고 구름이 장막에서 걷히면 백성들도 진을 거두고 행진했다. 여기서 구름은 야웨 현존의 상징이다. 그러므로 구름이 백성들과 함께 있는 한 야웨는 거기 내내 현존했다는 얘기다. 사제전승은 야웨의 현존을 이런 방식으로 인식했던 것이다. 야웨는 이스라엘 백성의 진중에 있는 장막에 지속적으로 현존했다. 훗날 예루살렘 성전에서 그랬던 것처럼 말이다. 놀랍게도 사제전승은 야웨가 계명을 시내 산이 아니라 아니라 장막에서 선포됐다고 말한다(야웨께서 모세를 장막으로 부르시고 그에게 말씀하셨다…[레위기 1:1]). 이 전승은 장막을 얼마나 중요하게 여겼는지를 잘 보여준다. 계명도 거룩한 중심인 장막에서 선포되는 게 마땅하다고 여겼던 것이다.

백성들과 더불어 움직이는 야웨의 거룩한 '카보드'

사제전승에서 장막(그리고 예루살렘 성전)은 '거룩한 중심'(sacred center)으로 여겨졌다. 야웨가 장막에 '지속적'으로 현존했기 때문이다. 반면 엘로히스트전승은 만남의 장막을 거룩한 중심으로 여기지 않았다. 이 전승에서 그곳은 야웨가 지속적으로 현존하는 곳이 아니라 모세를 만나기 위해 일시적으로 다녀가는 곳이었기 때문이다. 야웨와 모세가 만나는 동안에만 그곳은 실질적으로 '오헬 모에드'였고 그 외의 시간에는 아무 것도 아니었던 것이다. 오죽하면 본래는 그곳이 모세의 장막이었을 거라고 추측하는 학자들까지 있었을까 말이다.

사제전승에서 장막(sanctuary, 미슈칸)과 성전(temple, 헤이칼)은 모두 야웨가 지속적으로 현존하는 장소이며 '거룩한 중심'으로서 같은 역할을 했다. 하지만 그럼에도 불구하고 둘 사이에는 중요한 차이가 있는데 '이동 가능성'(mobiity)이 바로 그것이다.

장막은 상당히 무겁긴 했지만 그래도 사람이 들고 다닐만했다. 이동이 가능했다는 얘기다. 반면 성전은 한 곳에 붙박이로 붙어 있는 것이었다. 들고 다닐 수도 없고 이동할 수도 없었다. 대수롭지 않아 보이지만 신학적으로 이 차이는 매우 크다.

사제전승에서 장막이 광야 유랑시대는 물론이고 가나안 정착 후에도 예루살렘 성전이 지어지기 전까지 공식적이고 합법적인 유일한 성소였던 까닭은 이 전승에서 그곳이 야웨의 현존을 담보한 유일한 거룩한 중심으로 여겨졌기 때문이다. 그런데 흥미로운 점은, 이와 같은 거룩한 중심이 한 장소에 붙박이로 붙어 있지 않고 '백성들과 함께' 돌아다녔다는 사실이다. 야웨도 자기의 현존에 대해 말할 때 "이스라엘 가운데"(in the midst of Israel)라는 말을 자주 썼다.

그래서 이와 같은 특이한 신학이 나왔다. 곧 사제전승에선 야웨에게 제사 지내는 장소는 오직 하나여야 했다. 하지만 그 장소가 붙박이는 아니었다. 사제전승에서 거룩한 중심은 이동이 가능했다는 얘기다. 물론 예루살렘 성전 이전 얘기지만 말이다. 여기엔 중요한 신학적 의미가 들어 있다. 반면 신명기 전승에선 그렇지 않았다. 거기선 야웨에게 드리는 모든 제사는 오로지 예루살렘 성전에서만 행해야 했던 것이다. 이는 신명기전승에서 장막이 차지하는 자리가 크지 않았음을 보여준다. 자세한 내용은 '야웨의 이름'에 대해 얘기할 때 살펴보자.

사제전승과 신명기전승은 모두 야웨가 현존하는 곳을 거룩한 중심으로 인식하고 중요시한다. 그런데 사제전승에서 그것은 하나의 지리적 장소로 수렴되는(centripetal) 중심이 아니라 백성들이 움직이는 데 따라 바깥으로 방사하는(centrifugal) 중심이었다는 사실이 중요하다. 요즘 유행하는 말로 그것은 '해체적'(deconstructive) 중심이었다는 거다. 거룩한 중심이 맞긴 맞는데 안에서부터 갉아먹어가면서 자기를 해체하는 중심이었다는 얘기다. 사제전승에서 장막이 그랬다. 제사에 관한 한 사제전승은 분명히 중앙집중(centralization)의 원칙을 갖고 있었다. 야웨에게 드리는 제사는 오로지 한 곳에서만 드려야 했다. 하지만 사제전승은 그 '장소'를 영구히 거룩한 중심으로 삼지 않았다. 그 장소를 거룩한 중심으로 만드는 것은 장소 그 자체가 아니라 백성들과 더불어 움직이는 야웨의 거룩한 '카보드'였기 때문이다. 사제전승에서 '카보드'는 장소에 붙박혀 있는 게 아니라 '백성들 가운데'(in the midst of the people) 자리 잡고 있다고 인식되었던 것이다.

다양한 방식으로 현존하는 야웨

이것이 신학적으로 중요한 의미를 갖는 이유가 있다. 기독교는 구약성서의 사제전승에 대해서 그리 호의적이지 않았던 게 사실이다. 이 전승의 중심 주제인 제사와 정결 등은 구시대의 유물로서 예수의 복음으로 극복됐다고 믿기 때문이다. 하지만 이는 사제전승에 대한 정당한 태도라고 볼 수 없다. 사제전승이 이룩한 중요한 신학적 혁신을 무시하는 것이기 때문이다.

사제전승은 거룩한 중심인 야웨 현존의 장소(topos)를 물리적 공간에서 이스라엘 백성들 가운데로 옮겨오는 혁신을 이뤘다. 이는 이스라엘도 그 영향권에서 자유롭지 않았던 고대 가나안의 신관에서 스스로를 해방시킨 혁신이었다. 곧 한 장소에 묶여 있고 일정한 영역 안에서만 영향력을 발휘한다고 믿었던 '붙박이형' 신관을 깨뜨리고 '역사적 사건 중심'의 신관으로 탈바꿈한 혁신이었던 거다. 이는 사제전승의 해체적 경향, 곧 안으로 수렴되는 중심이 아니라 바깥으로 뻗어나가는 중심에서 분명히 드러나는 신에 대한 새로운 인식이었다.

그렇다면 이런 경향은 사제전승에만 고유한 것이었을까? 그렇지는 않다. 엘로히스트전승에 속한 민수기 11장 26-29절 역시 방법은 다르지만 비슷한 인식을 드러내기 때문이다.

이스라엘은 장막과 함께 행진했지만 그것 때문에 광야 유랑이 쉽진 않았다. 척박한 광야를 유랑하는 일은 장막이나 궤의 유무와 상관없이 고달팠다. 그들은 각종 난관에 봉착했고 그때마다 야웨의 도움으로 구원받기도 했고 반대로 야웨의 뜻을 거슬러 벌을 받기도 했다. 모세 혼자 힘으로 백성들을 이끌기는 역부족이었다. 그래서 그는 야웨에게 호소했다. 오죽하면 차라리 죽여달라고 했겠는가. 그러자 야웨는 모세에게 백성들 가운데 일흔 명을 뽑아 장막으로 데려오라고 명했다. 그리고 거기서 모세에게 내렸던 영을 그들에게도 내려주어 그들도 그곳에서 예언을 했다고 한다. 처음이자 마지막이었지만 말이다.

여기까지는 이상할 것도 특이할 것도 없다. 이 얘기는 이상하긴커녕 지극히 합리적으로 들린다. 그런데 엘닷과 메닷이란 이름을 가진 두 명은 무슨 일인지 장막에 가지 않고 진에 남아 있었다. 각 지파에서 여섯 명씩을 뽑았다면 일흔두 명이어야 하는데 일흔 명만 장막으로 갔다니 두 명이 빠진 게 맞다.

그런데 그들에게도 영이 내렸다고 한다. 그래서 그들은 이스라엘 진중에서 예언을 했단다. 야웨가 현존하는 장막에 가지도 않았는데 말이다. 이 사실이 여호수아에겐 이상했던 모양이다. 그랬으니 그가 모세에게 두 사람의 예언을 중단시켜야 한다고 말했겠지. 그러자 모세는 "네가 나를 두고 질투하느냐? 나는 오히려 야웨께서 야웨의 백성 모두에게 그의 영을 주셔서 그들 모두가 예언자가 됐으면 좋겠다"고 말했다는 것이다.

이 얘기는 '누가' 야웨의 영을 받았는가에 대한 얘기가 아니라 '어디서' 야웨의 영을 받았는가에 대한 얘기다. 엘닷과 메닷은 장막에 가지 않았는데 야웨의 영을 받았다! 엘로히스트전승에서 장막은 곧 '만남의 장막'이다. 야웨와 백성(의 대표인 모세) 사이에 만남이 이뤄졌던 장소란 말이다. 일시적이지만 어쨌든 그곳은 야웨가 현존하는 곳이다. 야웨가 백성의 대표를 그리로 불렀던 까닭도 여기에 있다.

그런데 거기 가지 않았던 엘닷과 메닷까지 야웨의 영을 받아 예언했다면 이 사건은 만남의 장막에 관한 전승을 스스로 해체하는 게 아니고 무엇이겠나! 그렇지 않은가? 아직까지는 분명히 드러나진 않았다. 하지만 이런 변화는 야웨의 현존에 대한 구약성서의 인식이 다른 단계로 넘어가고 있다는 느낌을 주지 않는가?

구약성서는 야웨의 현존을 다양한 방식으로 인식한다. 그 중에는 서로 어울리지 않는 것도 있고 갈등해서 양립하기 불가능한 것도 있다. 하지만 그럼에도 불구하고 구약성서는 그 가운데 하나만 '옳은' 인식 방법으로 선택하지 않는다. 오히려 다양한 방법들을 고이 보존해서 후대에게 전해주었다. 만일 구약성서가 다양성을 무시하고 그 가운데 하나만 옳다고 선택했다면 지금 우리의 신앙과 신학은 얼마나 획일적이고 빈곤할까. 그것을 생각하면 다양한 전승들을 전해준 사람들에게 머리 숙여 감사드리고 싶다.

엘로히스트전승과 사제전승은 안으로 수렴되는 중심이 아니라 바깥으로 뻗어나가는 중심이란 공통된 경향이 있다. 하지만 둘은 다른 측면에선 상이한 궤도를 그리며 전개되었다. 한편 거룩한 중심이 안으로 수렴된다고 믿는 경향도 여전히 건재했다. 이 경향은 예루살렘의 성전신학(temple theology)과 '시온신학'(Zion theology, 시편 46, 47, 48편 등 참조)에서 절정을 이루었다. 물론 그게 최종 결정판은 아니었고 그 안에서 또 다른 신학운동이 일어났지만 말이다. 그래서 얘기는 자연스럽게 예루살렘 성전과 거기서 야웨가 어떤 방식으로 현존했는지를 살펴보는 것으로 넘어간다.

하느님 몸 보기 만지기 느끼기
232

14장

성전,
만들라는 거야
말라는 거야?

야웨는 부재 중에 현존한다

눈에 보이는 것도 잘 믿으려 하지 않는 세상에 눈에 보이지도 않
는 것을 믿는 것은 기적에 가깝다. 두말할 것도 없이 하느님 얘기
다. 요즘도 하느님을 눈으로 봤다는 사람이 심심치 않다. 또 자기
가 지상에 내려온 하느님이라고 호기롭게, 혹은 터무니없이 주장
하는 사람도 가끔 있긴 하지만 그걸 믿을 사람이 얼마나 될까. 대
부분의 사람은, 하느님을 믿는 사람조차도 하느님을 눈에 보이는
분으로 여기지 않는다. 요즘은 하느님이 눈에 보이더라고 말하는
사람, 하느님이 이 땅 어딘가에 자리잡고 있다고 말하는 사람은
정상인 취급 받기 어렵다.

　그러나 고대 이스라엘에선 사정이 달랐다. 차라리 정반대였다
고 말해야 옳을 거다. 야웨를 눈으로 볼 수 없는 분으로 믿지 않았
다는 얘기다. 물론 그들도 야웨를 눈으로 봤다고 대놓고 주장하진
않았다. 그들에게도 야웨는 볼 수는 있지만 그럴 기회가 극히 드

문 존재, 또는 볼 수 있어도 봐서는 안 되는 존재였다.

구약성서에는 다양한 신학이 담겨 있다. 그래서 단수 '구약성서 신학'(Old Testament theology)은 다양한 복수의 '구약성서 신학들'(Old Testament theologies)을 포함한다. 이렇듯 다양한 신학 가운데서 내게 가장 매력적인 신학은 '야웨는 부재 중에 현존한다'(presence in absence)라는 역설적인 신학이다. 참 매력적이지 않은가. 구약성서에서 야웨는 없는 중에 있는 신, 숨어 있는 중에 드러나 있는 신이고 또 있는 중에 없는 신, 드러나 있는 중에 숨어 있는 신이다.

이스라엘은 야웨의 현존을 그가 자기들 편일 때만 느낀 게 아니라 자기들과 대적할 때도 느꼈다. 이스라엘은 야웨에게 제사를 바치고 그의 계명을 지킬 때 그의 현존을 느끼고 인식했다. 그들에게 제사를 드리고 계명을 지키는 행위는 자연질서에 부응하는 행위가 아니었다. 자신을 우주의 일부라고 인식하고 그 질서에 순응하는 행위가 아니었다는 얘기다. 그것은 자기들 존재의 가장 깊은 곳을, 그리고 야웨의 존재의 가장 깊은 심연을 두 눈 똑바로 뜨고 응시하면서 거기서 솟아오르는 요구를 정면으로 대면하겠다는 용기의 표현이었다.

야웨는 어둠 속에서 현존하는 존재였다. 야웨는 늘 어두운 곳에 현존했다. 눈엔 보이지 않지만 분명히 거기에 있음을 아는 존재, 거기에 있다고 믿어지는 존재, 또는 거기 있다고 믿기로 작정한 존재였다. 야웨가 거기 있는 걸 봤기 때문에 믿은 게 아니다. 그들은 혹시 야웨가 거기 있지 않다고 해도 그 때문에 발생할 모든 위험을 기꺼이 받아들이기로 작정했던 사람들이다. 그들이 그렇게 할 수 있었던 이유는 눈에 보이지 않는 야웨가 손만 내밀면 잡을 수 있을 만큼 '현실적인'(realistic) 존재였기 때문이다. 이걸 현대 용어로 표현하는 데는 '물질적'이란 말보다 더 적합한 말이 떠오르지 않기 때문에 이 책에선 줄곧 '물질적'이란 말을 써왔다. 내게는 이런 역설적인 신학이 야웨를 영적이기만 한 존재로 믿는 신학이나 물질적이기만 한 존재로 믿는 신학보다 훨씬 멋지고 매력적이다.

앞에서도 얘기했듯이 성서 히브리어에는 '현존'(presence)이란 말에 해당하는 단어가 존재하지 않는다. 그래서 현존을 표현할 때는 '얼굴'(히브리어로 '파님')이란 말을 썼다. 야웨의 현존을, 그러니까 야웨가 여기 있음을 표현하고 싶을 때는 야웨의 '얼굴'이 여기 있다고 말했다는 얘기다.

하지만 '야웨의 얼굴'이란 말이 단 한 가지 의미로만 쓰이지는 않았다. 구약성서에서 이 말은 다음의 세 가지 의미로 쓰였다. 첫째로 글자 그대로 눈에 보이는 '얼굴'이란 뜻이고, 둘째로 가까이 있음을 가리키는 은유적인 뜻이며, 셋째로 야웨의 가장 깊은 내면, 곧 그 누구도 다가갈 수 없는 깊은 내면을 가리키는 말로 쓰였다. 이 세 가지는 서로 구별되어 사용될 때도 있지만 세 가지 의미가 모두 담겨 있는 경우도 있다. 한 단어에 세 가지 의미가 모두 담겨 있다는 말은 셋이 뗄 수 없이 연결되어 있다는 뜻이 아닐까 싶다.

내가 언제 너에게 집 지어 달라더냐?

야웨의 현존에 대해서 이처럼 세련된 신학을 갖고 있는 구약성서가 특정 장소에 그것을 붙들어 맬 '성전'(temple)을 세우려 했을 때 왜 고민이 없었겠는가. 이스라엘 주변에는 '거룩한 중심'(sacred center)을 한 장소에 붙들어 매두려는 신학이 널려 있었다. 구약성서는 그들의 종교엔 절대 받아들일 수 없고 공존할 수도 없게 만드는 심각한 신학적 문제가 있음을 느꼈기 때문에 그들과 섞이지 않으려 했던 것이다. 그런 심각한 신학적 문제들 중 하나가 바로 신의 현존을 한 곳에 붙들어 매두는 것이었다. 그러니 붙박이 성전을 세우려 했을 때 왜 신학적으로 심각하게 고민하지 않았겠는가 말이다.

장막이 완성되자 야웨가 시내 산을 떠나 장막에 자리잡은 것은 이제부터 야웨의 현존, 곧 거룩한 중심이 유랑하는 백성들과 함께 떠돌아 다니기로 했다는 뜻이었다. 따라서 야웨의 현존 장소가 움직이는 장막에서 붙박이인 성전으로 바뀌는 것은 단순히 야웨 현존의 지리적 성격이 아니라 야웨 현존의 방식(mode)에 있어서의 변화를 의미했다. 이 변화는 구약성서의 신학에 있어서 다른 변화들을 필연적으로 야기했다. 이것은 신학적으로 보통 고민스런 문제가 아니었다. 성전 건축과 관련된 예언자 나단의 신탁에서 우리는 이런 고민의 한 가닥을 볼 수 있다.

사무엘하 7장이 전하는 나단의 신탁에는 구약성서에서 일어난 중대한 변화가 드러나 있다. 오랜 전쟁 끝에 주변을 평정하고 태평시대가 열렸을 때 다윗은 예언자 나단에게 이렇게 말했다.

> 나는 백향목 왕궁에 사는데 하느님의 궤는 아직도 휘장 안에 있습니다(사무엘하 7:2).

다윗은 야웨의 궤가 휘장 안에 있다고 말했다. 그가 야웨의 현존을 직접 언급하지 않고 '궤'라고 표현했고 '성전'을 '궤를 둘 곳'이라고 불렀다는 게 눈길을 끈다. 일종의 간접화법이다. 궤는 야웨 현존의 상징이었으니 '궤를 둘 곳'은 '야웨의 현존을 모실 곳'을 의미한다.

다윗은 야웨의 궤가 '휘장' 안에 있다고 했는데 이 '휘장'은 장막을 뜻할까? 시내 산에서 만들어져서 광야 유랑 기간 내내 이스라엘이 들고 다녔던 바로 그 장막말이다. 궤에 대해 얘기한 장에서 살펴봤지만 그것의 행로를 한 번 더 추적해보면 다음과 같다.

엘리 제사장 시절까지 궤는 실로(Shiloh) 성전에 있었다. 그러다가 이스라엘이 블레셋과 전투를 벌였을 때 궤를 전쟁터에 들고 나갔다가 승리하긴커녕 그것을 블레셋에게 빼앗기고 말았다. 블레셋은 궤를 전리품으로 자기 나라로 가져가서 다곤 신전에 두었으나 궤로 인해 심각한 재앙이 임하자 그것을 흉물처럼 여겨서 이스라엘로 돌려 보냈다. 그래서 궤는 기럇여아림의 아비나답의 집에 안치됐다는 거다(사무엘상 7:1). 그 후로 한동안 궤에 대한 얘기가 없다가 다윗이 궤를 예루살렘으로 옮겨왔다는 얘기가 사무엘하 6장에 나온다. 다윗은 하루빨리 궤를 예루살렘으로 옮겨오고 싶었지만 그럴 수 없었다. 궤를 옮기는 도중 웃사라는 사람이 죽는 사건이 벌어지자 그것을 잠시 오베데돔의 집에 두었다가 나중에 드디어 예루살렘으로 가져왔던 것이다. 궤가 예루살렘에 들어왔을 때 다윗은 너무 기뻐서 벌거벗고 춤을 췄다는데 이를 보고 사울의 딸이자 다윗의 여러 아내들 중 하나인 미갈이 핀잔을 줬다는 에피소드가 같은 장에 전해진다.

다윗이 나단에게 성전 건축 계획을 얘기한 때는 그가 궤를 예루살렘으로 가져온 후 얼마 되지 않았을 때였다. 그래서 궤를 '휘장'에 임시 방편으로 두었을 것이다. 이 휘장이 광야에서 만든 장막이었는지는 분명치 않다. 왜 엘리 시대에는 장막이 아니라 실로 성전에 궤를 두었는지도 알 수 없다. 좌우간 다윗은 우여곡절 끝에 예루살렘으로 갖고 온 궤를 '영구히' 두기 위해 성전을 건축할 계획을 세웠고 이를 나단에게 통보했던 것이다.

나단은 이 얘기를 듣고 즉각 이렇게 대답했다.

야웨께서 임금님과 함께 계시니 가서서 무슨 일이든지 계획하신 대로 하십시오(사무엘하 7:3).

최고 권력자인 왕이 한 말이니 나단은 무조건 동의한 걸까, 아니면 다윗의 말이 옳기에 동의한 걸까? 다윗의 말이 옳기 때문에 동의했다면 나단은 다윗이 제안하기 전부터 성전을 건축해야겠다는 생각을 하고 있었을까? 아니면 성전 건축은 생각하지도 않았는데 다윗이 처음으로 얘기했을까? 이런 점들이 궁금하지만 텍스트는 대답해 주지 않는다. 하지만 분명한 사실은, 성전 건축은 다윗이 그 지역 문화권에서 처음으로 생각해낸 게 아니라는 점이다. 성전 건축은 이미 주변 민족들에서 널리 행해졌던 관습이었다.

성전 건축은 다윗 개인뿐 아니라 이스라엘 전체에도 중대한 사건이었다. 야웨의 현존을 특정한 장소에 붙박여 놓는 일은 이스라엘의 역사에서 처음으로 시도되는 일이었다. 그런데도 나단은 야웨의 의사를 확인하지도 않고 "야웨께서 임금과 함께 계시니" 다윗 마음대로 하라며 허락했다. "야웨께서 함께 하시니"란 말은 야웨와 다윗의 뜻이 완전히 일치한다는 뜻이다.

이런 나단의 처사를 어떻게 이해할 수 있을까? 나는 나단의 그런 처사를 이해할 수 없다. 마치 예전부터 심중에 품고 있었거나 은밀히 계획하고 추진해온 일이 수면 위로 올라온 것처럼 단번에 동의한 나단의 행동은 지나칠 정도로 '작위적'이지 않은가. 야웨와 얼굴을 맞대고 얘기했을 만큼 친밀했던 모세도 이렇게는 못했을 게다. 아니나 다를까, 그날 밤에 야웨가 나단에게 나타나서 이렇게 말했다.

너는 내 종 다윗에게 가서 전하여라. "나 야웨가 말한다. 내가 살 집을 네가 지으려고 하느냐? 그러나 나는 이스라엘 자손을 이집트에서 데리고 올라온 날로부터 오늘에 이르기까지 **어떤 집에서도 살지 않고 오직 장막에 있으면서 옮겨 다니며 지냈다.** 내가 이스라엘 온 자손과 함께 옮겨 다닌 모든 곳에서 내가 나의 백성 이스라엘을 돌보라고 명한 이스라엘 그 어느 지파에게라도 나에게 백향목 집을 지어 주지 않은 것을 두고 말한 적이 있느냐?"(사무엘하 7:5-7).

한 마디로 "내가 언제 네게 집 지어 달라더냐?"는 거다. 야웨가 몸이 없는 영적인 존재이기 때문도 아니고, 창조주로서 온 우주가 다 자기 집이기 때문도 아니다. 다윗이 계획하고 있는 성전이 아니더라도 야웨에겐 출애굽 이후로 '오늘'에 이르기까지 내내 머물 곳이 있었는데 장막이 바로 그것이었다. 야웨는 장막에 머물면서 이스라엘 백성들과 함께 여기저기 옮겨 다녔다는 거다.

야웨의 거주지가 '장막'이었다는 말은 어떤 의미가 있을까? 야웨의 거주지는 저렴하고 허접한 장막이면 충분하다는 뜻일까? 야웨의 집은 백향목으로 짓고 금으로 도배를 해야 어울리고 그의 명예와 존엄성에 맞먹는다는 유치하고 치졸한 생각을 지금 야웨는 나무라고 있는 것인가?

야웨는 다윗과 사랑에 빠졌다!

사람 마음속에 있는 생각을 다른 사람이 무슨 수로 알 수 있겠나. 자기 마음속의 생각도 모를 때가 많은데 남의 마음속에 있는 생각을 어떻게 알겠는가 말이다. 성전을 지어 야웨에게 바치겠다는 다윗이 품었던 마음을 제삼자인 우리가 무슨 수로 알겠나. 3천 년의 세월이 흐른 후에, 수천 킬로미터 떨어져 사는 우리가 말이다.

다윗의 계획을 가로막은 야웨의 마음속은 더 말할 나위도 없다. 사람 마음속도 모르는데 야웨 마음속을 어찌 알겠나. 하지만 텍스트를 잘 읽어보면 텍스트가 그것을 어떻게 표현하는지는 알 수 있다. 그러니 헛고생하는 셈 치고 한 번만 더 읽어보자.

다윗은 휘장과 백향목을 대조했다. 자기는 백향목으로 지은 집에 사는데 야웨의 궤는 휘장 안에 있다고 말이다. 야웨의 궤라고 했나? 맞다, 그는 야웨의 궤를 모셔두려고 했다. 그래서 성전을 지으려 했던 것이었다. 이 궤가 어떤 궤인가. 다윗은 이 궤를 무엇이라고 생각했기에 그걸 예루살렘으로 옮겨 왔을 때 그토록 좋아서 벌거벗고 덩실덩실 춤을 췄는가 말이다. 이상하게도 다윗이 모세처럼 궤를 안치한 장막에서 야웨를 만나 얘기를 나눴다는 기록은 없다. 궤 위에 야웨가 좌정해 있는 걸 그가 봤다는 기록도 없다. 다윗도 모세처럼 또한 광야를 유랑할 때의 이스라엘처럼 궤 위에 야웨가 현존한다고 생각했을까? 그렇게 생각했다면 그와 관련된 얘기가 하나쯤은 남아 있어야 하지 않겠나? 그렇지 않았다면 다윗은 왜 그토록 궤에 집착했던 걸까?

많은 학자들은 다윗이 궤를 예루살렘으로 옮겨온 데는 종교적 동기뿐 아니라 정치적 동기도 작용했다고 본다. 궤는 성전 건축 전까지 이스라엘의 신앙적/이념적 구심 역할을 했다. 이 정도면 궤가 중대한 정치적 의미를 갖고 있었던 건 아닐까 추측해볼 만하지 않는가? 이념을 장악하는 자가 정치를 장악하게 마련이고 그 반대도 마찬가지니 말이다.

궤에 그런 힘이 있었던 건 그것이 야웨 현존의 표현이었기 때문이다. 그것은 장막과 더불어 움직이는 야웨의 현존, 이스라엘과 함께 행진하는 야웨의 현존이므로 본질적으로 자유로운 야웨 현존의 상징이었다. 하지만 야웨의 현존이 아무리 자유롭다 해도 그것이 눈에 보이는 무엇인가로 표현되면 특정 장소에 붙박히고 고정될 가능성이 커진다. 궤와 장막이 함께 움직인다 해도 궤가 이동하는 장막에 머물러 있다는 사실은 부정할 수 없다.

이런 의미에서 궤로 표현되는 야웨의 현존은 그 안에 야웨 현존의 근본정신인 '자유'를 해체(deconstruction)할 가능성이 내포되어 있다. 게다가 여기서 우리는 궤의 운명도 궁극적으로는 그것을 누가 어떻게 사용하느냐에 따라 달라진다는 점을 고려해야 한다.

궤는 여리고 성을 무너뜨렸고 요단강물을 멈췄던 '성물'이다. 한때는 블레셋의 '전리품' 신세로 전락하기도 했지만 그때도 엄청난 위력을 발휘해서 블레셋인들을 공포에 몰아넣었다. 이런 궤가 언제부턴지 달라졌다. 갑자기 온순해진 거다. 더 이상 성을 무너뜨리지도 않고 강물을 멈추지도 않았으며 이스라엘에게 복을 가져다 주거나 적에게 재앙을 가져다 주지도 않았다. 궤는 다윗의 수중에 들어간 후론 더 온순해진 것 같다. '살아있는' 야웨의 현존이 아니라 '잠든' 야웨의 상징으로 전락한 느낌이다.

본래는 영문학자지만 구약성서 텍스트에도 능통한 헤롤드 블룸(Harold Bloom)은 "야웨는 다윗과 사랑에 빠진 신이다"라는 말을 했다. 이 말은 내가 오랫동안 이해할 수 없었던 야웨와 다윗의 관계를 정확하게 표현한 말이라고 생각한다. 야웨는 다윗과 사랑에 빠졌다! 사랑에 빠지면 눈이 멀게 되지 않던가. 상대방이 내 사랑을 받을 자격이 있는지 여부도 따지지 않는다. 사랑에 빠지면 이상한 행동도 곧잘 한다. 사랑에 빠지지 않았다면 절대 안 했을 행동도 사랑에 빠지면 과감하게 해치운다.

야웨가 그랬다. 그가 다윗을 대하는 태도는 이해할 수 없는 대목이 적지 않은데 블룸이 그것을 잘 설명해줬다. 다윗은 신앙으로 따져보나 상식에 비춰보나 정도를 벗어난 짓을 많이 했지만 그럼에도 불구하고 야웨는 끝까지 그의 편에 섰다. '사랑에 빠졌다'는 말이 아니면 설명되지 않는다. 야웨는 정말 다윗과 사랑에 빠졌던 것이다. 물불 안 가리는 뜨거운 사랑 말이다.

두 얼굴의 사나이 다윗

그런데 다윗의 사랑도 야웨의 사랑처럼 물불 안 가릴 정도로 뜨겁고 맹목적이었을까? 다윗에 관한 텍스트를 읽어보면 다윗은 두 얼굴을 가진 인물임을 알 수 있다. 대부분의 사람들이 두 개 이상의 얼굴을 갖고 있긴 하지만 그의 경우는 너무나 극명하게 대조를 이루기 때문에 '이게 정말 한 사람의 얼굴일까?'라는 의심이 들 정도다.

그는 신실한 신앙인의 얼굴과 계략에 능한 정략가의 얼굴을 모두 갖고 있다. 이 가운데 하나가 드러날 때 다른 쪽은 존재하지 않는 것 같다. 그의 신앙을 위선이라고 부를 수는 없다. 그가 궤를 예루살렘으로 가져온 것과 성전을 지어 궤를 거기에 모시려 했던 것은 정략적 계산에서 나온 행동만은 아니었지만 그렇다고 해서 신앙적인 행동만도 아니었다. 정략과 신앙, 두 가지 동기가 다 있었다고 봐야 할 것이다.

궤와 관련해 다윗이 하려던 행위의 목적은 그것을 '영구히' 성전에 안치해두려 했다는 데 있다. 그것은 초라한 장막이냐 화려한 성전이냐의 문제가 아니라 궤를 성전에 두는 기간이 '일시적'이냐 '영구적'이냐의 문제였다. 나단이 처음에 다윗의 제안에 손을 들어준 것도 이젠 궤를 영구히 안치할 때가 됐다고 생각했기 때문이다. 이에 반대해서 야웨는 장막에 거하면서 백성들과 함께 유랑했던 시절을 상기시키며 백향목으로 만든 집은 필요 없다고 말했던 것이다.

다윗은 궤를 성전에 안치함으로써 야웨의 현존을 한 곳에 붙박아두려고 했다. 그것은 야웨의 현존을 인식하는 방식에 있어서 과거와 '단절'하겠다는 의지의 표현이다. 그는 이스라엘 신앙사에서 중대한 변화를 모색했던 것이다. 그는 유랑하는 거룩한 중심인 궤를 한 곳에 붙박으려고 했다. 여기서도 야웨는 여전히 물질적인 존재다. 따라서 다윗이 하려던 일을 영적인 존재인 야웨를 물질적 존재로 '격하'시키려 했다고 보는 것은 옳지 않다. 그는 자유롭게 움직이는 물질적 존재를 한 곳에 붙박혀 있는 물질적 존재로 탈바꿈하려 했던 것이다.

왜, 다윗은 야웨의 현존을 붙박으려 했을까? 그는 야웨를 컨트롤하고 싶었다. 아니, 사람이 무슨 수로 야웨를 컨트롤할 수 있단 말이냐고? 흥분하며 반발할 사람이 있을 거다. 정당한 흥분이고 이유 있는 반발이다. 사람이 무슨 수로 야웨를 컨트롤할 수 있겠는가. 하지만 사람은 야웨 현존의 표현 정도는 얼마든지 컨트롤할 수 있다. 그렇게 함으로써 야웨에 대한 사람들의 생각과 태도는 얼마든지 조절할 수 있다.

그러려면 우선 그것을 한 곳에 붙박아 둬야 한다. 야웨의 현존을 활용하려는 자 가까이에 둬야 한다. 그래서 다윗은 성전을 궁전 가까이에 지으려 했던 것이다. 그 과업은 다윗의 아들이자 그의 아바타인 솔로몬이 성취했다.

백향목으로 지은 성전에 야웨의 궤를 모시려 했던 다윗의 마음 속에는 두 개의 생각이 공존하고 있었다고 추측할 수 있다. 야웨의 현존을 초라한 장막이 아닌 화려한 성전에 모셔두고 싶어하는 갸륵한 믿음과, 야웨 현존의 상징인 궤를 자기 곁에 붙박이로 둠으로써 이스라엘 백성들의 물질적 자원과 정신적 자원을 자기에게 끌어모으려는 정치적인 의도가 바로 그것이다.

성전을 짓겠다는 다윗의 청은 처음엔 거절당했다. 그 이유는 첫째 야웨의 장막 선호였고 둘째 다윗이 전쟁을 통해 지나치게 많은 사람을 죽게 했다는 것이다. 문서비평학자들에게는 아무 관련도 없는 이 두 가지 이유가 서로 다른 두 개 이상의 자료의 존재를 입증하는 걸로 보이겠지만 반드시 그렇다고 할 수는 없다. 이스라엘 종교사에서 성전 건축이라는 획기적인 변화에 대해 다양하게 해석하는 집단들이 있었다고 볼 수도 있기 때문이다. 어쨌든 성전 건축을 향한 다윗의 일편단심은 결국 받아들여져서 아들 솔로몬에 의해 실현됐다.

앞에서 솔로몬을 다윗의 '아바타'라고 부른 까닭은, 그는 아버지가 이뤄놓은 업적에 기반해서 부귀영화를 누렸고 아버지가 이루려던 숙원사업을 성취했기 때문이다. 사실 그의 독자적인 업적이라고 부를만한 것은 별로 없다. 다윗이 확장형 군주였다면 그는 소비형 군주였다. 그는 아버지가 확장해놓은 땅을 야금야금 팔아 건축사업을 벌이는 등 사치스런 삶을 살았다. 그 중 대표적인 것이 성전 건축이다. 다음 장에선 솔로몬이 지은 성전 얘기를 해보자.

15장

성전에는
누가/무엇이
있었을까?

다윗은 꿈울 꾸고 솔로몬은 그 꿈을 현실로 만들고…

다윗은 꿈을 꾸고 솔로몬은 그 꿈을 현실로 만들었다. 솔로몬이 왕위에 오른 후 두로 왕 히람에게 사람을 보냈을 때 그는 관심을 끌만한 두 가지 얘기를 했다. 첫째로 다윗이 야웨의 성전을 짓지 못한 까닭은 그가 많은 전쟁을 해야 했기 때문이라고 했다.

임금(두로 왕 히람)께서 아시다시피 나의 아버지 다윗 임금은 야웨를 섬기면서도 야웨께서 원수들을 그의 발바닥으로 짓밟을 수 있게 하여주실 때까지 전쟁을 해야 했으므로 야웨의 이름을 찬양할 성전을 짓지 못하였습니다(열왕기상 5:3).

둘째로 솔로몬 자신이 야웨에게 성전 건축을 허락받았다고 했다.

이제 나는 야웨께서 나의 아버지 다윗 임금에게 '내가 네 왕위를 너를 대신하여 오르게 할 네 아들이 내 이름을 기릴 성전을 지을 것이다.' 하고 말씀하신 대로… (열왕기상 5:5).

이 얘기의 공통점은 솔로몬의 성전 건축에 정당성을 부여했다는 데에 있다. 아버지 다윗이 성전을 짓지 못한 까닭은 그가 치른 전쟁 때문인 반면 아들 솔로몬이 성전을 지을 수 있었던 까닭은 야웨가 그렇게 명했기 때문이라는 거다. 현대인은 '성전은 의지와 믿음과 돈만 있으면 누구나 지을 수 있는 거 아닌가?' 하고 생각할 수 있지만 옛날에는 그렇지 않았다. 신전은 주로 왕이 지었지만 왕 중에도 신의 허락을 받은 왕만이 신전을 지을 수 있었다. 따라서 성전 건축의 정당성 확보는 솔로몬에겐 매우 중요한 일이요 성전 건축의 첫 걸음이었다. 이렇듯 성전 건축의 정당성을 아버지가 야웨에게서 받은 신탁에서 확보한 솔로몬은 넉넉한 재물과 확보된 (강제)노동력으로 성전을 완공함으로써 봉헌기도를 바치게 된다(열왕기상 8장).

그런데 완공까지 순조롭게 진행되던 성전은 솔로몬이 봉헌기도를 바쳤을 때 반전을 겪게 된다. 부실공사 때문에 갑자기 삼풍백화점 무너지듯 성전이 무너지거나 봉헌기도를 드리는 동안 외국군이 침입한다는 등의 반전은 아니었다. 그것은 '신학적'인 반전이었다. 신학적인 반전이라니? 도대체 무슨 일이 일어났던 것일까?

열왕기상 8장이 전하는 솔로몬의 봉헌기도를 읽고 깜짝 놀라지 않는다면 그 사람은 성전과 관련된 모든 얘기들을 건성으로 읽은 것이나 마찬가지다. 첫 번째 반전은 바로 이것이었다.

그러나 하느님, 하느님께서 땅 위에 계시기를 우리가 어찌 바라겠습니까? 저 하늘, 저 하늘 위의 하늘이라도 야웨를 모시기에 부족할 터인데 제가 지은 이 성전이야 더 말하여 무엇 하겠습니까?(27절)

이게 도대체 무슨 말인가? 이것이 성전을 봉헌하면서 바칠 기도인가? 요즘도 교회당을 '성전'이라고 부르며 '성전봉헌예배'를 하는 교회들이 많다. 하지만 현대인이 교회당을 '성전'이라고 부르며 머리에 떠올리는 생각과 고대 이스라엘 백성이 '성전'에 대해 떠올린 것은 같을 수 없다. 고대 이스라엘에게 성전은 야웨가 현존하는 곳이었지만 현대인들에게는 어디 그런가. 요즘 하느님이 성전에 현존한다고 믿는 사람이 얼마나 되겠나. 오늘날의 교회당은 그저 사람들이 모여서 예배하고 여타 다른 모임을 갖는 장소일 뿐이다.

그렇지만 아무리 그렇다 해도 오늘날 교회당을 봉헌하면서 기도드릴 때도 솔로몬처럼 하지는 않는다. 적어도 봉헌기도를 드릴 때는 마치 그곳이 야웨가 현존하는 곳인 양 하지 않는가 말이다.

그런데 보라. 솔로몬은 "하느님이 땅 위에 계시기를 어찌 바라겠습니까?"란다! "저 하늘, 저 하늘 위의 하늘이라고 야웨를 모시기에 부족할 텐데 제가 지은 이 성전이야 더 말하여 무엇 하겠습니까?"란다! 그렇다면 성전은 왜, 무엇을 하려고 지었던 걸까?

다윗이 성전 건축을 계획했을 때 그것은 '야웨의 궤를 모실 집'이었다. 야웨 현존의 상징인 궤를 그곳에 두고자 했던 것이다. 그렇지만 솔로몬은 자기 아버지와 생각이 달랐던 걸까? 그는 성전에 야웨의 궤를 둘 생각이 없었을까? 아니면 궤가 야웨 현존의 표현이라고 생각하지 않았을까? 그렇지 않았다면 어떻게 "하느님이 땅 위에 계시기를 어찌 바라겠습니까?"라고 기도할 수 있었겠나! 더구나 "저 하늘, 저 하늘의 하늘도 야웨를 모시기에 부족할 터인데 이 성전이야 말하여 무엇 하겠습니까?"라니!

이 기도는 내가 아는 가장 어처구니없는 기도다. 도대체 솔로몬은 성전을 왜 지었고 그곳이 뭘 하는 곳이라고 생각했을까? 좀 더 읽어보면 알 수 있을까?

그러나 야웨 나의 하느님, 야웨의 종이 드리는 기도와 간구를 돌아보시며 오늘 야웨의 종이 야웨 앞에서 부르짖으면서 드리는 이 기도를 들어주십시오. 야웨께서 밤낮으로 눈을 뜨시고 이 성전을 살펴 주십시오. **이 곳은 야웨께서 '내 이름이 거기에 있을 것이다' 하고 말씀하신 곳입니다. 야웨의 종이 이 곳을 바라보면서 기도할 때에 이 종의 기도를 들어주십**

시오. 그리고 야웨의 종인 나와 야웨의 백성 이스라엘이 이 곳을 바라보며 기도할 때에 그 기도를 들어주십시오. **야웨께서 계시는 곳 하늘에서 들으시고 들으시는 대로 용서해 주십시오**…(열왕기상 8:28-30).

좀 더 읽어보면 알 수 있긴커녕 점점 더 미궁에 빠지는 느낌이다. 이 구절에는 낯선 말들과 생소한 개념들이 다수 등장한다. 우선 눈에 띠는 것은 '야웨의 이름'이란 말이다. 솔로몬은 성전을 '야웨의 이름이 있는 곳'이라고 불렀다. 이것은 솔로몬이 내린 정의가 아니라 야웨가 친히 내린 정의란다. 하긴 야웨의 이름 얘기는 이 때가 처음은 아니다. 솔로몬이 히람 왕에게 성전에 대해 얘기할 때도 "야웨의 이름을 찬양할 성전"과 "내(야웨의) 이름을 기릴 성전"이란 말을 사용했다. 그러니 성전은 야웨와 솔로몬 모두에게 '야웨의 이름을 찬양할/기릴 장소'로 인식됐던 것이다.

다윗은 야웨의 '궤'를 둘 장소로서 성전을 만들려고 했다. 그래서 솔로몬도 봉헌기도를 하기 직전에 궤를 성전으로 가져왔다(열왕기상 8:1-13). 그런데 느닷없이 '이름'이 등장한다. 그렇다면 솔로몬은 궤와 이름 둘 다 성전에 두려 한 것일까? 또는 다윗은 성전에 궤를 두려 했지만 솔로몬은 이름을 두려고 했던 것일까? 아니면 솔로몬은 궤 위에 야웨가 현존하는 게 아니라 '이름'이 자리 잡고 있다고 여겼을까? 한 마디로 말하면 다윗과 솔로몬은 성전의 역할과 존재 이유를 달리 생각했던 건 아닐까?

솔로몬은 왜 성전을 '기도하는 집'이라고 불렀을까?

학자들은 솔로몬의 기도에 야웨의 '이름'이 등장하는 것은 최종 편집자가 신명기적 역사가(Deuteronomistic Historians, 줄여서 DtrH)이기 때문이라고 설명한다. 신명기 역사가에게 야웨 현존의 상징은 '야웨의 이름'이었다. 야웨의 이름에 대해서는 다음 장에서 자세히 살펴보기로 하고 여기서는 솔로몬의 봉헌기도 얘기를 계속해 보자.

솔로몬의 봉헌기도 전체를 다 읽어보면 성전은 기본적으로 '기도하는 집'이다. 성전은 사람들이 와서 기도하는 곳이라는 얘기다. 그리로 올 수 없는 사정이 있으면 성전을 바라보면서라도 기도하라고 한다. 회개해야 할 잘못을 저지른 자도 성전에 와서 용서를 빌고 기근이나 역병이나 전쟁 등의 재앙이 닥쳤을 때도 성전에 와서 기도하란다. 흥미로운 사실은, 이 역할이 이스라엘인이 아닌 이들까지 포함한다는 점이다. 솔로몬은 이스라엘인들이 아닌 사람들도 야웨의 위대한 이름을 듣고 성전에 오거나 성전을 바라보고 기도하면 야웨께서 그들의 기도를 들어달라고 빌었다. 더 놀라운 점은, 그는 선견지명으로 이스라엘이 장차 포로로 잡혀 갈 것까지 내다봤다는 사실이다. 그는 이스라엘이 죄를 지어 머나먼 데로 잡혀갔어도 거기서 성전을 바라보고 기도하면 들어달라고 기원했다. 이 대목에선 당연히 바빌론 포로 상황이 떠오른다.

물론 바빌론과의 전쟁 말고도 크고 작은 전쟁에서 포로로 잡혀간 사람들이 적지 않았을 터이므로 '포로' 하면 무조건 '바빌론 포로'를 떠올리는 건 옳지 않겠지만 말이다.

솔로몬은 왜 성전을 '기도하는 집'이라고 불렀을까? 왜 그는 성전의 가장 기본적인 역할인 '제사'를 한 마디도 언급하지 않았을까? 그는 제사 무용론자였나? 그럴 리가 없다. 기도를 마친 직후에 그는 엄청난 숫자의 짐승을 잡아 제사를 바쳤으니 말이다(열왕기상 8:62-64). 그는 정의가 실현되지 않는 한 제사는 아무 의미도 없다고 믿었을까? 예언자 아모스처럼 말이다. 이도 아닌 것이, 솔로몬은 수많은 백성들을 강제동원해서 성전을 지었다. 그러니 이런 점을 감안해 보면 그가 정의 실현과 제사를 직접 연결했을 것 같진 않다. 마지막으로 성전에서 제사 지내는 것이 지극히 당연하기 때문에 굳이 언급할 필요를 못 느꼈을까? 그럴 수도 있다. 하지만 이 모두가 추측에 불과하고 이를 입증할 증거는 없다. 분명한 사실은 솔로몬의 성전 봉헌기도에 '제사'가 언급되지 않았다는 점이다.

그럼 왜 하필 '기도'였을까? 고대 중동에서 성전은 다양한 역할을 수행했다. 물론 기도도 성전에서 수행되는 일 중 하나였지만 성전은 그보다 훨씬 다양한 역할을 수행했다. 오늘의 분류방법에 따르면 종교는 물론이고 정치, 경제, 사회, 문화, 이념 등 다방면에 걸쳐 많은 역할을 당시의 성전이 수행했던 것이다. 대부분의 성전이 왕에 의해 지어졌고 왕실에 의해 관리됐으니 정치적 역할은 더 말할 나위 없고 경제적으로도 성전은 재화가 집결되고 분배되는 곳이었다. 또 몇 안 되는 교육기관이 집중된 곳이었으므로 성전이 담당했던 사회, 교육, 문화적 기능도 지대했다. 그리고 종교와 신학은 결국 그 사회를 이끌어가는 지배 이념 역할을 했으니 결국 고대 중동지역에서 성전보다 더 큰 이념의 생산지는 없었다고 할 수 있다.

이와 같은 다양한 역할을 성전이 했지만 겉으로 드러난 성전의 역할은 역시 종교적인 역할이었다. 그런데 그 많은 종교의 역할 중 왜 하필 '기도'였을까? 그것도 '제사'를 제쳐두고 말이다. 물론 성전에서 기도도 했겠지만 성전이 주로 기도만 하는 기도원은 아닐진데 왜 하필 '기도'만 콕 집어서 언급했는지 궁금하지 않을 수 없다.

혹시 솔로몬의 봉헌기도는 성전에서 제사를 지낼 수 없는 상황을 반영하는 게 아닐까? 봉헌 당시의 상황이 아니라 후대의 상황이 반영된 게 아닌가 말이다. 곧 봉헌기도는 제사는 지낼 수 없고 기도밖에 할 수 없는 상황이 반영된 것일 수도 있다는 얘기다. 물론 제사가 아니라 기도가 언급됐다는 사실 하나만으로 이런 추측을 하는 것이 지나칠지도 모르지만 말이다.

얘기할 게 한 가지 더 있다. 솔로몬은 야웨가 '하늘'에 있다고 했다. 한 번도 아니고 여러 번 그렇게 말했다. 야웨는 하늘이 있다고.

야웨의 백성 이스라엘이 야웨께 죄를 지어 적에게 패배하였다가도 그들이 뉘우치고 주께로 돌아와서 야웨의 이름을 인정하고 이 성전에서 야웨께 빌며 간구하거든 야웨께서는 **하늘에서 들으시고** 주의 백성 이스라엘의 죄를 용서해 주십시오(열왕기상 8:33-34).

또 그들이 야웨께 죄를 지어서 그 벌로 야웨께서 하늘을 닫고 비를 내려 주시지 않을 때에라도 그들이 이 곳을 바라보며 기도하고 야웨의 이름을 인정하고 그 죄에서 돌이키거든 야웨께서 **하늘에서 들으시고** 야웨의 종들과 야웨의 백성 이스라엘의 죄를 용서해 주시고…(열왕기상 8:35-36).

야웨가 하늘에 있다고 믿었다면 성전은 왜 지었을까? 성전을 지어 야웨께 바치면 야웨가 거기 거주하리라고 믿었던 게 아니었던가? 야웨의 거주지가 하늘이라고 믿었다면 성전을 뭐 하러 지었는가 말이다.

다윗에게는 야웨가 하늘에 있다는 생각을 찾아볼 수 없다. 그가 심중에 이런 생각을 갖고 있었는지는 모르지만 좌우간 겉으로 표현하진 않았다. 그런데 솔로몬은 명시적으로 그렇게 말했다. 야웨는 하늘에 있다고 말이다. 그렇다면 솔로몬은 단지 야웨의 '이름'을 두려고 성전을 지었다는 얘기기 되는데 '이름을 둔다'는 말이 대체 무슨 뜻일까 하는 의문이 든다.

이름은 추상명사처럼 기능하기도 하지만 눈에 보이게 써놓으면 구상명사처럼 기능하기도 한다. 성전에 야웨의 '이름을 둔다'는 말은 현판에 '야웨의 성전'이라고 써놓아 문앞에 붙여놓는 걸 가리킬까? 그건 아닐 것이다. 뭔가 '추상적'인 의미가 있는 것으로 추측된다. 눈에 보이는 무언가로 표현되는 게 아니란 뜻이다.

어쨌든 솔로몬은 야웨는 하늘에 있고 성전에는 야웨의 이름이 있다고 했다. 그러니 열심히 기도하란다. 성전에 올 수 있다면 와서 하고 올 수 있는 형편이 안 된다면 있는 자리에서 성전 쪽을 바라보고 기도하란다. 이스라엘인뿐 아니라 이스라엘인이 아닌 사람도 말이다.

"궤, 천막, 성전, 야웨의 현존, 야웨의 이름, 하늘에서 들으시고…." 솔로몬의 기도에는 해묵은 개념들과 새로운 개념들이 뒤섞여 있다. 뭔가 새로운 움직임이 일어나고 있다는 느낌이다. 시내 산 사건이나 성막에도 그리고 다윗의 성전 건축 계획에도 야웨가 어떤 모양으로든 '땅 위에' 현존한다는 생각이 전제되어 있다. 그래서 모세는 야웨를 만나러 몇 번이나 시내 산을 오르락내리락했던 거다. 만남의 장막의 경우에는 야웨가 모세를 만나러 '하늘에서' 내려왔지만 그래도 둘이 만나는 동안엔 야웨가 땅 위에 현존하는 것으로 믿었다. 만남의 장막 어귀에 머물렀던 구름이 야웨 현존의 상징이 아니었다면 장막은 특별한 의미가 없는 평범한 텐트였을 따름이다.

하지만 솔로몬은 성전을 지어 바치면서 야웨는 그냥 하늘에 머물러 있고 성전에는 '이름'만 두라고 기도한다. '이름' 말고 '본체'는 하늘에 머물러 있으면서 거기서 사람들이 바치는 기도를 들으라는 거다. 이럴거면 성전은 왜 지었는가 말이다. 성전의 역할이 그곳에서 바치는 제사나 그곳에 있다고 믿었던 야웨의 현존이 아니라 거기서 바치거나 그곳을 '향해서' 바치는 기도로 옮겨가는 건 아닐까? 역시 제사보다 순종이 낫고 제물의 향기보다 정의가 우선인가? 솔로몬은 예언자들보다 앞서 이런 신학을 깨닫고 봉헌 기도를 하면서 세상에 선언했을까? 정말 그런 것일까?

남왕국 유다의 '성전신학'

내가 어렸을 땐 교회당은 곧 '성전'이었다. 그래서 그런지 교회당에 들어오면, 그 중에도 특히 성전으로 불리던 예배당에 들어오면 마음이 푸근하고 평안해졌다. 눈엔 보이진 않지만 그곳에 하느님이 현존한다고 믿었다. 지금 생각해보면 야웨의 현존이 눈에 보이지도 않았는데 마음이 푸근하고 평안해졌던 게 기이하다. 지금은 우습지만 그땐 강단에 놓인 의자들 중에서 가운데 놓인 의자에는 아무도 앉지 않았다. 그것은 하느님을 위한 자리라고 생각했기 때문에 비워뒀던 것이다.

남왕국 유다의 시온신학(Zion theology)이 딱 이랬다. 시온신학은 예루살렘에서도 성전이 위치한 시온을 야웨가 현존하는 장소로 믿었던 신학으로서 거기에 성전이 있었으므로 '성전신학'(temple theology)이라고도 부른다. 시온신학은 시온에는 야웨가 현존하는 성전이 있기 때문에 외적의 침략으로부터 안전하다고 주장했다. 게다가 이스라엘이 누리는 모든 축복, 나아가서 온 세상이 누리는 모든 은총이 시온에서 비롯된다고 했다. 시온이 온 우주의 거룩한 중심이고 블랙홀 같은 곳이란 얘기다.

그래서 시온은 안전하다. 그곳은 산성이며 요새요 피난처다. "땅이 흔들리고 산이 무너져 바다 속으로 빠져 들어도" "물이 소리를 내면서 거품을 내뿜고 산들이 노하여서 뒤흔들려도" "민족들이 으르렁거리고 왕국들이 흔들리는데도… 우리는 두려워하지 않는다." 왜냐하면 "하느님이 그 성 안에 계시니 그 성이 흔들리지 않"기 때문이다(시편 46편). 야웨가 자신이 피난처임을 알렸기 때문에 "왕들이 모여서 시온 산을 치러 왔다가 시온 산을 보고는 넋을 잃고 혼비백산하여 도망쳤다." 예루살렘이 영원히 견고한 까닭은 "하느님께서 이 성을 견고하게 하"셨기 때문이다. "하느님이 그 성 안에 계시니 그 성이 흔들리지 않는다"(시편 48편).

이 노래들은 과장도 아니고 가식도 없다. 과장하거나 가식을 떨이유도 없었고 그럴 여유도 없었다. 가령 외국군이 예루살렘에 쳐들어와서 성을 포위하고 있었다고 하자. 유다는 그들과 맞서 싸울 것인지 아니면 백기를 들 것인지를 결정해야 했다. 유다에 이런 경우가 몇 번 있었다. 그 중 두 번은 이사야가 예언자로 활동할 때였다. 그는 왕에게 항복하지도 말고 외국군의 도움을 구하지도 말라고 했다. 그저 야웨만 굳게 믿으라고 했다. 야웨만 굳게 믿으면 그가 나라를 구해줄 것이기 때문이다. 이 주장은 시온신학에 그 근거를 갖고 있다.

하지만 아하스 왕은 시온신학을 믿지 않았다. 그는 시리아와 이스라엘의 연합군이 쳐들어 왔을 때 이사야의 조언을 듣지 않고 아시리아에 도움을 청했던 거다. 아시리아 덕분에 시리아, 이스라엘 연합군의 공격을 막긴 했다. 하지만 그 후 아시리아는 유다에 막대한 영향력을 행사하기 시작했다. 아하스는 기왕에 그가 저지른 죄(열왕기하 16:2-4)에 더해서 예언자의 충고를 듣지 않고 외국군대를 끌어들였던 것이다. 이것은 일종의 집단적 트라우마처럼 유다인들에게 남았다. 반면 아하스와는 달리 히스기야는 이사야의 조언을 따랐다. 그 결과 히스기야와 예루살렘은 기적적으로 구원을 받았다(열왕기하 18-20장).

강대국 군대의 침략에 직면해서 맞서 싸우지도 않고 외국의 도움도 청하지 않고 오로지 야웨가 구원해주길 믿기만 하는 것은 거의 불가능한 일이다. 그것은 야웨를 털끝만큼도 의심하지 않고 확고히 믿을 때만 가능한 용기 있는, 또는 무모한 행위다. 여러분도 한 번 상상해보라. 월등한 군사력을 지닌 군대가 성을 에워싸고 있는데, 열세인 군사력으로 죽기살기로 싸워도 이기기가 어려울 텐데 가만히 앉아서 야웨가 자기들을 구원하는 걸 보고만 있으려니, 과연 그렇게 할 수 있는 백성이 얼마나 되겠는가.

그런데 히스기야는 그렇게 했다. 이사야의 말대로 그는 야웨가 자기들을 구원해주리라고 믿고 가만히 있었다는 거다. 전투를 하겠다며 칼날을 갈지도 않고 외국에 군대를 보내달라고 요청하지도 않고 그냥 가만히 기다렸단다. 오늘날의 독자들에게는 이 얘기가 교훈을 주기 위해 꾸며낸 우화로 들리겠지만 아시리아 산헤립 왕의 유다 침공은 아시리아 측 문서에도 전해지는 역사적 사실이다. 구체적인 내용에 들어가면 두 문서 간에 차이가 존재하지만 그럼에도 불구하고 분명한 사실은 아시리아 군대가 유다를 쳐들어왔고 우세한 군사력을 가졌음에도 예루살렘을 점령하지 못했다는 것이다. 왜 그랬는지는 풀리지 않은 수수께끼지만 말이다. 혹자는 이집트 군대가 진군해 왔기 때문이라고도 하고 또 다른 학자는 다른 나라가 아시리아를 침공했다는 소식을 듣고 물러갔다고도 한다. 물론 성서가 전하는 바를 글자 그대로 믿는 사람들은 야웨의 천사가 기적적으로 아시리아 군대를 쳐서 몰살했기 때문이라고 믿는다.

히스기야는 뭘 믿고 이렇게 행동했을까? 무엇이 히스기야와 궁전 관리들과 예루살렘 주민들로 하여금 이렇게 행동하게 했을까? 예루살렘 성전에 실제로 야웨가 현존한다는 믿음 말고 다른 것일 수 있을까? 히스기야는 산헤립이 보낸 랍사게가 야웨를 능멸했다는 말을 듣고 입고 있던 옷을 찢어버리고 삼베옷으로 갈아입고 '야웨의 성전'에 들어갔다고 했다. 그곳에서 예언자 이사야에게 사람을 보내어 야웨의 말을 받아 오라고 명령했다. 이때 이사야는 아시리아 군대가 궤멸당할 것이고 산헤립은 죽으리라는 야웨의 신탁을 전했다. 이 신탁은 그대로 이루어졌고, 히스기야와 예루살렘 주민들은 칼 한 번 안 휘두르고 기적적으로 구원을 받았던 것이다.

학자들은 이와 같은 역사적 경험이 시온신학의 토대가 됐는지, 아니면 역으로 이미 존재하던 시온신학이 역사적 사건을 그렇게 해석하게 만들었는지를 두고 뜨겁게 논쟁해왔다. 곧 신학/이데올로기가 먼저냐 역사적 사건이 먼저냐를 두고 논쟁해왔다는 얘기다. 이 논쟁은 학자들의 몫으로 남겨놓고 우리가 여기서 주목할 대목은 이와 같은 절대위기 상황에서 얻은 구원의 발원지가 예루살렘 성전이었다는 사실이다. 성전은 야웨의 현존이 자리 하는 곳이다. 히스기야는 랍사게가 야웨를 능멸했다는 얘길 듣고 옷을 찢고 삼베옷을 두르고 성전으로 달려갔다.

그는 왜, 무엇 하러 성전으로 갔을까? 무엇을 기대하고 성전으로 갔는가 말이다. 거기 들어가면 마음이 푸근하고 평안해져서 그랬을까? 내가 어렸을 때처럼 눈에는 보이지 않지만 그냥 마음이 평안해져서 그랬나? 그는 성전에서 야웨를 직접 만나리라고 기대했을까? 그렇지는 않았던 것 같다. 야웨의 말을 받아 오라고 이사야에게 사람을 보낸 걸 보면 그는 성전에서 야웨와 직접 만날 것을 기대하지는 않았던 거 같다.

그 대신 그는 성전에서 야웨의 '말'을 전해 받았다. 이사야를 통해서 야웨의 말을 받았다. 그런 점에서 이 일은 솔로몬의 기도가 성취된 사건이다. 솔로몬은 백성들이 **이 성전에서** 회개하고 기도할 때 야웨는 **하늘에서** 그 기도를 들어달라고 기도하지 않았던가. 히스기야는 성전에서 야웨를 만나진 않았지만 하늘로부터 (이사야를 거쳐) 온 야웨의 말을 들었다. 그날 밤 (하늘로부터) 천사가 내려와 아시리아 군인 185,000명을 쳐죽였단다. 야웨가 예루살렘 성전에 현존하므로 예루살렘은 안전하다는 믿음은 이런 일을 겪으면서 서서히 굳어갔을 것이다.

예레미야와 이사야에게 성전은 무엇이었을까?

그로부터 1백여 년이 지난 후 예루살렘에는 야웨의 말을 전하는 예레미야라는 예언자가 있었다. 유다 왕은 히스기야에서 여호야김으로, 유다를 위협하는 침략자는 아시리아 왕 산혜립에서 바빌론 왕 느부갓네살로 바뀌었지만 이번에도 초미의 관심사는 예루살렘이 위기를 벗어날 것인가 여부였다. 이 점에서는 히스기야 왕이 다스리고 이사야가 예언할 때의 상황과 비슷했다. 이번에는 예레미야가 예루살렘의 멸망을 예언했다는 점 하나만 빼면 다른 것은 모두 같았다. 이 얘기가 예레미야 7장에 비교적 자세히 적혀 있다.

야웨는 예레미야에게 명령했다. 성전 문에 서서 야웨를 경배하려고 그 문으로 들어오는 모든 유다 사람들에게 야웨의 말씀이라며 큰소리로 일러주라고 말이다.

> '이것이 야웨의 성전이다, 야웨의 성전이다, 야웨의 성전이다' 하고 속이는 말을 너희는 의지하지 말아라(예레미야 7:4).

이런, 이런! 이건 또 무슨 말인가? 야웨의 성전을 가리켜 '이것은 야웨의 성전이다'라는 말이 어떻게 '속이는 말'이 되나! 그것은 야웨의 성전이 아니란 말인가? 예레미야의 이 말은 야웨가 더 이상 성전에 현존하지 않는다는 뜻일까? 그렇다면 야웨는 성전을 버리고 딴 데로 갔을까? 그렇다면 무엇이 야웨로 하여금 성전을 버리고 딴 데로 가게 만들었을까? 무엇이 시온 산에 우뚝 서 있는 웅장한 집을 야웨의 성전이 아니게 만들었는가 말이다.

이에 대한 예레미야의 대답은 분명하다. 백성들이 "전혀 무익한 거짓말을 의지하고 있"기 때문이란다. 그들은 "모두 도둑질을 하고 사람을 죽이고 음행을 하고 거짓으로 맹세를 하고 바알에게 분향을 하고 알지 못하는 다른 신들을 섬긴다"고 했다. 이렇듯 백성들은 야웨가 미워하는 일만 골라서 저지르고서도 야웨의 성전에 들어와 야웨 앞에 서서는 "우리는 안전하다"고 뇌까린다는 거다. 그들이 성전에서 안전하다고 말하는 이유는 그런 역겨운 짓을 되풀이하고 싶기 때문이라고 예레미야는 꼬집어 말한다.

그래서 성전은 더 이상 성전이 아니란다. 도둑들의 소굴로 전락했다는 거다. 훗날 예수가 성전에서 장사하는 사람들의 상을 뒤엎으며 성전을 도둑의 소굴로 만들었다고 유대교 종교지도자들을 꾸짖기 6백 년쯤 전에 예레미야는 자기 시대의 성전을 도둑의 소굴로 규정했다.

야웨는 도둑들과 함께 있을 수 없어서 성전을 떠났다. 야웨가 떠난 후의 성전은 더 이상 야웨의 성전이 아니다. 하지만 이는 돌이킬 수 없는 최종결정은 아니었다. 좀 늦은 감이 없지 않지만 아직은 돌이킬 기회가 남아있다. 야웨를 다시 성전으로 돌아오게 할 수 있다는 거다. 그것은 이스라엘 백성들의 손에 달렸다. 그들이 생활과 행실을 고친다면, 참으로 이웃끼리 정직하게 살고 나그네와 고아와 과부를 억압하지 않고 돌봐주며 죄 없는 사람을 살해하지 않고 다른 신들을 섬기지 않는다면 그들은 야웨가 조상들에게 준 땅에서 살 수 있다고 했다.

예레미야는 실로(Shiloh) 성전이 어떻게 됐는지를 생각해보라고 했다. 실로 성전은 야웨의 궤가 있었던 곳이다. 그런 실로 성전은 북왕국 이스라엘이 멸망당하면서 영원히 폐허가 되고 말았다. 그들이 온갖 죄를 지을 때 야웨가 엄중히 경고했지만 듣지 않았다는 것이다. 예레미야는 유다 백성이 그들과 똑같이 행동한다면 그들과 같은 운명에 처해질 거라는 경고로 말을 맺었다.

예레미야와 이사야에게 성전은 무엇이었을까? 같은 것이었나 다른 것이었나? 두 사람에게 성전은 같은 것 같기도 하고 사뭇 다르게 보이기도 한다. 겉으로 보기에는 상당히 달라 보이지만 한 꺼풀만 벗겨내면 결국 같은 얘기다.

이사야는 성전에서의 야웨의 현존이 예루살렘을 지켜준다고 선포했다. 이런 점에서 이사야의 선언은 '시온신학'에 가깝다. 하지만 여기엔 조건이 있다. 이사야에 따르면 성전이 무조건 야웨의 현존을 보장하진 않는다. 그리고 야웨의 현존이 무조건 예루살렘의 안전을 보장하지도 않는다. 야웨는 백성들에게 자신에 대한 무조건적인 신뢰와 믿음을 요구한다. 야웨 이외에 누구도 믿어선 안 되고 아무 것도 신뢰해선 안 된다. 오로지 '야웨만' 믿어야 한다는 것이다. 이사야는, 야웨가 '예루살렘'과 '성전'의 안전을 믿는 사람들의 신뢰를 무시하거나 배반하지 않는다고 말하지 않았다. 그런 것들이 아니라 '야웨'를 신뢰하고 믿는 사람들의 믿음을 무시하거나 배반하지 않는다는 얘기다. 이사야에게 야웨는 예루살렘이나 성전과 동일시되지 않는다. 이사야의 신학은 야웨와 예루살렘을, 그리고 야웨와 성전을 동일시하는 시온신학과는 다르다. 얼핏보면 닮아 보이지만 내용을 잘 살펴보면 절대 그렇지 않다.

반면 예레미야는 야웨가 예루살렘 성전을 떠나기로 작정했다고 믿는다. 성전이 이미 도둑들의 소굴이 되어버려서 도저히 거기 있을 수가 없기 때문이다. 성전은 도둑들의 안전장치 또는 보험으로 전락했다. 아무리 나쁜 짓을 해도 '이곳은 야웨의 성전이다!'라고 외치면서 그리로 피하기만 하면 지은 죄를 용서받는다면 그곳은 성전이 아니라 도둑들을 위한 면죄부 발행소라고 해야 맞다. 야웨는 그런 면죄부를 떼줄 수 없어서, 또는 떼주기 싫어서 성전을 떠나버렸다. 하지만 돌이킬 방법이 없진 않다. 백성들이 행실을 고치면 된다. 도둑질 하기를 그치고 야웨의 계명을 지키면 된다. 그러면 백성들은 약속의 땅에서 오래 살 것이고 야웨도 다시 성전으로 돌아올 것이라는 얘기다.

야웨는 아무 불만도 없었다

이사야와 예레미야에게 있어서 야웨의 현존은 무엇이었을까? 야웨가 현존하는 장소라고 믿었던 성전은 그들에게 어떤 의미를 가졌을까? 야웨의 현존에 대한 그들의 인식이 예전 사람들의 그것과 달라진 점은 있는가? 있다면 무엇이 어떻게 달라졌는가?

가장 먼저 눈이 띠는 것은, 야웨의 현존이 독립변수가 아니라 종속변수로 이해된다는 사실이다. 갑자기 수학용어가 등장한다고 놀랄 건 없다. 수학 얘기를 하자는 것은 아니니 말이다. 이런 얘기다. 전에는 야웨의 현존이 전적으로 야웨의 의지에 달려 있었다. 야웨가 오고 싶으면 오고 가고 싶으면 가고 머물고 싶으면 머물렀다. 올 때와 갈 때를 정하는 것도 전적으로 야웨의 의지에 달려 있었고 얼마나 머물지도 야웨가 정하기 나름이었다. 한 마디로 야웨가 어딘가에 현존하는 것은 전적으로 야웨의 의지에 좌우됐다는 얘기다. 백성들의 의지나 바람과는 무관했다.

그런데 이사야와 예레미야에게서는 달라졌다. 이스라엘은 야웨를 머물게 할 수도 있고 떠나게 할 수도 있게 됐다. 백성들은 이사야와 예레미야, 그리고 그 밖에 다른 예언자들 덕분에 그와 같은 인식에 도달하게 됐다. 그들에 따르면 야웨가 성전 또는 이스라엘 백성 가운데 현존하는 것은 배타적으로 야웨의 의지에만 좌우되는 게 아니다. 이사야는 백성들이 야웨만을 전적으로 신뢰하지 않는다면 그는 성전과 이스라엘을 버리고 떠나버릴 수 있다고 했다. 예레미야는 백성들이 야웨의 계명을 지키지 않으면 야웨는 성전을 버리고 떠나버릴 수 있다고 했다. 그렇게 되면 "여기는 야웨의 성전이다!"라고 아무리 외쳐봐도 그곳은 '야웨 없는 야웨의 성전'이 되고 만다는 거다. 그러면 야웨는 성전에 있고 싶어도 있을 수 없게 된다. 성전이 야웨가 도저히 함께 할 수 없는 것들로 가득 채워져 있기 때문이다. 그때부턴 야웨의 집은 도적의 소굴이 되어

버린다. 야웨는 도적들과는 한 곳에 있을 수 없다.

이렇듯 이사야와 예레미야를 비롯한 예언자들 덕분에 이스라엘은 야웨의 현존에 '조건절'(if-clause)을 갖다 붙이게 됐다. 이젠 야웨의 현존이 전적으로 야웨에게만 달려 있지 않게 됐다. 야웨는 본래 장막에 자리잡고 거기 현존하기로 작정했다. 그래서 야웨는 모세에게 장막의 청사진까지 제공하면서 그걸 지으라고 했다. 이렇듯 야웨의 명령에 따라서 지어진 장막은 한 곳에 붙박혀 있는 집(temple)이 아니라 어디로든 옮길 수 있는 천막(tent)이었다. 사무엘하 7장에 따르면 야웨는 장막에 아무 불만도 없었다. 그런데 다윗은 야웨의 궤를 둘 성전을 지으려 했다.

구약성서를 잘 읽어보라. 야웨가 다윗과 솔로몬의 성전 건축 계획을 한 번이라도 흔쾌히 허락한 적이 있는가? 한 번도 없다! 구약성서는 야웨가 성전 건축을 흔쾌히 허락했다고 말하지 않는다. 너무나 당연했기 때문이라고? 좋은 집 지어 바치겠다는데 싫어할 신이 어디 있냐고? 그러니 굳이 그런 말은 하지 않아도 괜찮지 않느냐고?

그건 그렇지 않다. 야웨는 나단을 통해 다윗의 성전 건축 계획을 저지한 전력이 있지 않은가. 그럼에도 불구하고 야웨의 성전을 지었다면 어떻게든 그것을 합리화할 필요가 있었을 거다. 그런데 그런 에피소드가 구약성서엔 없다는 얘기다. 왜 그럴까? 왜 구약성서에 꼭 있어야 할 에피소드가 없을까? 혹시 구약성서는 야웨가 끝내 성전 건축을 탐탁치 않게 여겼음을 소극적으로라도 전하고 싶었던 건 아닐까? 그래서 성전 건축을 합리화하는 얘기를 전하지 않은 건 아닐까? 물론 근거 없는 추측일 따름이지만 충분히 가능한 추측이 아닌가 싶다.

구약성서는 매우 느리긴 하지만 야웨를 전적으로 물질적인 존재로 이해하는 데서 벗어나 새로운 지평을 열어가기 시작한다. 그렇다고 해서 야웨를 전적으로 영적인 존재로 인식하는 단계로 도약하진 않았다. 구약성서는 아직은 '영적 존재'(spiritual being)가 어떤 존재인지 분명히 인식하지 못한다. 이것이 이루어지려면 앞으로도 여러 세기가 흘러야 한다.

하지만 이스라엘에 그 어떤 변화의 조짐이 있음은 충분히 감지된다. 야웨와 이스라엘 사이의 관계에도 변화가 감지된다. 이것은 갑작스럽게 일어난 변화가 아니라 오랜 시간에 걸쳐서 서서히 일어난 변화가 누적된 것이다. 이어지는 두 장에서는 이런 변화를 보여주는 두 가지 현상, 곧 야웨의 '이름'과 야웨의 '카보드'(영광, 영어로는 주로 'glory'로 번역된 히브리어)에 대해서 살펴보겠다.

16장

내 얼굴 말고
내 이름이라니까!

알지 못하는 신

오랜만에 신약성서에 나오는 에피소드로 얘기를 시작해보자. 사도 바울이 아테네에서 전도할 때였다. 그는 아테네 온 도시가 우상으로 가득 차 있는 걸 보고 격분했다고 한다(사도행전 17:16). 그는 우선 유대인 회당에서 유대인 및 이방인 예배자들과 토론했고 그 다음에 광장으로 나가서 거기서 만난 희랍인들과 토론했는데 그들은 다양한 철학적 배경을 가진 사람이었다. 바울이 하는 얘기가 그들에겐 매우 생소하게 들렸던 모양이다. 하긴 바울이 예수의 부활을 그들에게 전했으니 그럴 만도 하겠다.

처음 듣는 얘기에 호기심이 일어난 아테네 사람들이 그를 아레오파고 법정으로 데려갔다. 바울은 거기서 연설할 기회를 얻었던 거다. 우린 바울을 글로만 알기 때문에 그가 얼마나 훌륭한 연설가였는지는 모른다. 하여간 그는 낯선 곳에서 낯선 사람들 앞에서 처음으로 연설하는 사람답게 예의를 갖춘 인사말로 얘기를 시작했다.

아테네 시민 여러분, 내가 보기에 여러분은 모든 면에서 종교심이 많습니다. 내가 다니면서 여러분이 예배하는 대상들을 살펴보는 가운데 '알지 못하는 신에게'라고 새긴 제단도 보았습니다…(사도행전 17:22-23).

연설의 전체적인 분위기는 청중에 대해서 매우 우호적이고 내용은 호소력이 있었을 것이라 추측된다. 그는 아테네라는 도시가 우상으로 가득 차 있는 걸 보고 격분했다고 했지만 연설에는 그런 분노가 드러나 있지 않다. 분노를 억누르고 연설했을지도 모른다. 이는 요즘 거리에서 "예수 천당 불신 지옥!"을 외치는 개신교 전도자들과는 사뭇 다른 태도다. 분노와 저주는 전도와 선교에 전혀 도움이 되지 않는다. 그가 '알지 못하는 신에게' 바친 제단을 보고 무슨 생각을 했는지 우리는 모른다. 아마 부정적으로 생각했을 것이다. 하지만 연설에서 그는 그것조차 긍정적인 의미로 얘기했다.

그런데 이 대목에서 의문이 든다. '알지 못하는 신'을 위한 제단이 과연 무슨 의미를 갖는지를 말이다. 사람이 어떤 신을 믿고 예배한다는 것은 그 신에게 투신(commitment)하고 헌신(devotion)하는 걸 의미하지 않는가. 그러려면 그 신에 대해서 어느 정도는 알아야 하는 것 아닌가. 물론 사람이 신에 대해 다 알 수는 없다. 하지만 전혀 모른다면, 더욱이 그 신의 성격도 아니고 그 신이 누군지도 모른다면 어떻게 그런 신을 믿고 예배하겠는가 말이다. 그 신이 헌신하겠다는 나에게 무엇을 약속하고 무엇을 요구하는지도 모르는데 그 신을 어떻게 '나의 신'으로 인식할 수 있느냐는 얘기다. 그래서 아테네 사람들이 만들어놓은 '알지 못하는 신'을 위한 제단은 일반적인 신앙의 대상으로서의 신이 아니라 그저 구색을 갖추기 위한 신이거나 관용을 표현하기 위한 수단이 아니었을까 하는 생각이 들게 된다.

신은, 사람이 신에 대한 생각이 열린 이후로 대체로 '인격적'인 존재로 인식되어 왔다. 신의 '인격성'은 시대마다 사람마다 달리 이해됐지만 어쨌든 신은 사람과 '통'하는 존재로 여겼다. 사람과 '통'하는 것이 신의 인격성의 요체다. 신은 사람과 '통'하는 존재라는 얘기다. 신을 인격체가 아닌 어떤 원칙이나 법칙, 원리, 질서로 이해하는 이신론(Deism)도 있지만 그것은 계몽주의와 그 이후 시대의 산물이므로 그 이전 시대에 적용하는 건 옳지 않다.

아테네 시민이 왜 '알지 못하는 신'에게 바치는 제단을 갖춰놨는지는 알 수 없다. 앞서 말했듯이 모든 종교와 신들의 공존과 화합을 추구한 관용의 표현일 수도 있다. 하지만 그들이 그런 제단을 갖고 있다는 사실을 뒤집어 보면 그들의 종교심이 어떤 신에 몰입하고 헌신하고 '올인'하는 성격은 아니었음을 보여주는 증거는 아닐까?

왜 신은 이름을 갖고 있을까?

'알지 못하는 신'에게 이름이 있을 리 없다. '알지 못하는 신'은 신의 이름이 아니다. 그런 신이 과연 있기나 한지도 모르는데 그 신에게 이름이 있을 리 없다. 하긴 아테네 사람들이 '알지 못하는 신'이 '있다'고 믿고 제단을 만들어놓지는 않았을 거다. 그저 최대한 많은 신들을 위한 제단을 만들고 싶었는데 혹시 자기들이 모르는 신을 위한 제단을 빠뜨릴까 봐 만들어 놓은 게 아닐까 추측된다. 그렇다면 '알지 못하는 신'을 위한 제단의 존재는 신에 대한 경외심의 표현이 아니라 이 신 빼고는 모든 신은 다 알고 있다는 자만심의 표현일 수도 있겠다는 생각도 든다.

사람이 믿는 신들은 거의 예외 없이 '이름'을 갖고 있다. 왜 그럴까? 왜 신은 이름을 갖고 있을까? 예배할 때 부르라고 있는 걸까? 기도가 엉뚱한 신에게 전달될까 봐 이름이 필요했던 걸까? 물론 이런 것도 이유가 될 것이다. 하지만 그보다 더 깊은 뜻이 신의 이름에 담겨 있음을 기억할 필요가 있다.

이름이란 예나제나 이름의 주인이 누군가를 보여주는 방편이다. 그것이 주인의 모든 것을 말해주진 않지만 이름을 모르고서는 그가 누군지 안다고 말하기는 어렵다. 이름은 주인의 정체성을 보여주는 첫 걸음이다. 이는 신에 대해서도 마찬가지다. 그런 의미에서 출애굽기 3장은 야웨가 누구인지를 알고 싶다면 몇 번이든 반복해서 읽어야 할 중요한 텍스트다.

　모세는 불타는 떨기나무 가운데 나타난 야웨(의 천사)를 만났다. 거기서 그는 이집트로 내려가서 히브리인들을 데려오라는 명령을 받고 나서 야웨에게 이렇게 물었다. "제가 이스라엘 자손에게 가서 '너희 조상의 하느님께서 나를 너희에게 보내셨다' 하고 말하면 그들이 저에게 **'그의 이름이 무엇이냐?'** 하고 물을 터인데 제가 그들에게 무엇이라고 대답해야 합니까?"(13절). 이에 야웨는 "나는 스스로 있는 자다"라는 유명한 말로 대답했다.

　"나는 스스로 있는 자다"라는 문장의 의미가 무엇인가 라는 물음에 '아하, 그렇구나!' 하며 모두 동의할 답은 아직까진 찾지 못했다. 수많은 학자들이 여러 방법으로, 온갖 자료들을 동원해서 답을 찾으려 했지만 여전히 만족스런 답은 얻지 못했다. 그러니 우리도 이 문장이 이름을 묻는 모세의 질문에 대한 야웨의 대답이었다는 정도로 만족할 수밖에 없다.

　모세는 왜 백성이 하느님의 이름을 물을 거라고 생각했을까? 실제론 묻지도 않았는데 말이다. 모세가 야웨를 그냥 '너희 조상의 하느님'이라고 소개했다면 그들은 모세를 따라 나서지 않았을까? 그래도 그들은 '하느님 이름이 뭐냐?'고 물었을까? 왜 모세는 그들이 야웨의 이름을 물을 거라고 생각했을까? 하느님의 이름을 알고 싶어 했던 건 백성이 아니라 모세 자신이 아니었을까? 그렇다면 왜 그는 백성 핑계를 댔을까? 도대체 이름이 뭐라고 모세는 그토록 집착했을까 궁금하지 않을 수 없다.

텍스트를 잘 읽어보면 사람만 이름에 집착한 것이 아님을 알 수 있다. 하느님도 사람 못지 않게 이름에 집착했다고 보인다. 출애굽기 6장을 보면 거기선 모세가 야웨의 이름을 묻지도 않았는데 야웨가 자기 이름에 대해 설명한다.

하느님이 모세에게 이렇게 말씀하셨다. 나는 야웨다. 나는 아브라함과 이삭과 야곱에게 '전능한 하느님'(엘 샷다이)으로는 나타났으나 그들에게 나의 이름을 '야웨'로는 알리지 않았다(출애굽기 6:2-3).

옛날엔 신들도 '개명'을 했나? 신들도 요즘 연예인처럼 예명 또는 별명이 따로 있었나? 야웨는 이스라엘의 선조들에겐 자신을 '엘 샷다이'라는 이름으로 알렸다고 했다. 그러니까 선조들은 '야웨'를 '엘 샷다이'로 알고 있었고 그렇게 불렀다는 얘기다. 왜 그랬을까? 야웨가 본명이면 처음부터 그렇게 알려줄 것이지 왜 그때는 '엘 샷다이'로 알려줬는가 말이다. 그때는 '동명이신'이 없었던 모양이다. 이스라엘의 선조들은 '엘 샷다이'란 이름으로도 야웨를 섬기고 예배하고 그에게 기도하는 데 아무 문제도 없었던 모양이니 말이다.

문제는 이름이 바뀌었어도 아무 문제가 없었다는 데 있다. 이름이 야웨가 아니더라도, '엘 샤다이' 또는 그 외에 다른 이름이더라도 아무 문제도 발생하지 않았다. 구약성서에 야웨의 이름 때문에 문제가 생겼다는 얘기는 없다. 그렇다면 왜 야웨는 이스라엘에게 새로운 이름을 알려줬을까?

사람도 이름을 바꿀 때는 그만한 이유와 사정이 있는 법이다. 주로 이름이 잘못 지어졌거나 부르기 불편하고 거북할 때 이름을 바꾼다. 그렇다면 야웨가 이스라엘의 선조들이 오랫동안 불러왔던 '엘 샷다이'를 버리고 새 이름 '야웨'를 줬다면 거기에 걸맞는 이유가 있다고 봐야 하지 않겠나. 공연히, 아무 이유도 없이, 심심해서 그러지는 않았을 거다. 이름을 바꾼 이유, 또는 새로운 이름을 준 이유, 그게 뭘까?

구약성서학계는 오랫동안 '야웨'라는 이름의 의미를 단어의 어원에서 찾으려 노력했다. '야웨'라는 말이 '이다' 또는 '있다'라는 '존재'를 가리키는 동사 '하야'에서 왔다고 보고 '스스로 존재하는 자' 또는 '존재하게 하는 자'라는 뜻으로 이해해왔다. 그래서 이 이름에서 '창조자'로서의 성격까지 이끌어냈던 것이다. 이런 시도가 무의미하다고는 말할 수 없겠지만 정말 그랬을까 하는 의문은 남는다.

한편 야웨라는 이름의 의미를 단어의 어원보다는 그것이 주어진 '맥락'에서 찾으려는 시도도 있어 왔다. 이스라엘의 선조들에게 알려준 '엘 샷다이'가 아니라 '야웨'라는 새 이름이 주어진 맥락에 주의를 기울이면 그 의미를 알 수 있다는 거다. 좀 길지만 인

하느님 몸 보기 만지기 느끼기
280

용할만한 가치가 있으니 다음의 성서구절을 보자.

나는 또한 그들이 한동안 나그네로 몸 붙여 살던 가나안 땅을 그들에게 주기로 그들(선조들)과 언약을 세웠는데 이제 나는 이집트 사람이 종으로 부리는 이스라엘 자손의 신음소리를 듣고 내가 세운 언약을 생각한다. 그러므로 너(모세)는 이스라엘 자손에게 말하여라. "나는 야웨다. 나는 이집트 사람들이 너희를 강제로 부리지 못하게 거기에서 너희를 이끌어 내고 그 종살이에서 너희를 건지고 나의 팔을 펴서 큰 심판을 내리면서 너희를 구하여 내겠다. 그래서 너희를 나의 백성으로 삼고 나는 너희의 하느님이 될 것이다. **그러면 너희는 내가 야웨 곧 너희를 이집트 사람의 강제노동에서 이끌어 낸 너희의 하느님임을 알게 될 것이다.** 내가, 아브라함과 이삭과 야곱에게 주기로 손을 들어 맹세한 그 땅으로 너희를 데리고 가서, 그 땅을 너희에게 주어 너희의 소유가 되게 하겠다. 나는 야웨다(출애굽기 6:4-8).

이 구절은 먼저 야웨가 이스라엘의 선조들과 맺은 '언약' (covenant)을 언급한다. 야웨가 이집트에서 종살이하던 그들 자손들의 신음소리를 듣고 선조들과 맺은 언약을 '생각했다'고 말한다. 원문에는 중요한 신학적인 의미를 담고 있는 '자카르'(기억하다)가 쓰였는데 표준새번역 성서는 '생각하다'라는 밋밋한 말로 번역했다. 아쉬운 번역이다.

요약하면, 야웨는 이스라엘 자손들이 이집트에서 종살이하면서 토해낸 신음소리를 듣고 그들의 선조와 맺은 언약을 기억하고 그들을 이집트에서 해방해내기로 작정했다는 얘기다. 바로 여기서 야웨는 후손들에게 자기 이름을 '야웨'로 알려주기로 했단다. 그래서 그들이 야웨에 의해 구원을 얻으면 "내가 야웨 곧 너희를 이집트 사람의 강제노동에서 이끌어낸 너희의 하느님임을 알게 될 것"이란 이야기다.

이름은 그 주인의 정체를 알려주는 하나의 수단이 되기도 한다. 그리고 이름의 어원은 그 이름이 무슨 뜻인지를 보여주는 많은 방편들 중 하나일 따름이다. 어원이 유일하게 이름 주인의 정체성을 보여주는 것도 아니고, 그것이 정체성의 전부를 보여주지도 않는다는 얘기다. 우리는 야웨라는 이름의 어원은 정확하게 모르지만 그 이름이 주어진 맥락은 분명히 알고 있다. 이집트에서 해방되어 자유의 몸이 됐을 때 비로소 이스라엘은 야웨가 누군지 알게 될 거라고 했다. 따라서 야웨라는 이름은 넓게는 해방 또는 자유와 관련되어 있고, 좁게는 이스라엘의 출애굽과 관련되어 있다고 볼 수 있다. 만일 이름이 그 주인의 정체성을 보여준다면 야웨라는 이름의 맥락으로 보아 야웨 신의 정체성은 억압에서의 해방, 속박에서의 자유, 구체적으로는 히브리 노예들의 출애굽 사건과 뗄 수 없이 관련되어 있다고 볼 수밖에 없다.

신의 이름은, 그 신이 어떤 신이든지 단순히 예배할 때 부르라고 있는 것이 아니다. 신에게 바친 기도가 제 주소를 찾아가라고 있는 것도 물론 아니다. 신의 이름에는 그 신이 누군가 하는 정체성과 자연과 역사 안에서 어떤 일을 이루려 하는지가 어렴풋이나마 드러나 있다. 물론 그 신이 누군지, 어떤 신인지 더 알기 위해서는 이름 이상을 알아야 하지만 말이다.

이 바보야, 문제는 이름이라니까!

이상은 구약성서 전체를 관통하는 이름의 의미와 역할에 대한 이야기였다. 여기에 더해서 구약성서의 신명기전승(Deuteronomic/ Deuteronomistic tradition)은 야훼의 이름과 관련된 독특한 사상을 갖고 있는데 그것은 이 전승 안에서 야훼의 이름은 곧 야훼 현존의 독특한 방식으로 이해된다는 사실이다.

신명기전승은 야훼가 하늘에 거주하고 있다고 믿는다. 하느님의 주소지는 장막도 아니고 성전도 아니고 하늘이라고 믿는다. 그렇다면 성전은 뭘까? 성전은 야훼가 자신의 '이름'을 둔 곳이다. 신명기전승에 따르면 성전 구석구석을 다 뒤져도 야훼 자신의 현존은 어디에도 없다. 지성소도 마찬가지다. 사제전승이 그토록 중요하게 여기는 지성소, 그 어두운 곳에 야훼가 현존한다고 믿었던 지성소가 신명기전승에서는 별볼일 없는 곳이다. 여기서 야훼의 궤는 하느님 현존의 표현이나 상징이 아니다. 야웨의 보좌 또는 발등상은 더 더욱 아니다. 궤는 단지 계명이 적힌 돌판, 아론의 싹이 난 지팡이 그리고 만나가 들어 있는 하나의 평범한 궤짝일 따름이다.

여기에 재미있는 차이점이 있다. 궤에 대한 다른 전승들, 곧 엘로히스트전승과 사제전승에서 궤는 야웨 현존의 표현으로서 더 구체적으로는 야웨가 그 위이 앉아 있는 '보좌'이거나 발을 올려놓고 있는 '발등상'으로 여겨졌다. 그래서 궤 안에 무엇이 들어 있는지는 관심이 없었다. 하긴 나라도 의자나 발등상으로 쓰는 궤라면 그 안에 무엇이 들어 있는지 관심 갖지 않을 것 같다. 그런데 신명기 전승에서 궤는 달리 이해됐다. 성전 자체가 야웨가 현존하는 장소가 아니라 그 이름을 둔 곳이므로 궤는 야웨의 보좌나 발등상일 필요도 없다. 궤의 역할도 달라져야 했다는 이야기다. 그래서 궤에 부여한 역할이 야웨의 계명이 적힌 돌판을 넣어두는 곳이란 것이었다. 야웨의 이름과 계명, 이 둘은 어딘지 통하는 구석이 있어 보이지 않는가? 이름은 보이는 게 아니라 들리는 것이다. 계명은 곧 목소리이고(이 책의 10장 참조) 계명을 내려주는 야웨의 목소리는 곧 야웨의 형상 금지 계명과 관련이 있다. 야웨의 물질적 현존과 대비되는 '이름' 그리고 형상과 목소리의 대비 등이 하나의 줄로 연결되어 있다는 생각이 든다.

각설하고, 정작 알고 싶은 것은 신명기 전승이 왜 이런 생각을 했을까 하는 점이다. 왜 이 전승은 야웨는 하늘에 있고 성전에는 단지 이름만 있다고 했는가? 이 전승은 왜 야웨의 이름이 아니 야웨 자신이 성전에 현존한다고 하지 않았을까? 야웨가 성전에 현존하면 안 되는 이유라도 있는가? 있다면 그게 무엇일까? 그리고 이 전승에서 '이름'이 의미하는 바는 무엇인가? 야웨의 이름과 야웨 자신은 어떤 관계에 있는가? 이름은 야웨의 현존을 대신하는 그 무엇인가, 아니면 현존과 아무 상관도 없는 별개의 것인가?

일반적으로 이름은 이름의 주인을 구현(embody)한다고는 해도 전체를 구현하지는 않는다. 야웨의 이름도 예외가 아니다. 그것 역시 야웨를 구현하긴 하지만 야웨 전체를 포괄하지는 않는다. 이름은 야웨의 일부분도 아니고 확장체(extension)도 아니다. 이름은 그저 이름일 뿐이다. 이름 주인이 어떤 존재인지를 표현하긴 하지만 이름 그 자체는 눈에 보이지도 손에 잡히지도 않는 추상명사일 뿐이다. 이름은 붓이나 펜으로 쓴다면 눈으로 볼 수 있지만 눈에 보이는 그것은 이름 그 자체가 아니라 그것이 글씨로 표현된 것일 따름이다. 이름은 일종의 추상명사로 취급될 수밖에 없다는 얘기다.

신명기전승에 따르면 야웨가 성전에 자신의 현존이 아닌 이름을 두었던 이유는 두 가지다. 첫째로, 신명기 전승은 야웨의 초월성(transcendence)이 손상되지 않기를 원했기 때문이다. 신명기전승은 야웨가 세상 안에 내재한다는(immanent) 신학을 위험하게 여겼다. 야웨의 초월성을 부정할 수 있다고 여겼기 때문이다. 초월적인 야웨는 자연이나 세상과 섞일 수 없다. 그래서 이 전승에서 야웨는 '하늘'을 떠나지 않고 거기에 머물러 있다. 무슨 일이 있어도 하늘에서 땅으로 내려오지 않는다. 이렇게 되면 야웨가 사람 사는 세상과 너무 멀어지는 게 아닌가, 세상과는 상관없는 '천상'의 신이 되어버리는 게 아닌가 하는 염려가 없을 수 없다. 그래서 야웨는 자신의 이름을 성전에 두었다는 것이다. 자기 이름을 성전에 둔 것은 야웨가 하늘보좌를 떠나지 않고 거기 머물러 있으면서도 사람들 가운데 현존하고 있음을 알리는 방법인 것이다.

이와 같은 신명기전승 특유의 신학은 '거주하다'는 용어를 구별하여 사용한 데서도 나타난다. 이 전승은 '야웨가 하늘에 거한다'고 말할 때는 '야삽'이라는 동사를 쓴다. 반면 '야웨의 이름이 성전에 거한다'고 말할 때는 '샤칸'이란 동사를 쓴다. 전자는 우리말로 '거주하다'(영어로는 'dwell')로 번역할 수 있고 후자는 우리말로 '장막을 치다'(영어로는 'tent')로 번역할 수 있다. 장막을 친다는 말은 일시적으로 머문다는 뜻이다. 따라서 신명기전승에서 야웨의 이름이 성전에 장막을 치고 머물러 있다고 말했을 때는 이름조차 거기 영원히 거주하지 않는다는 의미다. 이 모든 노력은 신명기전승이 야웨의 초월성이 훼손되지 않기를 얼마나 간절히 원했는지를 잘 보여준다. 야웨의 이름은 신명기전승이 야웨의 현존을 간접적으로 표현하는 방식이다. 이 사실은 야웨는 사람이 파악할 수 없는 존재라는 점을 드러낸다. 신명기전승에서 야웨는 알 수 없는 분으로 알려져 있는 셈이다(YHWH is known as unknown).

둘째로, 신명기전승에 따르면 야웨가 성전에 갖다둔 자신의 이름은 '신의 형상'(divine image)을 대신하는 것이었다. 고대 중동 종교들이 성전에 신의 형상들을 갖다뒀던 것과 비교해보면 이름을 갖다둔 행위의 의미는 분명히 드러난다. 그것은 형상이 상징하는 '매임'과 '수동성'이 아니라 '이름'이 상징하는 '자유'와 '능동성'을 강조하고 싶었다고 말이다.

성전을 지어 거기다가 어떤 모양이든 신의 현존을 확보하려 했던 것은 피하기 어려운 시대의 흐름이었다고 말할 수 있다. 신의 형상을 거부한 이스라엘의 독특한 신학은 이집트와 메소포타미아의 거대 문명권 틈새에서 정체성을 유지하기 힘들었을 것으로 짐작된다. 하긴 가나안 땅에 정착한 지 얼마 되지 않아서 이스라엘은 "다른 족속들처럼" 되려고 하는 움직임이 있었다. 그래서 백성들은 사무엘에게 "우리에게도 '다른 족속들처럼' 왕을 주시오!"하고 들이댔던 것이다. 이때 야웨는 사무엘에게 "저들은 네가 싫은 게 아니라 내가 싫어서 저러는 거다."라고 말했다. 출애굽한 직후 시내 산에서 야웨와 "나는 너희 하느님이 되고 너희는 내 백성이 되는" 언약을 맺은 이스라엘이지만 세월의 흐름과 함께 어느덧 주변 부족들과 닮아가고 있었던 것이다.

하지만 이스라엘에는 이와 같은 동화(assimilation)의 길에 브레이크를 걸며 야웨와 맺은 언약을 백성들에게 상기시키는 집단이 늘 있었다. 신명기 전승 집단도 그 중 하나였다. 그들 역시 이스라엘이 주변 문명과 동화되는 걸 막기 위해 브레이크를 건 집단이었다. 이들은 야웨의 현존을 특정한 장소에 붙박아 놓고 그것을 야웨의 형상처럼 여기려고 하는 데서 야웨 신앙의 위기를 감지하고 "이 바보야, 문제는 야웨의 얼굴/현존 그 자체가 아니라 이름이라니까!"라고 외쳤던 것이다. 이름은 써놓고 읽으라고 있는 게 아니라 입으로 부르고 귀로 들으라고 있는 것이다. 따라서 '형상 대신 이름'이란 주장에는 야웨의 현존은 눈으로 볼 수 있는 게 아니라 귀를 기울이고 들어야 한다는 뜻이 들어있다고 할 수 있다.

출애굽기 3장과 6장에서 보듯이 야웨의 이름은 단순히 예배 드릴 때 "오, 야웨여!"라며 부르라고 준 이름이 아니다. 이름은 부르지 않으면 야웨가 알아듣지 못할까 봐 주어진 게 아니란 얘기다. 야웨의 이름을 부른다는 것은 이름에 마술적인 힘이 있다고 믿고 거기에 의지하려는 행위가 아니다. 야웨의 이름을 부른다는 것은 거기에 담겨 있는 해방과 자유를 향한 열망을 표현하는 것이고 야웨가 약속한 바를 성취해 달라는 간절한 기원을 담은 적극적인 희망의 표출이다. 그래서 야웨의 이름은 그것을 부르는 사람의 능동적인 참여와 책임을 요구한다. 야웨의 이름을 부르는 사람은 그 이름에 함축되어 있는 의미에 걸맞는 삶을 살도록 요구받고 있다는 얘기다.

이렇듯 신명기전승은 야웨가 이스라엘 가운데 현존하는 다양한 양식들 중에 새로운 양식인 '이름'으로 현존하는 양식을 추가함으로써 야웨 현존 양식에 대한 이해를 다양하고 풍부하게 해주었다. 이 새로운 양식은 야웨 앞에서 야웨를 바라보며 먹고 마셨다고 거리낌없이 증언하는 전승과 비교해보면 상당히 추상화되었음을 알 수 있다. 하지만 나는 이것을 야웨를 물질적인 존재로 인식했던 데서 점점 영적인 존재로 인식하는 발전과정이라고 단순화해서는 안 된다고 생각한다. 물론 그런 측면은 분명히 있다.

하지만 그것을 단순히 '영성화'(spriritualization)라고 규정해서는 안 된다. 오해의 여지가 있기 때문이다. 왜냐하면 야웨의 직접적인 현존 대신 이름을 들고 나온 신명기 전승의 고민은 어떻게 하면 야웨의 물질성/내재성을 버리고 영성/초월성을 취할 것인가가 아니라 신의 물질성 또는 자연세계와의 합일성이 대세인 주변 문화 속에서 어떻게 하면 야웨의 초월성을 유지할 수 있을까 하는 고민의 산물이기 때문이다. 흔히 신의 물질성은 곧 신의 자연세계의 내재성 또는 합일성으로 이해되던 고대 중동 문화 속에서 구약성서는 야웨의 물질성과 초월성을 동시에 유지하려고 했다. 한 편을 버리고 다른 한 편을 택했던 것이 아니란 얘기다. 구약성서의 야웨 종교에 있어서 야웨의 초월성은 야웨의 물질성의 타당성이 모두 상실된 다음에 그것을 대체하기 위해 비로소 등장한 게 아니다. 구약성서에서 야웨의 초월성에 대한 인식은 처음부터(이

'처음'의 연대를 구체적으로 제시하기는 어렵지만) 야웨 종교 안에 자리 잡고 있었다. 처음에는 그것이 너무도 낯설어 어떻에 이해하고 규정해야 할지 몰라 혼돈에 빠졌지만 아주 느린 속도지만 차차 그것을 명료하게 인식해 나갔던 것이다. 신명기전승의 '이름신학'(name theology)은 야웨의 물질적 현존에 대한 사람의 인식과 경험을 시각에서 청각으로 이동시킴으로써 한편으로는 야웨의 물질성을 유지하면서 다른 한편으로는 점차 뚜렷하게 인식되는 영성/초월성을 표현하려 했던 것이다.

이상이 신명기전승의 이름 신학에 대한 얘기다. 하지만 야웨 현존의 물질성을 유지하면서 점증하는 초월성에 대한 인식을 벼려 나간 전승이 신명기전승이 전부는 아니다. 사제전승이라는 두텁고 지속적인 전승이 하나 더 있다. 사제전승 또한 야웨의 현존에 대한 자기만의 독특한 인식을 전개함으로써 구약성서의 신학을 더욱 풍요롭게 만들어놓았다. 다음 장에서는 사제전승의 '카보드 신학'에 대해 얘기해보자.

17장

내 얼굴 말고
내 '카보드'라니까!

이제 카보드는 이스라엘을 떠났구나!

이스라엘이 블레셋과의 전투에서 승리하기 위해 야웨의 궤를 갖고 나갔다가 승리하기는커녕 궤를 빼앗긴 얘기를 다시 한 번 떠올려보자. 이때 야웨의 궤는 실로 성전에 있었고 그곳 제사장은 엘리였다. 그러니까 엘리는 궤의 보관과 관리를 맡은 책임자였다. 이스라엘의 장로들이 블레셋과의 전투에 궤를 갖고 나가자고 했을 때 엘리가 어떤 의견을 개진했는지 우리는 모른다. 장로들의 권한이 엘리의 그것을 압도해서 엘리가 마지못해 그들의 결정을 따랐는지, 아니면 그도 장로들의 결정에 기꺼이 동의했는지는 아무도 모른다. 어쨌든 이스라엘 군대는 궤를 들고 출정했는데 거기에는 엘리의 아들 홉니와 비느하스도 끼어 있었단다.

엘리는 궤의 안위도 염려됐거니와 아들들의 안전에도 마음이 쓰여 전쟁터에서 소식이 오기만을 기다리고 있었다. 전투는 홉니와 비느하스를 비롯해서 이스라엘 군인 삼만 명이 죽고 궤도 블레셋에 빼앗기는 것으로 끝났다. 이 소식을 들은 엘리는 그만 뒤로 넘어져 목이 부러져 죽었고 그의 며느리이자 비느하스의 아기를 임신중인 아내는 시아버지와 남편이 죽었다는 비보를 듣고 갑자기 진통이 와서 아들을 낳고 죽었다. 그녀는 아들을 낳았다는 얘기를 들었을 때는 한 마디 대꾸도 않더니 죽기 직전에 느닷없이 "하느님의 궤를 빼앗겼으니 이제 **카보드**(영광)는 이스라엘을 떠났구나!"라고 중얼거렸다 한다(사무엘상 4:21-22).

이름도 남아 있지 않은 여인의 입에서 나왔다는 탄식에 주의를 기울인 사람은 많지 않았다. '카보드'란 말엔 중요한 의미가 담겨 있지만 그 말을 한 사람이 주연급이 아니었기 때문이다. 이 말은 사제 전승의 전유물은 아니지만 그 전승에 의해서 독특한 개념을 가리키는 '전문용어'(technical term)의 자격을 얻었을 뿐 아니라 이 전승에 채택된 후로 그 의미도 확장되고 풍부해졌다.

'카보드'는 흔히 우리말은 '영광'으로, 영어로는 'glory'로 번역된다. '영광'이나 'glory'는 일정한 형체를 가진 물질을 지칭하는 말이 아니라 추상명사(abstract noun)이다. 눈에 보이는 형상으로 표현될 수 없다는 뜻이다. 히브리어 '카보드'도 그랬을까? 그렇다고도 할 수 있고 그렇지 않다고 할 수도 있다. 이상하게 들리겠지만 그렇게 말할 수밖에 없다.

구약성서에서 '카보드'은 추상명사가 아니다. 눈으로 볼 수 있는 그 무엇이기 때문이다. 누구나 거리낌없이 야웨의 카보드를 볼 수 있는 건 아니다. 하지만 카보드는 원천적으로 사람이 볼 수 없는 것은 아니었다. 곧 본래부터 사람 눈엔 보이지 않는 추상적인 그 무엇이 아니란 얘기다. 그럼 뭐란 말인가? 양자의 중간쯤에 위치한 그 무엇이었나? 구상명사도 아니고 추상명사도 아니라면 반구상명사 또는 반추상명사였나? 지금부터 카보드에 대해 샅샅이 파헤쳐보자.

사람의 모습을 한 카보드

카보드는 거의 전적으로 사제전승(priestly tradition)에 등장한다. 적어도 전문용어로서 카보드는 그렇다. 사제전승은 사제들에 의해 만들어지고 전승되었다고 해서 이렇게 부르는데 오경의 곳곳에 분포되어 있지만 특히 레위기에 빈번하게 나타난다. 예언서 중에는 에스겔서에 가장 잘 보존되어 있다.

주의해야 할 점은 이 전승을 하나로 묶어 '사제전승'이라고 부르지만 그 안엔 다양한 갈래들이 존재한다는 사실이다. 같은 갈래라 할지라도 시대적 상황에 따라 서로 다른 모습을 띠기도 한다. 예레미야도 사제 가문 출신으로서 사제 전승의 영향을 받았고 에스겔 역시 사제 가문 출신으로서 같은 전승의 영향을 받았다. 하지만 두 사람의 신학은 적지 않게 다르다. 같은 사제 전승이라도 갈래에 따라서, 그리고 놓여 있는 시대적 상황에 따라서 이렇게 다를 수 있다는 얘기다.

사제전승에서 카보드는 야웨의 현존을 가리키는 말로 읽힌다. 둘은 같은 존재인가? 아니면 야웨의 '이름'처럼 카보드 또한 야웨의 일부를 구현하는 그 무엇인가?

카보드를 곧 야웨로 볼 수는 없다. 물론 야웨 없는 야웨의 카보드는 생각할 수 없다. 카보드도 이름처럼 야웨의 일부를 구현하는 존재다. 하지만 카보드가 곧 야웨는 아니다. 카보드는 사제전승이 인식하는 야웨 현존의 한 형태다. 이 전승은 야웨가 성전에서, 그리고 이스라엘 백성들 가운데 카보드로 현존한다고 이해한다. 여기서 카보드는 야웨의 현존에 가시적인 물리적 형태(a visible physical form)를 부여하지 않으면서도 야웨가 인간 세상에서 초월한 먼 곳에 있는 신이 아니라 가까이에 있는 신임을 보여주는 야웨 현존의 한 형태다.

이 전승에서 카보드는 '영광'이나 'glory' 같은 추상명사가 아니다. 그것은 지나칠 정도로 밝고 찬란한 그 무엇이다. 그래서 구름 따위에 가려져 있다. 이 때문에 사람은 카보드를 제대로 볼 수 없다. 그렇다고 해서 카보드가 원천적으로 사람이 볼 수 없는 영적인 존재거나 추상적 개념은 아니다. 비느하스의 아내가 "카보드가 이스라엘을 떠났다!"고 말했을 때 그 말은 단순히 야웨가 이스라엘을 떠났음을 가리키는 은유적인 표현이 아니라 가시적인 야웨의 현존이 궤와 함께 이스라엘을 떠났음을 가리킨다.

그런데 에스겔서의 카보드는 사제전승 일반의 그것과 구별되는 측면이 있다. 에스겔이 카보드를 확연하게 눈으로 봤다고 말하기 때문이다. 야웨의 카보드는 원천적으로 사람이 눈으로 볼 수 없지는 않다. 하지만 그것은 어떤 식으로든 가려져 있으므로 사람이 직접 볼 수 없게 되어 있다. 하지만 에스겔서에선 그렇지 않다. 에스겔은 야웨의 카보드를 눈으로 보고 비교적 상세하게 묘사하고 있다.

야웨는 여호야긴 왕이 바빌론에 포로로 잡혀온 지 오 년째 되던 해 넷째 달 닷새째 되던 날에 포로로 잡혀온 유대인들과 함께 그발 강가에 있던 에스겔을 권능으로 사로잡아 하늘을 열어 환상을 보여줬다(에스겔 1장). 에스겔서는 구체적인 날짜와 장소를 명시함으로써 이 사건이 역사적 사실임을 강조하고 있다. 에스겔이 보니 북쪽에서 폭풍이 불어오고 큰 구름이 일어나며 불빛이 계속 번쩍이고 구름 둘레에는 광채가 났는데 그 광채 한 가운데 사람 모습을 한 네 마리의 생물의 형상이 나타나더란다(5절). 이후 6절부터 27절에서 이 생물들의 모습을 자세히 묘사한 다음에 에스겔은 이렇게 마무리한다.

그를 둘러싼 광채의 모양은 비오는 날 구름 속에 나타나는 무지개 같이 보였는데 **그것은 야웨의 '카보드'가 나타난 모양과 같았다.** 그 모습을 보고 나는 얼굴을 땅에 대고 엎드렸다. 그 때에 말씀하시는 이의 음성을 내가 들었다(에스겔 1:28).

에스겔은 때 매우 조심스럽게 카보드의 모습을 묘사한다. 조심스럽더라도 분명한 점은, 카보드가 눈에 보이는(visible) 그 무엇으로 묘사됐다는 사실이다. 더 구체적으로 에스겔은 카보드가 '사람의 모습'을 띠고 있다고 말한다. 그 모습을 보고 에스겔이 얼굴을 땅에 대고 엎드린 걸 보면 그 역시 카보드를 함부로 보면 안 된다고 생각했던 모양이다.

한편 에스겔서 10장은 카보드가 성전을 떠나는 장면을 이렇게 묘사한다.

야웨의 카보드가 성전 문지방을 떠나 거룹들 위로 가서 머물렀다. 거룹들이 내(에스겔)가 보는 데서 날개를 펴고 땅에서 떠올라 가는데 그들이 떠날 때에 바퀴들이 그들과 함께 떠났다. 거룹들이 야웨의 성전으로 들어가는 동문에 머무르고 이스라엘의 하느님의 카보드가 그들 위에 머물렀다. 그들은 내가 그발 강가에서 환상을 보았을 때 본 것으로 이스라엘의 하느님을 떠받들고 있는 생물들이다. 나는 그들이 거룹임을 알 수 있었다(에스겔 10:18-20).

에스겔은 분명 카보드를 봤다! 그러니까 그것이 "성전 문지방을 떠나 거룹들 위로 가서 머물렀다"고 말했던 게 아닌가. 뭔가를 보지 못했는데 이렇게 말할 수는 없다.

1장이 전하는 환상에서 에스겔은 야웨의 카보드가 성전에 있는 것을 봤는데 10장의 환상에서는 그것이 성전을 떠나는 것을 봤단다. 물론 환상이라고 했으니 현실세계에서 본 것과는 구별해야 한다. 그런데 에스겔이 목격한 카보드가 '사람의 모습'을 하고 있었다는 점은 기억해둘 만하다. '사람의 모습을 한 카보드'의 크기가 얼마나 컸는지 우리는 모른다. 사람 정도의 크기였는지 그보다 더 컸는지 작았는지 우린 알 수 없다. 그것이 '물질'로 이루어져 있었는지, 아니면 '기'나 '에너지' 같은 걸로 이루어져 있었는지도 우린 알 도리가 없다. 하지만 그럼에도 불구하고 분명한 사실은, 에스겔이 그것을 눈으로 봤다는 사실이다. 그러니 카보드는 구상명사로 분류되어야 한다. 추상명사일 수는 없다.

영과 물질세계를 넘나듦

사제전승은 왜 '카보드'에 대해서 말할까? 왜 하필 '카보드'였을까? 왜 야웨의 '얼굴'이 아닌 '카보드'였는가 말이다. 왜 '이름'이 아닌 '카보드'였을까? 성전에 야웨의 '얼굴'이나 '이름'이 있다고 말하지 않고 왜 '카보드'가 있다고 말했을까? 사제전승이 말하는

'카보드'는 대체 무엇일까? 이를 규명할 자료는 충분하지 않다. 하지만 사제전승이 카보드를 어떻게 이해했는지를 살펴보는 일은 중요하다. 왜냐하면 카보드는 사제전승이 야웨의 현존 양식을 어떤 방식으로 독특하게 인식했는지를 보여주는 실마리이기 때문이다.

사제전승은 야웨를 형태(shape)를 갖고 있는 존재로 인식했다. 이 전승은 야웨를 형태가 없는(shapeless) 허상(illusion)이나 허깨비로 인식하지도 않았고, 신약성서처럼 '영적인 존재'(spiritual being)로 인식하지도 않았다. 이 전승에서는 야웨를 눈에 보이는 '몸' 비슷한 걸 갖고 있는 존재로 인식했던 것이다. 하지만 야웨의 몸은 사람이나 동물의 몸과는 달랐다. 카보드는 이렇듯 야웨의 몸이 사람이나 동물의 그것과 같지 않다는 사실을 표현하는 하나의 방편으로 사용됐던 것이다.

사제전승의 카보드를 신명기전승의 이름과 비교해보면 그 차이를 이해하는 데 도움이 된다. 신명기전승은 야웨가 성전에 현존하지만 여전히 초월적인 존재라는 사실을 강조하려고 야웨가 성전에 자기 '이름'을 두었다고 말한다. '이름'은 비물질적이며 추상적이다. 그래서 야웨의 초월성이 강조된다. 이 전승에서 야웨가 성전에 현존하는 방식은 비물질적이고 추상적인 '이름'을 통해서다. 이름이 갖고 있는 추상성의 한계를 보완하려고 궤 안에 계명이 새겨진 돌판을 넣어두었지만 말이다.

이에 반해 사제전승의 카보드는 신명기전승의 이름보다는 더 물질적이고 덜 추상적이다. 사제전승도 카보드가 무엇으로 이루어져 있는지는 분명히 밝히지 않는다. 알면서도 밝히지 않는 것은 아닐 터이다. 이 전승도 그게 무엇인지 몰랐던 것이다. 그래서 물질처럼 묘사할 때도 있지만 그렇지 않을 때도 있다. 또 '기'나 '에너지' 같은 것으로 인식하는 것처럼 보일 때도 있다.

이런 점들을 감안하면 사제전승의 카보드는 내재적인 물질세계와 초월적인 영의 세계(구약성서가 그런 이름으로 부르지는 않았지만)의 경계선 위에 서 있는 것처럼 보인다. 이 전승은 야웨를 전적으로 영적인 존재로 인식하지는 않지만 그렇다고 해서 전적으로 물질적인 존재로 인식하는 것도 아니다. 이 전승은 카보드를 형태는 갖추고 있지만 사람이나 동물의 몸과 똑같다고 보지는 않는다. 물질적인 몸도 아니지만 그렇다고 해서 영도 아니란 얘기다. 그래서 영과 물질 사이의 경계선에 서 있다고 말한 것이다. 절반은 영이고 절반은 물질이란 뜻이 아니라 영과 물질의 세계를 넘나든다는 뜻이다. 그래서 어떤 학자는 사제전승의 카보드를 '비물질적 신인동형론'(non-material anthropomorphism)이란 어려운 이름으로 부르기도 한다.

야웨를 아는 지식이 없었기 때문에…

구약성서에서 야웨의 행동 범위에는 지리적 제한이 없다. 야웨는 어디든 마음대로 갈 수 있다. 가나안의 바알 종교에서 영향을 받았는지 야웨가 구름이나 번개를 타고 다닌다고 묘사하는 구절들도 있지만(예컨대 시편 104:3) 그건 오히려 야웨의 행동 범위를 제한적으로 보게 만들 수 있다. 본래 구름이나 번개 따위를 타지 않고도 야웨는 어디든 갈 수 있기 때문이다.

당연한 얘기를 왜 하냐고? 그럴만한 이유가 있다. 야웨의 행동 범위에 제한이 없다고 믿는 사제전승이나 다른 전승들도 카보드가 성전에 자리잡은 후로는 줄곧 오로지 거기에만 머문다고 말하기 때문이다. 그런 의미에서 야웨가 시내 산으로 내려왔다고 얘기하는 출애굽기 19장과 야웨가 장막이 완성되자 그리로 내려왔다고 얘기하는 출애굽기 40장은 사제전승에서 중요한 신학적 의미를 갖는다.

이 전승에서 야웨는 어디든 갈 수 있지만 동시에 여러 곳에 나타나지는 않는다. 야웨는 한 곳에 하나의 방식으로만 현존한다는 얘기다. 야웨의 현존이 하늘에도 있고 동시에 성전에도 있을 수는 없다. 카보드는 일단 하늘에서 내려와 장막(미슈칸) 또는 성전(헤이칼)에 자리 잡으면 더 이상 하늘엔 존재하지 않는다. 성전에도 한번 들어가면 들락날락하지 않고 성전을 버리고 아주 떠날 때까지는 내내 머물러 있다. 야웨의 카보드는 지상에서 이런 방식으로 현존한다는 거다.

관건은 사제전승이 카보드로서의 야웨 현존을 인식하는 방식이다. 이 전승에 따르면 하늘에서 장막 또는 성전으로 내려오는 순간 야웨는 초월적인 존재양식을 버리고 내재적인 존재양식, 곧 카보드로서의 현존 양식을 택한 것이다. 카보드 신학은 초월적인 하느님(transcendent God)인 야웨가 땅에 내려온 후로는 창조세계 안에 머무는 내재적인 하느님(immanent God)이 됐음을 강조하는 신학이라는 거다. 신명기전승의 '이름 신학'이 초월성을 강조하기 위한 신학이라면 사제전승의 '카보드 신학'은 내재성을 강조하는 신학이라고 할 수 있다. 언제까지 내재하느냐고? 에스겔 10장이 전하는 대로 카보드가 성전을 버리고 다시 하늘로 올라갈 때까지다.

사제전승이 구약성서 역사에서 비교적 후대인 바빌론 포로기 이후의 산물이기 때문에 카보드 신학 역시 후대의 산물이라고 단정하는 견해가 있다. 카보드 신학이 야웨의 내재성을 강조하는 까닭은 예루살렘 성전이 파괴된 후에도 야웨가 먼 곳으로 떠나버리거나 초월해버린 것이 아니라 여전히 세계 안에 현존하고 있음을 확신시키려는 데 있었다. 이스라엘이 성전을 재건하기만 하면 다시금 성전으로 돌아올 것으로 믿었던 것이다.

일리가 있는 주장이다. 하지만 반드시 그렇게만 볼 이유는 없다. 이런 견해는 구약성서 종교를 지나치게 발전론적(developmen-talist) 시각에서 보는 견해가 아닌가 싶다. 구약성서의 종교가 더 원시적인 것에서 덜 원시적인 것으로, 덜 합리적이고 더 미신적이며 더 마술적이고 더 물질적인 것에서 더 합리적이고 덜 마술적이며 더 정신적이고 더 영적인 것으로 발전해 나갔다는 전제 아래서 다양한 종교 현상과 신학들을 판단하는 것은 정당하지 않다.

물론 이런 경향이 구약성서에 있긴 하다. 구약성서 종교는 넓게 봐서 부족중심주의(tribalism)에서 보편주의(universalism)로 발전해 나간 게 사실이다. 하지만 야웨의 현존에 관한 다양한 인식 방식을 발전주의적 시각으로만 보는 데는 무리가 있다. 야웨의 초월성과 내재성을 인식하는 데 있어서 갈등과 딜레마는 구약성서 종교 역사 초기에도 나타나기 때문이다. 물론 저울 추는 초월성/영성 쪽이 아니라 내재성/물질성 쪽으로 많이 기울어져 있긴 했지만 초월성/영성 쪽이 비어 있던 적은 없었다. 후대에 이르러서는, 곧 신명기전승과 사제전승에 이르러서는 초월성/영성 쪽이 무거워져서 저울이 조금씩 균형을 이뤄갔지만 그것은 없던 것이 하늘에서 떨어졌기 때문이 아니라 기왕에 존재하던 것의 비중이 커졌기 때문이었다.

사제는 제사를 주관하는 집단이다. 사제의 일은 머리로 하는 일이라기보다 몸이 하는 일이다. 제물로 바쳐질 동물에 흠이 있는지 없는지, 제물의 요건을 제대로 갖추고 있는지를 살피는 일부터 그

짐승을 죽이고 피를 내고 살과 뼈를 발라내고 기름을 골라내어 태우는 등 대부분이 몸으로 해야 하는 일이었다. 그들이 하는 일에서 몸으로 하는 일이 차지하는 비중은 예언자들이나 지혜자들의 그것과는 비교할 수 없을 정도로 높았다. 그래서였을까? 사제 전승의 카보드 신학은 야웨의 초월성을 어느 전승 못지 않게 강조하면서도 동시에 내재성을 절묘하게 강조한다. 둘을 동시에 강조하는 데 있어서 가장 좋은 수단이 '카보드'였던 셈이다.

이스라엘은 두 번이나 성전이 파괴되는 경험을 했다. 한 번은 기원전 586년에 바빌론에 의해서이고 다른 한 번은 기원후 70년에 로마에 의해서다. 두 번의 성전 파괴 경험을 통해 그들이 받은 충격을 무엇에 비교할 수 있을까. 문자 그대로 하늘이 무너지는 충격이었을 거다. 하지만 그들은 성전이 파괴된 후 얼마 지나지 않아 성전 재건에 나섰다. 여기에는 복잡한 정치적, 이념적 계산이 있었겠지만 좌우간 이들은 성전 재건을 최대의 과업으로 삼았다. 학개 같은 예언자들은 이스라엘에 닥친 모든 불행이 성전을 재건하지 않았기 때문이라고 단언할 정도였다(학개 1:1-11).

왜? 그깟 집이 뭐라고! 야웨가 "내가 언제 집 지어달라더냐?"고 말씀하신 적도 있는데… 아니다. 그건 그렇지 않다. 이스라엘에게 야웨의 성전은 단순한 건물이 아니었다. 그건 어떤 모양이든 야웨가 현존하는 곳이었다. 성전이 파괴되면서 야웨는 집을 잃어버렸다. 그래서 이스라엘에게 성전 재건은 집 잃은 야웨에게 다시 집을 마련해주는 일이었고, 집 나간 야웨를 다시 돌아오게 하기 위해서 해야 하는 일이었다.

그렇다면 야웨를 다시 성전에 들여서 그들은 무엇을 하려고 했을까? 지극정성으로 섬기려고? 온갖 기름진 짐승들을 잡아 제물로 바침으로써 다신 집을 버리고 나가지 않게 하려고? 그럼 과거에는 정성이 부족해서 성전이 파괴됐고 야웨는 떠나버렸던가?

아니다! 그게 아니다. 그렇게 된 까닭은, 그들이 야웨를 몰랐기 때문이다! 야웨를 아는 지식이 없었기 때문이다! 그들이 성전을 지켜내지 못하고 야웨의 현존을 잃어버렸던 것은 야웨에게 바친 제물의 양과 질이 모자랐기 때문이 아니라 야웨를 아는 지식(knowledge of YHWH)이 모자랐기 때문임을 드디어 그들은 깨달았던 거다. 성전을 잃어버리고 나서야 비로소 그들은 깨달았다. 야웨의 현존을 보장하는 것은 제사가 아니라 야웨를 아는 지식이란 사실을.

물론 전에도 "야웨를 알자!"고 목청껏 외친 예언자들이 있었다. 하지만 그들이 있었으면 뭘 하나, 그들의 말에 귀기울이지 않았는데…. 그러니 다음 장에서는 야웨의 현존과 야웨를 아는 지식의 관계에 대해서 살펴볼 차례다.

18장

결국 야웨를
알자는 얘기
아닌가!

나는 야웨를 알고 싶다!

〈나는 살고 싶다!〉 어렸을 때 본 영화 제목이다. '명화극장'이나 '주말의 명화'에서 봤을 터이다. 줄거리는 기억나지 않지만 주말 늦은 밤 식구들이 텔레비전 앞에 앉아 소리 죽여가며 봤던 기억이 아직껏 남아 있다. "나는 살고 싶다!" 왜 그렇게 살고 싶었을까? 아니, 살고 싶은 거야 당연한데 "나는 살고 싶다!"고 외쳐야 했던 이유는 무엇일까? 누가 그를 죽이려 했던가? "나는 살고 싶다!" 실제 영화에서 누가 그 대사를 했는지도 기억나지 않지만 그게 누구였든지 '절규'하듯 말했을 터이다.

"나는 알고 싶다!" 이 말을 "나는 살고 싶다!"처럼 절실하게 외칠 사람이 있겠냐마는 이스라엘은 진정으로 야웨를 알고 싶었다. 구약성서를 읽을 때마다, 특히 예언서를 읽을 때마다 야웨를 알고 싶어하는 그들의 간절한 마음이 느껴져 가슴이 벅차오른 적이 한두 번이 아니다.

야웨의 형상을 만드느냐 마느냐를 두고 심각하게 고민했을 때, 과연 야웨의 목소리를 들을 수 있을까, 듣는다면 어디서 어떻게 들을 수 있을까를 두고 머리 싸매고 고민했을 때 그들이 진정 알고 싶었던 것은 '야웨는 누구인가?'였을 거다. 말하자면 "나는 야웨가 알고 싶다!"였던 거다. 야웨가 누군지, 어떤 신인지, 그가 바라는 것은 무엇인지, 이스라엘에게 요구하는 게 무엇인지, 그가 싫어하는 것은 무엇인지 등등이 알고 싶었던 것이다.

신을 알고 싶어 하는 것은 인간의 '종교적 본능'이라고 불러도 될 것이다. 사람 편에서 본 구약성서의 궁극적 목표는 '야웨를 아는 지식'(knowledge of YHWH)을 갖는 것이다. 우리가 이 책에서 탐구해온 야웨의 '물질성' 또는 '형이하학'에 관한 질문은 호기심에서 비롯된 게 아니라 '야웨를 아는 지식'이라는 궁극적 물음에 답을 얻기 위한 질문이었다. 이스라엘은 답을 야웨의 계명에서 찾으려 했다. 야웨를 아는 지식은 눈에 보이는 '형상'이 아니라 귀로 듣는 '목소리'를 통해 얻을 수 있다고 믿고 그렇게 했던 것이다.

다행히 야웨는 자신을 사람들에게 알리고 싶어 하는 신이다. 야웨는 사람들이 자신을 알아주길 바란다. 심지어 "나를 알아다오!"라고 호소하기까지 한다. '야웨가 뭐가 아쉬워서 자신을 알아달라고 구걸하다시피 하겠나?'라고 생각하는 사람을 위해서 호세아서의 두 구절을 인용해 본다.

너와 나는 약혼한 사이, 우리 사이는 영원히 변할 수 없다. 나의 약혼 선물은 정의와 공평, 한결같은 사랑과 뜨거운 애정이다. 진실도 나의 약혼 선물이다. 이것을 받고 **나 야웨의 마음을 알아다오**(호세아 2:21-22).

그러나 에브라임아, 너를 어떻게 하면 좋겠느냐. 유다야, 너를 어떻게 하면 좋겠느냐. 너희 사랑은 아침 안개 같구나. 덧없이 사라지는 이슬 같구나. 그래서 나는 예언자들을 시켜 너희를 찍어 쓰러뜨리고 내 입에서 나오는 말로 너희를 죽이리라. 내가 반기는 것은 제물이 아니라 사랑이다. 제물을 바치기 전에 **이 하느님의 마음을 먼저 알아다오**(호세아 6:4-6).

많은 신들은 숨바꼭질하듯 자신을 감췄다. 간혹 드러내는 신도 있었지만 극소수의 사람에게만 그랬다. 그런데 야웨는 자신을 드러내는 데 조금도 주저함이 없다. 심지어 자기를 알아달라고 호소하기도 한다. 극소수의 선택된 사람만이 아니라 모든 사람에게 말이다.

구약성서에서 야웨의 목소리를 들었거나 그 외에 다른 방법으로 야웨의 계시를 받은 사람은 소수다. 이것만 보면 자신을 극소수의 사람들에게만 드러내는 여타 신들과 다를 게 없어 보인다. 하지만 야웨는 계시를 받은 소수만 자신을 아는 것을 원치 않는다. 그들을 통해서 모든 사람이 자기의 뜻과 계획을 알게 되기를 원한다. 야웨가 이스라엘 백성을 선택한 목적도 여기에 있다. 이스라엘을 통해서 "세상의 모든 백성이 야웨만이 하느님이시고 다른 신은 없다는 것을 알게" 하기 위해 그들을 선택했다고 솔로몬도 기도하지 않았던가(열왕기상 8:59-60).

결국 알고 싶은 것은 야웨의 물질성 혹은 영성이 아니라 야웨에 대한 모든 것이다. 야웨는 누구이고 사람 사는 세상 및 피조세계 전체에 대해 어떤 계획과 의지를 갖고 있는지를 아는 것이다. 이를 구약성서는 '야웨를 아는 지식'이란 말로 표현했다. 야웨가 물질적 존재임을 확인했던 것도 그것이 야웨를 아는 지식과 뗄 수 없이 관련되어 있기 때문이다.

야웨를 알고 싶으면…

야웨를 아는 지식이 무엇을 의미하는지를 살펴보기 전에 먼저 구약성서에서 말하는 일반적인 '지식'이란 무엇을 가리키는지 알아보자.

구약성서에서 '지식'을 가리키는 말로 가장 많이 사용된 단어는 '다아트'다. 이는 '알다'라는 뜻의 동사 '야다'에서 파생된 명사다. 리소브스키(Lisowsky) 어휘사전(concordance)을 찾아보니 동사 '야다'와 거기서 파생된 단어들이 구약성서에서 히브리어로 쓰인 부분은 1,058번, 아람어로 쓰인 부분은 51번 해서, 도합 1,109번이 사용됐다고 한다. 이 정도면 매우 많이 사용된 편에 속한다. 이 말이 특히 많이 사용된 책은 에스겔서(99번), 시편(93번), 예레미야서(77번), 이사야서(75번), 욥기(70번) 등이다.

'다아트'는 다양하고 광범위하게 사용됐지만 크게 나눠보면 '세속적' 용법과 '종교적' 용법으로 나눌 수 있다. 둘 사이의 경계가 칼로 베듯 명확하진 않지만 말이다. 세속적 의미의 '다아트'에는 눈으로 보거나 귀로 들어서 얻는 감각적 지식, 교육이나 반복적인 훈련을 통해 얻은 기술, 그리고 사제들의 제의(祭儀) 집행 기술, 마술, 점성술 등이 포함된다. 제의와 마술, 점성술 등은 종교와 관련되지만 그것을 습득하기 위해선 반복적인 교육과 훈련이 필수적이므로 여기 속하는 걸로 본다. 이런 종류의 지식은 구약성서 뿐 아니라 고대 중동 지역 어디서든 발견된다. 따라서 구약성서 특유의 '야웨를 아는 지식'의 의미를 알 수 있는 실마리는 종교적 용법에서 찾아야 한다.

지식의 종교적 용법을 알아보기 전에 먼저 확인해야 할 사항이 있다. 구약성서에서는 세속적 의미와 종교적 의미를 막론하고 동사 '야다'와 명사 '다아트'에는 '관계적 의미'가 들어 있다는 사실이 그것이다. 구약성서에서 무엇을 '안다'라는 말은 대상에 대한 객관적인 정보를 갖는 것 이상을 가리킨다. 그것은 대상을 알게 됨으로써 알고 싶어하는 사람의 자의식(self-consciousness)에 **변화**가 발생함을 의미하고 더 나아가서 주체와 대상과의 사이에 일종의 '인격적인 관계'가 맺어짐을 의미한다.

곧 무엇인가를 안다는 말은 앎의 대상이 단순히 존재한다거나 그것의 성격, 본성을 알게 됐다는 뜻에 그치지 않고 앎의 주체와 대상 사이에 존재하는 관계의 성격까지도 알게 됐다는 뜻이다. 곧 대상이 주체에게 어떤 의미를 갖는지, 대상을 앎으로써 주체와 대상이 어떤 영향을 받아 어떻게 변하게 되는지를 알게 됐음을 의미한다. '야다'는 기억세포를 정보로 채우는 행위를 넘어서서 전 존재와 관계되고 인격 전체에 영향을 미치는 전 인격적인 활동인 것이다.

야웨는 이사야서 1장 3절에서 이스라엘 백성을 가리켜 이렇게 말한다.

소도 제 임자를 **알고**(야다) 나귀도 주인이 만들어준 구유를 **아는데** 이스라엘은 아무 것도 **알지 못하고**(로-야다) 내 백성은 철없이 구는구나 ('로 히트보난'로서 직역하면 '깨닫지 못하는구나' [not discern]).

여기서 야웨는 소나 나귀 같은 짐승도 제 주인과 사이의 밀접한 관계를 아는데 이스라엘은 그들의 주인인 야웨와 맺어진 인격적 관계를 깨닫지 못함을 탄식하고 있다.

'다아트'가 정서적인 친근감이나 관심을 가리키는 경우도 있다. 창세기 39장이 요셉과 보디발에 대해 얘기할 때 보디발이 자기의 모든 소유를 요셉에게 맡기고 "자신이 먹는 음식을 **빼놓고는** 아무것에도 **마음을 쓰지 않았다**"(6절)고 했다. 요셉도 보디발의 아내가 자기를 침실로 유혹하자 "보시다시피 주인께서는 제가 있는 한 집안일에 통 **마음을 쓰시지 않습니다.** 당신께 있는 것을 모두 제 손에 맡겨주셨습니다"(8절)라고 말했다. 보디발이 요셉을 전적으로 신뢰했기 때문에 집안일에 전혀 '신경' 쓰지 않았다는 뜻이다. 여기서 사용된 말이 히브리어로 '로-야다'이므로 직역하면 '알지 못한다'이지만 실제 의미는 '관심을 갖지 않다'는 뜻이다. 그래서 영어성서 개정표준역(Revised Standard Version)도 'he had no concern'으로 번역했다.

구약성서에서 '야웨를 아는 지식'이란 말은 야웨와 사람 사이의 '관계'를 설명하는 가장 기본적인 말이다. 오늘날 기독교인이 흔히 쓰는 '믿음'과 비슷한 말이다. 오늘날 기독교인에게 '신앙'은 곧 '지식'이고 '지식'은 곧 '신앙'이라고 말하면 '그게 무슨 말이냐? 신앙은 지식을 초월하는 것 아닌가!'라며 반박하겠지만 구약성서에선 그렇지 않다. 이에 대해서도 몇 가지 예를 읽어본다면 이해가 갈 것이다.

사사기 2장 2절은 여호수아 이후 세대를 가리켜 "**야웨를 모르는** 새 세대, 야웨께서 이스라엘에게 어떤 일을 해주셨는지 **모르는** 새

세대"라고 부른다. 여기서 '야웨를 모르는(로-야두 에트-야웨) 세대'라는 말은 단순히 야웨의 '이름'을 모르는 세대라거나 야웨가 어떤 '일'을 했는지에 대해 객관적이고 역사적인 지식을 갖고 있지 않은 세대란 뜻이 아니다. 그것은 야웨를 '믿지 않는' 세대라는 뜻이다. 객관적인 지식이나 정보의 문제가 아니라 실존적이고 인격적인 '관계'의 문제라는 얘기다. 이 사실은 문맥으로도 알 수 있다. 이 사실이 임박한 심판으로 인해 유다가 겪을 고통을 생각하며 예레미야가 부르짖은 말에도 잘 나타나 있다.

야웨께서도 아시다시피 사람이 산다는 것이 제 마음대로 됩니까? 사람이 한 발짝인들 제 힘으로 내디딜 수 있습니까? 그러니 야웨여, 화가 나서 매를 드셔도 죽여 버리셔야 되겠습니까? 그저 법대로 다스려 주십시오. 화풀이는 **야웨를 모르는 민족들**에게나 하여주십시오. **야웨의 이름을 부르지 않는 족속들** 위에나 퍼부으십시오. 그들은 야곱의 족속을 죽여 멸종시키고 우리 농토를 쑥밭으로 만들었습니다(예레미야 10:23-25).

여기서 예레미야는 야웨를 '알고' '그 이름을 부르는' 유다 족속과 야웨를 '모르고 그 이름을 부르지도 않는' 족속들을 대립시킨다. '야웨를 모르고 그의 이름을 부르지 않는 족속들'은 야웨에 대한 객관적인 역사 지식이 없다는 뜻이 아니다. 예레미야의 눈에도 유다 족속은 잘한 게 별로 없지만 그래도 야웨와 실존적 '관계'가 전혀 없는 족속들보다는 어디가 나아도 나을 터이니 한 번만 봐 달라는 얘기다.

구약성서는 야웨를 '알 수 없는 분'(the unknowable)이라고 말하지 않는다. 현대인에게는 '야웨는 알 수 없는 분'이란 말이 상당히 익숙하지만 이 말이 구약성서에선 딱 들어맞지는 않는다. 구약성서에서 야웨는 '알 수 없는 분'이라고 말할 수는 없다는 얘기다. 야웨는 '알 수 있는 분'(the knowable)이다. 물론 구약성서가 야웨를 다 알 수 있다고는 말하진 않지만 그래도 야웨가 자신을 드러냈고 계시했기 때문에 알 수 있다는 것이다.

야웨는 창조 이래 줄곧 자신을 계시해 왔다. 계시가 없었다고 해도 야웨를 알 수 있었을지는 말할 수 없다. 구약성서가 그런 가정을 하지 않기 때문이다. 흥미로운 사실은, 야웨가 자신을 계시했음에도 불구하고 구약성서는 사람이 적극적으로 야웨를 '찾아야 한다'고 말한다는 점이다. 야웨에 대한 지식은 하늘에서 계시가 떨어지기를 기다리기만 해서는 얻을 수 없다. 야웨를 알고 싶으면 야웨에 대한 지식을 가지려고 적극적으로 노력해야 한다. 야웨를 만나고 싶으면 온 힘을 기울여서 그를 찾아다녀야 한다는 말이다.

구약성서에는 이런 뜻이 담겨 있는 구절들이 많다. 몇 가지 예를 들어보자. 신명기 4장에는 모세가 요단강을 건너 가나안 땅에 자리잡으려는 이스라엘에게 다짐 받는 얘기가 나온다. 그는 먼저 이렇게 말한다. "야웨께서 너희를 여러 민족들 사이에 흩으시리니 이렇게 야웨께서 너희를 쫓아내시면 쫓겨간 그 곳에 살아남아 그 민족들 가운데 끼여 살 사람이 얼마 되지 못할 것이다"(27절). 학자들은 이 구절을 바빌론 포로에 대한 예고로 간주하고 이 구절이 쓰인 때를 포로기 이후로 보지만 우리의 관심사는 아니므로 여기서 따져보지는 않겠다.

계속해서 모세는 "거기에서 너희는 나무와 돌을 가지고 사람이 손으로 만든 신, 보지도 못하고 듣지도 못하며 먹지도 못하고 냄새도 맡지 못하는 신을 예배하게 되리라."(28절) 라고 예언하면서 "그러나 너는 거기에서도 **너희 하느님 야웨를 찾아야 한다. 애타고 목마르게 찾기만 하면 그를 만날 것이다.** 이 모든 일로 오래 곤경을 당한 후에라도 너희 하느님 야웨께 돌아오면 너는 **그의 목소리를 듣게 될 것이다**"(29절)라는 말로 이스라엘을 격려한다. 여기서 우리는 '야웨를 아는 지식'과 관련된 세 개의 중요한 단어인 '찾다'와 '만나다'와 '듣다'를 한꺼번에 만난다. 이스라엘은 가나안 땅에서 쫓겨나도 야웨를 '찾아야' 하고 그렇게 하면 이스라엘 밖에서도 야웨를 '만날' 수 있으며 야웨의 목소리를 '들을' 수 있다는 거다.

시편 9편 10절은 "야웨여, **당신을 찾는 자**를 아니 버리시기에 당신 이름 받드는 자 그 품에 안기옵니다."라고 노래하고, 시편

14편은 "야웨, 하늘에서 세상 굽어보시며 혹시나 슬기로운 사람 있는지, **하느님 찾는 자** 혹시라도 있는지 이리저리 두루 살피시지만 모두들 딴길 찾아 벗어나서 한결같이 썩은 일에 마음 모두어 착한 일 하는 사람 하나 없구나. 착한 일 하는 사람 하나 없구나." (2-3절) 라고 탄식한다.

　모두 야웨를 아는 지식은 '찾아야' 얻을 수 있음을 강조한다. 마지막으로 시편 119편 2절("복되어라, 맺은 언약 지키고 마음을 쏟아 **그를 찾는 사람**") 이나 이사야 9장 13절("그러나 이 백성은 매 드신 이에게 돌아오지 아니하고 **만군의 야웨를 찾지도 않는구나.**"), 51장 1절 ("나의 말을 들어라. 정의를 추구하고 **야웨를 찾는 자들아.** 너희를 떼어낸 바위를 우러러보고 너희를 파낸 동굴을 쳐다보아라.")도 모두 애를 써서 찾아야 야웨를 아는 지식을 얻을 수 있음을 보여준다.

'야웨를 아는 지식'을 '어디서' 얻을 수 있을까

이젠 '야웨를 아는 지식'을 '어디서' 얻을 수 있을까, 무엇을 통해서 얻을 수 있을까를 물을 차례다. 앞서 말했듯이 구약성서에서 모든 앎은 '관계 맺기'에서 비롯된다. 야웨에 대한 지식 역시 야웨와 관계 맺기를 통해 얻어야 하고 이를 위해서 하느님을 만나야 (encounter) 한다는 것은 두말하면 잔소리다. '사랑'이 무엇인지 알려면 사전에서 사랑의 정의를 찾아보는 것만으로는 부족하고 실제로 사랑을 해야 하는 것과 같은 이치다. 만나야 관계를 맺고 관계를 맺어야 알게 되니 말이다. 곧 야웨를 아는 지식은 야웨와 만나고, 부딪치면서 얻어질 수 있다는 얘기다. 머리나 가슴으로만이 아니라 온몸과 온 영혼으로 부딪치면 더 깊이 알게 알게 될 것이고.

구약성서는 자연을 관찰하거나 인생에 대해 깊이 관조한다고 해서 야웨를 알게 된다고 말하지 않는다. 그렇게 알게 될 수도 있겠지만 그것은 부수적이며 부분적이다. 구약성서는 역사적 사건속에서 야웨와 만나고 부딪쳐야 야웨를 알 수 있다고 말한다. 구약성서는 역사를 단순히 벌어진 사건에 대한 객관적 진술로 보지 않는다. 역사는 이스라엘이 야웨와 온 몸으로 만나고 온 영혼으로 부딪치면서 야웨를 알아가는 과정을 풀어 놓은 이야기다.

야웨와의 만남을 생각할 때 가장 먼저 떠오르는 서술양식은 "나는 야웨다"(히브리어로 '아니 야웨')라는 양식이다. 이 양식은 매우 짧고 단순하지만 중요한 의미를 가지고 있다. 여기서 파생된 "너희는 내가 야웨 너희 하느님임을 알게 되리라"라는 말도 함께 고려해야 할 중요한 서술양식이다.

하느님께서 모세에게 말씀하셨다. '**나는 야웨다**(아니 야웨). 나는 아브라함과 이사악과 야곱에게 전능의 신으로 나를 드러낸 일은 있지만 야웨라는 이름으로 나를 알린 일은 없었다(출애굽기 6:2-3).

발터 찜멀리(Walther Zimmerli)는 오래 전에 《나는 야웨다 *I Am Yahweh*》(Atlanta: John Knox Press, 1982)라는 저서에서 이 양식을 샅샅이 분석해놓았다. 이 양식이 사용된 문맥을 살펴보면 이스라엘이 야웨를 만나는 '장소'(topos)가 어딘지, 그래서 야웨와 관계를 맺고 야웨를 알게 되는 장소가 어딘지 알 수 있다.

그리하면 **그들은 야웨가 저희의 하느님임을 알리라**(야두 키 아니 야웨 엘로헤켐). 내가 저희 가운데 내려와 머물려고 저희를 이집트 땅에서 데리고 나온 **저희 하느님임을 알리라. 나 야웨가 그들의 하느님이다**(출애굽기 29:46).

너희는 나의 거룩한 이름을 욕되게 하지 마라. 내가 이스라엘 백성 가운데서 마땅히 하느님으로서 존대를 받아야 하지 않겠느냐. 나 야웨가 너희를 거룩하게 하고 너희의 하느님이 되려고 이집트 땅에서 너희를 이끌어낸 자이다. **나는 야웨이다**(아니 야웨)(레위기 22:32-33).

너희 하느님이 되려고 너희를 이집트에서 이끌어낸 것은 바로 **너희 하느님 나 야웨이다**(아니 야웨 엘로헤켐). **나는 너희의 하느님 야웨이다**(아니 야웨 엘로헤켐)(민수기 15:41).

"주 야웨께서 말씀하신다"고 하며 일러주어라. 이스라엘을 택하던 날 나는 야곱 가문의 후손에게 손을 들고 맹세하였다. 이집트에서 그들에게 나를 알려주었다. **이 야웨가 너희 하느님이라고**(아니 야웨 엘로헤켐) 손을 들어 선언하였다. 그들을 이집트에서 구출해 내어 미리 그들을 위해 택해 두었던 땅, 젖과 꿀이 흐르는 땅, 온 세상의 자랑이 되는 곳으로 이끌어 들여 주겠다고 나는 그 날 손을 들어 맹세하였다(에스겔 20:5-6).

위의 구절들에서 "나는 야웨다"라는 야웨의 정체성 선언은 하나같이 출애굽 사건과 관련이 있다. 야웨는 아브라함, 이삭, 야곱 등 이스라엘의 선조들에게는 '야웨'라는 이름으로 자신을 드러낸 적이 없었다. 단지 '전능의 신'으로만 알렸다. 야웨라는 이름을 처음 드러낸 때는 모세를 부를 때였다(출애굽기 3:13-15 참조). 이후로 야웨는 이스라엘이 자기 이름을 잊어버릴까 봐 걱정하는 것처럼 자주 "나는 야웨다!"라고 선언한다. 그런데 그때마다 하나같이 출애굽 사건을 언급한다는 게 눈에 띤다. 여기서 우리는 '야웨'라는 이름과 출애굽 사건이 뗄 수 없이 관련되어 있음을 알 수 있다. 야웨가 누군지 확인할 수 있는 사건이 출애굽 사건임을 야웨는 반복해서 되새겨준다.

이쯤에서 구약성서 신학의 해묵은 주제인 '역사와 계시의 관계'가 떠오른다. 구약성서 학자 중에서 역사와 계시가 깊이 관련되어 있음을 부정하는 사람은 없을 것이다. 그만큼 구약성서에서 둘은 분명히 관련되어 있다.

문제는 둘이 '어떻게' 관련되어 있는가에 있다. 역사는 곧 계시인가, 아니면 역사는 계시를 나르는 수레인가? 그것도 아니면 계시는 역사 뒤에 숨어 있는 그 무엇인가? 이는 해묵은 물음이지만 역사가 계속되는 한, 그리고 신학이 계시와 역사를 관련시켜서 이해하는 한 계속 제기될 것이다.

"나는 야웨다"라는 야웨의 정체성 선언과 역사적 사건 중 어느 쪽이 야웨를 아는 데 더 결정적인가를 두고 1960년대에 찜멀리와 렌토르프(Rolf Rendtorff)가 뜨겁게 논쟁한 적이 있다. 찜멀리는 역사적 사건만으로는 그것이 야웨의 행위임을 알 수 없기 때문에 "나는 야웨다"라는 정체성 선언이 야웨를 아는 데 우선적이라고 주장했다. 반면 렌토르프는 정체성 선언이 없더라도 역사적 사건 그 자체가 야웨에 대한 지식의 근거가 될 수 있다고 주장했다.

두 위대한 학자들의 논쟁은 중요한 내용을 담고 있지만 중요한 사실 하나는 강조하지 않았다고 보인다. 그것은, 구약성서가 말하는 '역사적 사건'이란 관찰과 기록의 대상에 그치지 않고 그것을 겪고 전하는 사람이 사건과 '관계'를 맺고 어떤 방식으로든 거기에 '참여'하는 '실존적 사건'이란 사실이다. 역사적 사건이 야웨의 계시로 인식되려면 사람이 그 사건에 어떤 식으로든 참여하고 그것과 전 인격적인 관계를 맺어야 한다. "나는 야웨다"라는 야웨의 정체성 선언이 사람들에게 "당신은 야웨입니다"라는 신앙고백을 이끌어내려면 그들이 역사적 사건에 어떤 모양으로든 참여해야 하지 않을까? 그래야 진정성 담긴 신앙고백이 나오지 않겠는가.

하지만 특정 사건에 직접 참여하는 사람은 극히 제한되어 있다. 사건이 일어났던 때 살았던 사람들, 그 중에서도 사건 현장에 있었던 사람들뿐이니 말이다. 출애굽 사건을 경험한 사람은 당시 이집트에서 종살이를 하던 히브리인들에 국한된다. 그 이전과 이후 사람들은 사건을 직접적으로 경험하지 못했다. 따라서 출애굽 이후 세대가 그 사건과 어떤 방식으로 관련을 맺고 거기 참여할 것인가 하는 문제는 이스라엘이 해결해야 했던 중요한 신학적 과제였다.

이스라엘은 '제의'(祭儀)에서 이 과제를 해결할 방법을 찾았다. 이는 신명기 5장에 나오는 모세의 연설에서도 확인되는 바다.

모세는 온 이스라엘을 불러 모으고 그들에게 일렀다. "이스라엘은 들어라. 내가 오늘 너희의 귀에 들려주는 규정과 법령들을 들어라. 이것을 익히고 성심껏 지켜라. 우리 하느님 야웨께서는 호렙에서 우리와 계약을 맺어주셨다. **야웨께서 그 계약을 우리 선조들과 맺으신 줄 아느냐? 아니다. 우리와 맺으신 것이다. 오늘 여기 살아 있는 우리 하나하나와 맺으신 것이다**(신명기 5:1-3).

이 구절이 언제 신명기에 편입되어 현재 위치에 자리 잡았는지는 분명치 않지만 '우리 선조'와 '우리' 사이엔 상당히 큰 시간적 간격이 있음에 분명하다. 이 간격을 메운 것이 제의(ritual)와 축제 (festival)였다. 제의와 축제 자리에서 이 구절을 백성들이 들을 수 있게 낭독함으로써 역사적 사건이 일어났던 시간과 '지금' 사이의 시간적 간격을 메울 뿐 아니라 그 사건에 간접적으로나마 참여하게 했던 것이다. 이를 폰 라트(von Rad)는 역사적 사건의 재활성화(reactualization)라고 불렀다.

역사의 한 복판에서 듣는 야웨의 '음성'

이상의 이야기를 정리해보자. 야웨의 영성이든 물질성이든 그것을 알고자 하는 목적은 '야웨는 누구인가?'라는 물음에 대한 대답을 찾고 싶어서다. '야웨를 아는 지식'을 얻기 위해서란 말이다. 야웨는 누구이고 무엇을 원하며 어떤 의도와 무슨 계획을 갖고 있는가를 알고 싶은 거다. 다행히도 야웨는 사람들에게 자기를 알리는 신이고 사람들이 자기를 알아줬으면 하고 바라는 신이다. 야웨는 자기를 감추려 하지 않고 오히려 드러내고 알리려 하는 신이기 때문에 야웨를 아는 길은 사람들에게 열려있는 것이다. 곧 야웨를 아는 지식이 가능한 것이다.

하지만 야웨를 무한정으로 알 수는 없고 속속들이 알 수도 없다. 야웨가 '계시'를 통해서 사람에게 알려주는 것만 알 수 있다는 게 구약성서의 주장이다. 야웨가 계시하지 않는 것은 사람이 알 수 없다. 예컨대 야웨가 창조 이전에 뭘 하고 있었는지는 알 수 없다. 멋대로 추측이야 할 수 있겠지만 그건 그야말로 추측일 따름이다. 구약성서가 침묵하는 한 사람이 알 수는 없다.

하기사 계시해주는 것조차 알기 어렵고 벅찬데 계시하지 않는 것까지 알 필요도 없고 그럴 능력도 없긴 하다. 그래서 우리의 관심은 야웨가 알려주는 것에 한정할 수밖에 없다. 야웨가 어디서, 어떤 방법으로 자기를 드러내는가, 곧 계시의 현장이 어딘지를 물을 수 밖에 없다. 이에 대한 구약성서의 대답은 이렇다. 야웨가 자기를 계시하는 현장은 '역사적 사건'이다.

이 장에선 구약성서에서 지식이 갖고 있는 '관계적' 성격과 '참여적' 성격을 강조했다. 고대 중동의 대부분의 종교들은 눈에 보이는 형상을 만들어 놓고 매일 그것을 씻고 먹이고 그 앞에서 찬양하면서 형상으로 표현된 신과 관계를 맺고 그 신이 하는 일에 참여하려 했다. 반면 십계명의 둘째 계명은 야웨의 형상을 만들지 말고 그 대신 야웨의 목소리에 귀를 기울이라고 명했다. 이것은 사람이 신과 관계 맺는 방식에 있어서, 그리고 신의 일에 참여하는 방식에 있어서 획기적인 변혁이 일어났음을 뜻한다.

그것은 단순히 신을 인식하는 감각기관이 시각에서 청각으로 옮겨간 것에 그치지 않는다. 신학적으로 그것은 더 이상 신을 내 바깥에 존재하는 '대상'으로 받아들이지 않게 된, 신학에 있어서 일대 변혁이었다.

구약성서에서 야웨의 '목소리'를 강조하는 구절들을 잘 읽어보라. 야웨에게서 말씀을 받아서 백성들에게 전했던 예언자들이 어떻게 그 말씀을 전했는지를 생각해보라. 그들은 자기들이 들은 야웨의 말씀을 그대로 반복해서 전한 '앵무새'가 아니었다. 예언자들이 어떤 경험을 어떻게 했는지는 우리가 정확히 알 수는 없다. 그들은 야웨의 목소리를 '바깥에서' 들려온 걸로 들었을까? 그랬을 거다. 야웨의 목소리는 그들이 만들어낸 게 아니라 바깥에서 들려온 거였다. 하지만 그들은 바깥에서 들려온 목소리만 들었던 게 아니다. 야웨의 목소리는 그들 '안에서도' 들려왔다. 그들은 야웨를 자기들 '안에서도' 인식했던 거다. 그들의 영혼과 양심으로부터 울려나오는 야웨의 목소리를 들었다는 얘기다.

마지막으로 하나만 더 얘기하고 이 장을 마치자. 예언자들은 골방에 들어앉아서 세상과의 연을 끊고 조용히 침묵 속에서 묵상하면서 야웨의 목소리를 듣지 않았다. 그들은 수많은 사건들로 소용돌이치는 역사의 한 복판에서, 높고 거친 풍랑이 이는 역사의 소용돌이 한 가운데 뛰어들어 그 풍랑을 헤쳐나가면서 야웨의 목소리를 들었다. 그들이 얻은 야웨에 대한 지식은 역사적 사건에 참여함으로써, 특히 야웨의 구원 역사에 참여함으로써 비로소 얻을 수 있었던 체험의 산물이었던 것이다. 따라서 역사적 사건은 야웨를 아는 데 있어서 눈으로 보는 물질성과 귀로 듣는 물질성이 만나는 '만남의 장막'이었던 셈이다.

　다음 장에서는 역사적 사건의 현장에서 구체적으로 이스라엘이 어떻게 야웨를 인식했고 알아갔는지에 대해 살펴보자.

19장

온몸으로
원초적 열정으로
정의를 실천해야

성관계와 야웨를 아는 지식

이 장은 '야웨를 아는 지식'(히브리어로 '다아트 야웨') 이란 말이 어디서 유래됐는지에 대한 얘기로 시작해보자. 여러분은 이 말의 유래가 궁금하지 않은가? 나는 혹시 유래를 알면 그 의미가 더 분명해지고 감춰져 있는 측면이 드러나지 않을까 하는 기대도 은근히 갖고 있다. 이런 기대를 나 말고도 여러 사람이 가졌으니까 이 말의 유래를 파고 들었을 것이다.

'야웨를 아는 지식'이란 말의 유래에는 두 가지 설이 있다. 고대 중동 지역에서 종족들 간에 맺어진 조약(treaty)에서 유래됐다는 설이 그 하나이고, 인륜지대사라고 부르는 결혼(marriage)에서 유래됐다는 설이 다른 하나다.

조약설은 이런 것이다. 조약을 맺는 양자 중에서 어느 편이 지배적 위치에 있는지를 '신들은 안다'고 서술한 양식이 있다. '야웨를 아는 지식'이란 말은 바로 이 서술에서 유래됐다는 것이다. 허

프몬(Huffmon)과 파커(Parker)같은 학자들이 조약설을 주장했는데 이들이 근거로 든 성서 구절들은 출애굽기 33장 12절, 신명기 9장 24절, 34장 10절, 사무엘하 7장 20절, 이사야 45장 3절 이하, 그리고 예레미야 1장 5절과 12장 3절, 호세아 13장 4절 이하, 그리고 아모스 3장 2절 등이다.

그 다음은 '결혼설'인데 이 쪽이 더 그럴 듯해 보인다. 조약설도 일리가 있긴 하지만 '야웨를 아는 지식'이란 말이 내포하는 관계성과 친밀성을 염두에 두면 조약설보다는 결혼설이 더 그럴 듯 해 보이는 것이다. 바우만(Baumann), 포러(Fohrer), 아이히로트(Eichrodt) 등이 이 가설을 내세웠는데 이들이 제시한 근거는 구약성서가 야웨와 이스라엘의 관계를 결혼관계에 비유한다는 사실에 있다. 호세아서에서 몇 구절들을 읽어보자.

그 때에 내가 너를 영원히 아내로 맞아들이고 너에게 정의와 공평으로 대하고 너에게 변함없는 사랑과 긍휼을 보여 주고 너를 아내로 삼겠다. 내가 너에게 성실한 마음으로 **너와 결혼하겠다.** 그러면 너는 나 야웨를 바로 알 것이다(you shall **know YHWH**)(호세아 2:21-22, 히브리 성서로는 19-20절).

내가 바라는 것은 변함없는 사랑이지 제사가 아니다. 불살라 바치는 제사보다는 너희가 나 하느님을 알기를 더 바란다(For I desire

steadfast love and not sacrifice, **the knowledge of God**, rather than burnt offerings)(호세아 6:6).

부부 사이의 기초는 사랑과 존중, 신실함과 소통 그리고 신뢰 등이다. 따라서 결혼설이 맞다면 '야웨를 아는 지식'이란 말도 같은 가치들을 포함하고 있다고 말할 수 있다. 위에 인용한 텍스트를 잘 읽어보자. 앞의 것은 야웨가 "너와 결혼하겠다"고 말한 다음에 바로 "그러면 너는 나 야웨를 바로 알 것이다"라고 했다. 야웨와의 결혼과 야웨를 아는 지식이 나란히 연결되어 있다. 뒤의 것도 마찬가지다. 야웨가 바라는 것은 제사가 아니라 '변함없는 사랑'이란다. 야웨는 '불살라 바치는 제사'보다는 '하느님을 알기를 더 바란다'는 것이다. 여기서도 '야웨를 향한 사랑'과 '야웨를 아는 지식'이 직접적으로 연결되어 있다. 사정이 이러하니 조약설보다는 결혼설 쪽으로 생각이 기우는 게 무리는 아니겠다 싶다.

이게 전부가 아니다. 동서고금을 막론하고 결혼관계 및 결혼생활을 얘기할 때 사랑, 존중, 신실함, 소통, 신뢰만 말하지는 않는다. 결혼생활에서 빼놓을 수 없는 게 '성관계'다. 구약성서는 어떨까? 구약성서도 그렇게 생각할까? 구약성서라고 예외일 리는 없다. 구약성서도 결혼생활에서 성관계가 중요한 자리를 차지한다고 여긴다.

그렇다면 '야웨를 아는 지식'이란 말이 결혼관계에서 유래됐다면 결혼관계에서 중요한 자리를 차지하고 있는 성관계와 야웨를 아는 지식 사이에도 모종의 관련이 있는 건 아닐까? 내 대답은 '그렇다'이다. 구약성서는 성관계까지 염두에 두고 야웨를 아는 지식을 결혼관계와 관련시키고 있다는 얘기다. 더 정확하게 말하면 구약성서는 사랑, 존중, 신실함, 소통, 신뢰 같은 '고상한' 정신적인 가치들 보다는(한 발 양보하면 그런 것들 못지 않게) 양자의 관련성을 생각할 때 성관계를 중심으로 하고 있다.

놀라운가? 하지만 앞에서 야웨의 형이하학을 얘기할 때 이미한 번 놀란 적이 있을 터이니 이번엔 어느 정도 면역이 생겼으리라고 짐작한다. 그러면 야웨를 아는 지식과 결혼관계, 그 중에서도 특별히 성적인 관계와의 관련성에 대해서 샅샅이 뒤져보자.

누구를 함부로 '안다'고 말하면 안 된다

구약성서가 성행위를 표현할 때 '알다'(히브리어로 '야다')라는 동사를 사용한다는 사실은 비교적 널리 알려져 있다. 따라서 히브리 문법에 따를 때 누구를 함부로 '안다'고 말하면 안 된다. 그 말은 그와 성관계를 가졌다는 뜻으로 받아들일 수도 있으니 말이다. 몇 가지 예를 살펴보면 이 말의 뜻이 분명해질 것이다.

창세기 4장 1절은 "아담이 자기 아내 하와와 **동침하니** 아내가 임신하여 가인을 낳았다"라고 말한다. 여기서 '동침하다'는 말이 히브리어론 '야다'이다. 따라서 이 구절을 직역하면 "아담이 자기 아내 하와를 '알았더니' 아내가 임신하여 가인을 낳았다"가 되겠다. 개정 표준역(Revised Standard Version) 영어성서는 "Now Adam **knew** Eve his wife and she conceived and bore Cain"이라고 직역했다. 한글 성서들은 한글개역성경, 표준새번역, 공동번역 모두 '야다'를 '동침하다' 곧 '성관계를 갖다'는 뜻으로 의역했다. 비록 의역이긴 하지만 '야다'의 뜻을 제대로 살린 적절한 번역이라 하겠다. '야다'는 창세기 4장 17절에서는 가인과 그의 아내 사이의 성관계를 표현할 때도 사용됐고, 25절에서는 다시금 아담과 하와 사이의 성관계를 표현할 때도 사용됐다.

이보다 더 흥미로운 대목은 창세기 38장이다. 여기서 유다는 며느리 다말이 창녀인 줄 알고 그녀와 동침했다가 혼이 난 다음에 다말을 "자기보다 더 의롭다"고 칭찬했다. 그리고는 "유다는 그 뒤로 다시는 그(다말)를 **가까이하지 않았다**"고 했다(26절). 여기서 '가까이 하지 않았다'라는 말은 히브리 원어로 '알지 않았다'이다. 곧 성관계를 갖지 않았다는 뜻이다. 이 밖에도 사사기 19장 25절과 열왕기상 1장 4절에도 '야다'가 같은 뜻으로 사용됐다. 성서 히브리어 문법대로라면 누굴 '안다'고 함부로 말하면 안 된다고 한 뜻이 이제는 확실해지지 않았는가.

성관계에는 사랑이 전제되어야 한다고 말들 한다. 사랑이 없는 성관계는 무의미하다거나 욕정만을 채우는 것이라는 말들도 한다. 물론 사랑하는 사람들 사이에 맺어지는 성관계가 이상적인 것은 두말할 필요가 없다. 그래야 두 사람의 관계가 단순한 육체관계를 넘어서서 마음과 영혼까지 합해지는 전 인격적인 관계가 된다는 데에도 대부분 동의할 것이다.

하지만 뒤집어서 생각하면 그럴수록 성관계가 전 인격적인 관계를 맺는 데 있어서 중요한 요소라는 사실이 뚜렷해진다. 육체와 육체가 맞부딪치는 적나라한 관계가 빠진다면 전 인격적인 관계 맺기에 있어서 치명적인 결함이 된다는 얘기다. 이런 이유 때문에 구약성서가 성관계를 지칭할 때, 곧 어떤 대상과 가장 원초적이고 적나라한 관계를 맺는 행위를 지칭할 때 '알다'라는 동사를 사용한다는 사실은 매우 흥미롭다.

그러면 이게 왜 그런지를 따져보자. 왜 성관계를 지칭할 때 '알다'라는 동사를 사용했을까? 누군가를 제대로 알려면 그 사람과 성관계를 맺어야 한다는 의미일까? 그건 지나친 해석이라는 생각이다. 누군가를 알겠다고 반드시 그 사람과 성관계를 맺을 수야 없지 않겠나 말이다. 에누리 없이 반드시 그래야 한다고는 말할 수 없지만 성관계를 맺는 것처럼 원초적이고 적나라한 부딪침이 있어야 비로소 그 사람을 '안다'고 말할 수 있다는 정도의 의미는 되지 않을까. 그 정도로 친밀한 관계가 아니면 그 사람을 제대로 안다고 감히 말할 수 없다는 뜻일까?

'앎'이 이런 것이라면 '야웨를 아는 지식'은 어떻게 이해해야 할까? 그것 역시 성관계를 맺는 것처럼 원초적이고 적나라해야 한다는 뜻일까?

고대 중동의 여러 신전에서는 제사 행위의 일부로 흔히 남자 사제와 여자 사제(흔히 '성전 창녀'라고도 부르는데 이보다는 '여자 사제'가 더 적절한 용어일 듯하다) 간에 성행위가 이루어졌다고 한다. 풍요와 다산을 신에게 비는 제사에서 음양의 결합인 성행위가 비를 부르는 상징적인 행위로 여겼기 때문이다. 그런데 구약성서는 이를 엄격하게 금한다. 야웨의 성전에서는 그런 행위가 절대로 허용돼선 안 된다는 거다.

여기엔 흥미로운 역설이 있다. 성관계 맺는 일을 누군가를 아는 것으로 표현하면서, 그리고 야웨를 알아야 한다고 목소리 높여 외치면서 정작 야웨와의 성적인 결합은 절대 금한다는 사실이 참으로 역설적이지 않은가. 야웨를 알긴 알아야 하지만 그와의 성관계는 꿈도 꾸지 말라는 얘기다.

그런데 호세아서를 읽어보면 얘기가 완전히 달라진다. 호세아서는 야웨와 이스라엘의 관계를 부부관계로 묘사하는 대표적인 책이다. 그리고 앞 장에서 인용한 대로 호세아는 '야웨를 알자!'고 목소리 높여 외치는 예언자이기도 하다.

결혼한 사람은 이구동성으로 동의하겠지만 부부관계라는 게 늘 원만하고 사랑이 넘치고 깨가 쏟아지는 것만은 아니다. 결혼관계는 여러 종류의 인간관계들 중에서 어떤 의미에선 가장 취약하고 위험하고 깨지기 쉬운 관계다. 부부 사이에 성관계가 원만하지 않을 때는 관계가 위험해지기도 하지만 동시에 성관계가 부부 사이를 돈독히 유지하는 데 중요한 역할을 하기도 한다. 부부 사이에 제삼자가 끼어들어 부적절한 성관계가 조성되면 부부관계는 파경에 이르기 십상이다.

야웨를 아는 지식은 무엇을 '실천하는 것'

구약성서 예언전통에서 가장 흥미로운 점은 몇몇 예언자들이 야웨를 아는 지식과 사회정의를 실천하라는 메시지를 연결시킨다는 사실일 것이다. 많은 예언자들이 사회정의를 실천하라고 외쳤다. 그렇게 외치지 않은 예언자는 없다고 말해도 과언이 아니다. 하지만 그들이 모두 사회정의를 야웨를 아는 지식과 연결시키지는 않았다. 이 둘은 연결시킨 대표적인 예언자는 예레미야와 호세아다. 그들의 선언을 직접 들어보는 게 이 관계를 파악하는 지름길이겠다. 먼저 예레미야다.

불의로 궁전을 짓고 불법으로 누각을 쌓으며 동족을 고용하고도 품삯을 주지 않는 너에게 화가 미칠 것이다. '내가 살 집을 넓게 지어야

지. 누각도 크게 만들어야지' 하면서 집에 창문을 만들어 달고 백향목 판자로 그 집을 단장하고 붉은 색을 칠한다. 네가 남보다 백향목을 더 많이 써서 집짓기를 경쟁하므로 네가 더 좋은 왕이 될 수 있겠느냐? 네 아버지가 먹고 마시지 않았느냐? **법과 정의를 실천하지 않았느냐?** 그 때에 그가 형통하였다. 그는 가난한 사람과 억압받는 사람의 사정을 헤아려서 처리해 주면서 잘 살지 않았느냐? **바로 이것이 나를 아는 것이 아니겠느냐**(Is not this to know me)? 나 야웨의 말이다(예레미야 22:13-16).

내가 살 집, 백향목…. 어디서 많이 듣던 말 아닌가. 다윗이 나단에게 야웨의 궤를 모실 성전을 짓겠다고 얘기했을 때 등장했던 단어들이 아닌가 말이다. 그렇다면 예언자는 유다 왕이 스스로 야웨가 된 듯이 행세한다고 은근히 비꼬는 걸까? 어쨌든 예레미야는 법과 정의를 실천하는 일을 야웨를 아는 것과 동일시하고 있다. 달리 해석하고 싶더라도 그럴 수가 없다. 너무도 명백하니까 말이다.

예레미야뿐 아니라 다른 예언자들도 이스라엘과 유다 사회에 널리 퍼져 있던 부정부패를 가차없이 질타했다. 비판의 칼날은 주로 왕과 권력자들을 향해 있었다. 그들은 불의하게 제 집을 크게 짓고 동족의 품삯까지 떼먹었다고 했다. 온갖 화려한 자재로 집을 짓고 거기서 떵떵거리고 살면서도 스스로 좋은 왕이라고 믿었단다. 아무리 착각은 자유라지만 이렇게 뻔뻔할 수도 있는 모양이다. 하지만 예언자는 그들에게 이렇게 외친다. "너희들 아비는 법과 정의를 실천하고도 형통했었다!" "가난하고 억압받는 사람들의 권리를 세워주면서도 잘만 살았다!"고 말이다. 예언자는 바로 그것이 '야웨를 아는 것'이라고 분명히 말한다. 야웨를 아는 건 다른 게 아니라 법과 정의를 실천하는 것이고 가난하고 억압받는 사람들의 권리를 세워주는 것이라고 말이다.

속이 다 후련하다. 통쾌하기 그지없다. 하지만 이 구절만으로는 야웨를 아는 지식이 정확하게 무엇을 가리키는지가 분명치 않다. 그것은 가난한 사람과 억압받는 사람의 인권을 세워주는 것을 가리키는가? 아니면 그렇게 하고도 얼마든지 형통한다는 사실을 아는 것을 가리키는가? 문법적으로는 둘 다 가능하다. 그래서 이 대목에서 예언자 호세아의 말에 귀를 기울일 필요가 있다.

이스라엘 자손아, 야웨의 말씀을 들어라. 야웨께서 이 땅의 주민들과 변론하신다. "이 땅에는 진실도 없고 사랑도 없고 **하느님을 아는 지식도 없다**(no knowledge of God). 있는 것이라고는 저주와 사기와 살인과 도둑질과 간음뿐이다. 살육과 학살이 그칠 사이가 없다. 그렇기 때문에 땅은 탄식하고 주민은 쇠약해질 것이다. 들짐승과 하늘을 나는 새들도 다 야위고 바다 속의 물고기들도 씨가 마를 것이다"(호세아 4:1-2).

여기서 '하느님을 아는 지식'이 무엇을 가리키는지가 분명히 드러난다. 호세아의 말에선 진실도 사랑도 하느님을 아는 지식도 없는 이 땅의 현실이 저주와 사기와 살인과 도둑질, 간음뿐인 현실과 등치된다. 하느님을 아는 지식이 없는 사회는 저주, 사기, 살인, 도둑질, 간음이 판치는 그런 사회라는 얘기다. 이런 악행이 판을 치는 까닭은 그 사회에 하느님을 아는 지식이 없기 때문이다. 그렇다면 예레미야서가 말하는 '야웨를 아는 지식'은 가난하고 억압받는 자들의 인권을 세워주면서도 얼마든지 만사형통할 수 있음을 아는 지식을 가리키지 않는다. 가난하고 억압받는 자들의 인권을 세워주는 일, 바로 그것이 '야웨를 아는 지식'이란 얘기다.

왜 이렇게 당연한 얘기를 그렇데 길게 하느냐고? 따져보면 그렇게 당연하지 않다. 야웨를 아는 지식은 사회정의를 실천하는 것이란 생각과, 그것이 사회정의를 실천하고도 만사형통할 수 있음을 아는 지식이란 생각 사이에는 큰 차이가 있기 때문이다.

후자가 옳다면 '야웨를 아는 지식'은 어떤 인식(perception)을 가리키는 말이 된다. '야웨를 아는 지식'을 얻기 위해 굳이 어떤 행동을 하지 않아도 된다는 얘기다. 다시 말하면 야웨를 알기 위해서 가난하고 억압받는 사람의 인권을 세워주는 행위를 굳이 하지 않아도 된다. 누군가 그렇게 하는 것을 보고 '저 사람은 사회정의를 실천하니까 만사형통할 거야'라고 인식한다면 그것으로 야웨를 아는 지식을 갖는 게 된다.

하지만 전자가 옳다면 야웨를 아는 지식은 무엇을 '인식하는 것'이 아니라 무엇을 '실천하는 것'이다. 가난하고 억압받는 자들의 인권을 세워주는 실천적 행위가 바로 '야웨를 아는 지식'이란 얘기다. '야웨를 아는 지식'이 그같은 행위를 이끌어낸다는 뜻도 아니고 야웨를 알게 되면 그런 행위를 하게 된다는 뜻도 아니다. 야웨를 아는 지식과 가난하고 억압받는 자들의 인권을 세워주는 일은 그 사이에 어떤 매개물이 끼어들 여지가 없는 동격이란 뜻이다. 한 마디로 말해서 '야웨를 아는 지식=가난하고 억압받는 자들의 인권을 세워주는 일'이 된다. 그래서 호세아는 "내 백성이 **나를 알지 못해서** 망한다"(4:6)라고 단언했다. 바르게 사는 데 대한 보상이 만사형통임을 몰라서 망하는 게 아니라 바르게 살지 않아서 망한다는 말이다.

하지만 야웨는 "내 백성은 나를 알지 못해서 망한다"라는 선언으로 얘기를 끝내지 않는다. 아직은 얘기가 끝나지 않았다. 연극이 막을 내리고 배우들이 나와서 답례하려면 더 기다려야 한다. 예언자가 야웨의 심정을 담아 다시 한 번 눈물겹게 호소하는 순서가 남아있기 때문이다.

이제 야웨께로 돌아가자. 야웨께서 우리를 찢으셨으나 다시 싸매어 주시고 우리에게 상처를 내셨으나 다시 아물게 하신다. 이틀 뒤에 우리를 다시 살려 주시고 사흘 만에 우리를 다시 일으켜 세우실 것이니

우리가 야웨 앞에서 살 것이다. **우리가 야웨를 알자. 애써 야웨를 알자**
(Let us know, let us press on to know YHWH). 새벽마다 여명이 오듯
이 야웨께서도 그처럼 어김없이 오시고 해마다 쏟아지는 가을비처럼
오시고 땅을 적시는 봄비처럼 오신다. "에브라임아, 내가 너를 어떻
게 하면 좋겠느냐? 유다야, 내가 너를 어떻게 하면 좋겠느냐? 나를 사
랑하는 너희의 마음은 아침 안개와 같고 덧없이 사라지는 이슬과 같
구나. 그래서 내가 예언자들을 보내어 너희를 산산조각 나게 하였으
며 나의 입에서 나오는 모든 말로 너희를 죽였고 나의 심판이 너희 위
에서 번개처럼 빛났다. 내가 바라는 것은 변함없는 사랑이지 제사가
아니다. 불살라 바치는 제사보다는 **너희가 나 하느님을 알기를 더 바
란다**(For I desire steadfast love and not sacrifice, **the knowledge of
God**, rather than burnt offerings)(호세아 6:1-6).

진정 야웨에게 묻고 싶은 심정이다. 정말 이렇게까지 해야 했느
냐고 말이다. 야웨가, 온 우주를 창조한 야웨가 구질구질하고 초
라하게 이게 뭐 하는 짓이냐고 묻고 싶다. 아무리 자기 백성을 아
끼고 사랑해도 그렇지, 야웨를 모른 채로 야웨의 뜻은 아랑곳하
지 않고 제 갈길 가기에 바쁜 자들에게 야웨의 뜻을 실천하지 않
겠다면 그만두라고 하고 관계를 끊어버리면 되지, 왜 거지가 구걸
하듯이 제발 정의를 실천해 달라고 구걸하는가 말이다. 이쯤 되면
누가 '갑'이고 누가 '을'인지 헷갈릴 지경이다. 보통은 머리 숙이

고 구걸하는 쪽이 '을'인데 정의를 실천해 달라고, 야웨를 알아달라고 야웨가 구걸하고 있으니 야웨는 '갑'인가 '을'인가?

야웨를 아는 것 원초적으로, 뜨겁게

야웨는 어떤 모습으로 세상에 현존하는가? 어떤 양식(mode)으로 사람들 가운데 현존하는가? '물질'은 뭐고 '물질성'은 또 뭐란 말인가? 야웨가 '물질적 존재'라면 그건 무슨 뜻이고 '영적 존재'라면 그건 또 무슨 뜻일까? 이 둘은 뭐가 얼마만큼 다른가?

"내가 바라는 것은 변함없는 사랑이지 제사가 아니다. 불살라 바치는 제사보다 너희가 나 하느님의 알기를 더 바란다"라는 호소를 마음을 활짝 열고 들어보라. 거기서 야웨의 뜨거운 마음/심장(레브)이 느껴지지 않는가? 그게 느껴진다면 그렇게 호소하는 야웨는 물질적 존재인가 영적 존재인가? 이 호소에서 야웨가 자신의 가슴을 찢는 소리가 들리지 않는가? 그것이 들리면 이렇게 호소하는 야웨는 한 치의 모자람도 없는 '물질'이 아닐까. 눈에 보이고 손으로 만질 수 있어야만 물질인가? 야웨의 호소에서 심장이 찢기는 소리가 들리고 찢어진 심장에서 피가 뚝뚝 떨어지는 게 보이는데 어떻게 그게 물질이 아닌가 말이다.

우리는 야웨가 물질적 존재인가 영적 존재인가 라는 물음으로 얘기를 시작했지만 이제 와서 보니 이 질문은 야웨가 무엇으로 이루어져 있는지, 곧 야웨의 구성요소가 무엇인지 따위를 묻는 물음이 아니었다. 그것은 사람이 야웨를 느끼고 인식하고 경험하는 방식에 대한 물음이었다. 그래서 야웨가 물질적 존재라는 사실과 영적인 존재라는 사실은 양립할 수 없는 것이 아니다. 야웨는 물질적 존재면서 동시에 영적인 존재일 수 있다는 얘기다. 사람이 야웨를 인식하고 경험하는 방식이 물질적이면서 동시에 영적일 수 있기 때문이다. 사람은 야웨가 스스로를 계시하는 것만큼만 알 수 있다는 말도 진실이지만 사람이 야웨를 경험하고 느끼는 만큼만 알 수 있다는 말도 역시 진실이다.

드라마 〈뿌리 깊은 나무〉에서 세종은 후음을 표현하는 글자를 만들기 위해서 시신해부를 강행했다. 당시 유교에서 엄격히 금지했던 시신해부를 말이다. 후음이 나오는 입과 목구멍의 구조를 자세히 보기 위해서였다. 그래서 만들어진 것이 '이응'과 '히읗' 같은 자음이다.

드라마를 본 다음부터는 글을 쓸 때마다 수없이 사용하는 '이응'과 '히읗'이 내게는 단순한 글자로 여겨지지 않는다. 그것은 시신을 해부한 다음에 그린 모든 그림들이고 시신의 입과 목구멍에 닿아 있는 기리온의 칼날이다. 그때부터 '이응'과 '히읗'은 상징과 부호를 넘어서서 내겐 하나의 '물질'로 인식됐다.

가난하고 억압받는 자들의 권리를 위하는 일 따위가 기독교 복음과 무슨 상관이 있냐고 목청 높이는 사람들에게는 아무 의미도 없는 얘기일 수 있겠지만 한 마디 덧붙이고 싶다.

한국 기독교에는 1960년대 이후 꾸준히 민주화, 인권 그리고 통일운동을 벌여온 개인과 교회와 단체들이 있다. 필자가 오랫동안 고국을 떠나 있는 상태라서 오해일 수도 있겠지만 반대로 그래서 얻게 된 깨달음일 수도 있다. 고국에 있을 때보다는 더 깊게 구약성서를 공부할 기회를 누리고 있기 때문이다.

한 걸음 물러나서 생각해봤다. 혹시 가난하고 억압받는 자들의 인권을 위하고 사회정의를 실천한다면서 그것을 '야웨를 알듯이' 하지는 않았던 것이 아닐까 하고 말이다. 야웨를 아는 것을 성관계 갖듯이 그렇게 원초적으로, 뜨겁게, 몸과 몸을 부딪치면서 해야 하는 것이라면 사회정의의 실천도 그렇게 원초적이고 뜨겁고 몸으로 부딪치면서 해야 하는 게 아닐까? 그런데 그렇게 하지 않고 그저 성서가 하라고 하니까, 해야 한다고 하니까, 그게 옳으니까, 그래야 면목이 서니까 뜨거운 마음 없이 적당히 해온 것은 아닐까? 정의의 실천을 마치 섹스하듯이 적나라하게 맨몸으로 미친 듯이 황홀하게 하지 않았기 때문에 아직도 우리네 사는 모양이 이 꼴이 아닐까? 그래서 진정한 의미에서 '가난하고 억압받는 자들의 인권'을 '야다'하지 못한 것은 아닐까? 이제부터라도 우리는 하느님 나라 운동을 섹스하듯이 미친 듯이 해야 하는 게 아닐까 하는 생각이다.

세상 이치를 깨닫는 일은 관찰과 실험, 명상과 관조로 가능하다고 구약성서는 말한다. 잠언, 전도서, 욥기 같은 지혜문학이 이렇게 주장한다. 하지만 '야웨를 아는 지식'은 그렇게 얻어지는 게 아니란다. 그것은 현장에서 한 걸음 물러나서 관찰하고 실험해보고 맞으면 하고 틀리면 버리고, 깊이 명상하고 관조한 끝에 깨달음을 얻고 나면 무릎 한 번 친 다음에 그 깨달음을 제자들을 모아 가르쳐서 '학파'를 만드는 것과는 완전히 다른 일이다. 그것은 사람이 맺는 인간관계 중에서 가장 친밀하고 원초적이고, 그래서 가장 고귀하면서도 가장 치사한 부부관계를 통해서 얻는 지식과 같은 것이다. 온몸과 온 영혼으로 부딪치면서 서서히 얻게 되는 게 바로 야웨를 아는 지식이다.

구약성서는 야웨를 물질적인 존재로 인식하고 경험함으로써 당시의 사고지평 안에서 이와 같은 친밀한 관계를 가장 잘 표현해냈다. 따라서 왜 구약성서가 야웨를 물질적인 존재로 인식했는가 하는 물음에 대한 답은 이거다. 그것이 야웨와 사람 사이의 관계를 가장 잘 표현하는 방법이었기 때문이다.

사랑하면 알게 되고 알게 되면 보이나니

한 여인이 병원에 입원했다. 검사를 해보니 그녀의 뇌에 얼른 수술해서 제거해야 할 종양이 자리잡고 있었다. 수술이 성공한다는 보장도 없었다. 의사는 환자에게 이 사실을 알렸지만 그녀는 애인이 오후 3시까지 병원에 올 테니 그를 만난 후에 수술하겠다는 고집을 부렸다. 수술 후 깨어난다는 보장도 없으니 그것이 애인과의 마지막 만남이 될지도 모를 일이었다.

그런데 그녀의 동생은 언니에겐 애인이 없다고 말하는 게 아닌가. 줄곧 혼자였던 언니가 얼마 전에 여행을 다녀온 후부터 애인 얘기를 하기 시작했는데 바로 그 즈음에 병의 증상도 시작됐다는 것이다. 동생은 언니 애인의 실물은커녕 사진조차 본 적이 없고 전화통화도 해본 적이 없으니 동화 같은 언니의 연애 얘긴 전부 사실이 아니라고 했다. 의사는 동생의 말을 듣고 이를 종양 때문에 생긴 환각증세라고 판단하고 당장 수술하자며 환자를 설득했다. 하지만 그녀가 완강히 오후 3시 이후를 고집하는 바람에 의사도 동의할 수밖에 없었다. 몇 시간만 기다리면 되니까.

　3시가 지나고 4시가 지나도 여인의 애인은 오지 않았다. 환자는 휴대전화도 안 받는 걸 보면 애인이 아직 오는 비행기 안에 있나 보다고 중얼거리며 할 수 없이 수술실로 향했다. 역시 애인 같은 건 애초부터 없었던 모양이다.

　그런데 수술이 진행되는 동안 애인이 도착했다. 이 소식이 수술하는 의사에게 영향을 미쳤을까, 수술 결과는 좋지 않았고 환자는 의식불명이 됐다. 의식을 회복할 가능성은 거의 없다. 환자의 손을 잡고 왜 조금만 더 기다려주지 않았냐며 오열하는 애인을 의사는 망연히 바라볼 수밖에 없었다. 미국 TV 드라마인 〈그레이스 아나토미Grey's Anatomy〉에 나오는 한 에피소드다.

1

마당에 죽은 나무가 있어 뽑아버렸다. 오래 전부터 죽었다고 짐작은 했지만 왠지 곧바로 뽑아버리진 않았다. 오랫동안 망설이다가 뽑아버리니 그 옆에 언제 심었는지 기억도 안 나는 달리아 뿌리에서 싹이 나오고 있었다. 아차, 혹시 아직 살아 있는 나무를 뽑은 건 아닐까? 달리아 뿌리도 사놓은 지 1년도 넘은 걸 혹시나 하면서 심었는데 거기서 싹이 나지 않았나 말이다. 그 생명력이 신기하다 못해 경외심마저 생겼다.

내가 사는 동네는 매년 부활절 아침마다 동네 공원에서 부활절 아침예배를 드린다. 여기에는 예배를 주관하는 교회 교인뿐 아니라 동네 사람들도 많이 참석하여 같이 예배를 드린다. 해마다 부활절에 반복해서 경험하는 거지만 그때마다 놀라는 것은 공원의 다 말라빠져서 새순이 돋을 것 같지 않은 나뭇가지에 연초록 새순이 돋아 있는 것이다. 생명의 '부활'이다. 이게 부활이 아니면 뭐가 부활이랴. 그러고 보니 자연은 늘 이렇게 부활한다. 사람이 보든 안 보든, 누가 믿든 안 믿든 말이다.

죽은 것은 움직이지 않는다. 움직이지 않는 것은 죽은 것이다. 성서가 '빈들'을 죽음의 장소로 보는 까닭이 여기에 있다. 거기엔 움직임이 없다. 하지만 안 움직이는 것 같이 보여도 무릇 살아 있다면 움직이게 되어 있다. 미생물도 현미경으로 보면 대단한 에너지를 갖고 움직이지 않는가. 문제는 '에너지'다. 살아 움직이게 하는 에너지. 이것이 산 것과 죽은 것을 가른다. 그리고 살아 있게 하는 모든 물질적인 에너지는 동시에 영적이다. 존재하는 것을 살아 움직이게 하고 운동하게 만드는 것이 영적이지 아니면 뭐가 영적이겠나.

2

오늘날 부활을 믿는 사람은 그리 많지 않다. 믿어지지 않는 걸 믿기 때문에 그런 사람은 정신 나간 사람으로 취급받는다. 기독교를 부활의 종교라고 부르지만 기독교인 중에도 부활을 믿지 않는 사람이 있다. 기독교는 다 좋은데 부활은 믿어지지 않는다고 하는 사람 말이다. 하긴 믿어지지 않아서 안 믿는 거야 어쩌겠나. 억지로 믿을 수는 없으니 믿어질 때까지 기다릴 수 밖에 없고 영 안 믿어지면 그만 두는 수밖에 없겠다.

부활을 믿는 것은 일종의 선택이다. 그것은 믿어지기 때문에 믿는 것이 아니라 믿기로 선택하기 때문에 믿어지는 것이다. 논리적으론 말이 안 되는 것 같지만 사실은 그렇지 않다. 세상에 부활이 절로 믿어지는 사람이 얼마나 되겠나. 죽었다가 다시 살아난 사람은 부활을 믿을지도 모른다. 하지만 신약성서가 증언하는 부활은 재생이 아니지 않은가. 나사로는 부활한 게 아니라 잠시 다시 살아난 거다. 죽었다가 다시 살아난 사람이라고 해서 모두 부활을 믿으리라고 기대할 수는 없다. 어차피 부활신앙은 선택하는 것이다. 증거가 있어서, 이유가 있어서 믿는 게 아니란 얘기다. 부활신앙에 통용되는 논리는 애초부터 없었다. 그것은 인간의 모든 논리를 초월하는 것이다.

예수 시대에도 그랬을까? 그때도 부활을 믿는 사람이 소수였을까? 학자들 얘기로는 그렇지 않단다. 그때는 우리가 생각하는 것보다 훨씬 많은 사람들이 부활을 믿었단다. 유대인들 중에도 부활을 믿는 사람들이 있었다. 사두개인들은 안 믿었지만 바리새인들은 믿었단다. 마카비하 7장에도 율법에 반해서 돼지고기를 먹으라고 이방인 왕에게 강요당한 일곱 형제가 이를 거절하고 죽음을 선택하는 얘기가 나오는데 거기서 그들이 갖고 있던 부활신앙을 엿볼 수 있다. 그리스 신화에도 신과 사람 사이에서 태어난 영웅들 중에는 비참하게 죽음을 당했다가 부활한 경우가 적지 않다. 헬라화한 유대인들이 이런 그리스 신화에 영향을 받았다고 주장하는 학자가 적지 않고 심지어 복음서가 그리스 영웅 이야기에서 틀을 빌려왔다고 주장하는 학자까지 있는 형편이다. 이들 주장이 옳든 그르든 헬라화된 세계에 살던 유대인들이 그 문화의 영향에서 자유로웠으리라고는 상상할 수 없다. 이래저래 부활은 기원후 1세기 사람들에게 그리 낯선 사건이 아니었던 것이다. 적어도 오늘 우리보다는 더 친숙했고 더 널리 믿었음에 분명하다.

하지만 정작 예수에게서 부활에 대해 미리 얘기를 들었던 제자들은 예수의 죽음 후에 깊은 좌절에 빠져버렸다. 그들은 예수가 십자가에서 숨을 거두는 마지막 순간까지 어떤 기적을 기대했는지 모른다. '설마 저 분이 저렇게 무력하게 죽진 않겠지…. 무슨 일이 일어나겠지…' 하고 말이다. 하지만 하늘은 끝내 침묵했고 예수는 고개를 떨구고 숨을 거뒀다.

그 후 이들은 어떤 집에 들어가 안에서 문을 잠그고 있었단다. 깊숙이 숨어버린 것이다. 그들에게는 눈곱만큼의 에너지도 남아 있지 않았다. 에너지가 완전히 고갈되어 버린 것이다. 십자가는 예수만 죽인 것이 아니라 제자들까지도 죽였다. 그렇게 그들은 빈들에 내던져졌다. 생명의 에너지가 부재하는 빈들에 말이다.

그렇게 사흘이 지난 후 예수는 제자들이 죽어 있던 방문을 두드렸다. '쿵쿵!' 예수가 문을 두드리는 소리는 심장박동 소리 같았다. 에너지가 다 빠져나간 채로 빈들에 던져져 있던 제자들에겐 문을 열 힘조차 남아 있지 않았지만 부활의 에너지로 충만한 예수는 그들이 문을 열 때까지 기다리지 않았다.

그는 불쑥 방 안으로 들어와서는 제자들에게 "그대들에게 평화가 있기를!"하면서 축복했다. 에너지가 다 빠져나간 상태에서 빈들에 던져진 그들에게 '평화'라니! 평화는 무슨 얼어죽을 평화! 하지만 예수는 제자들의 반응에 아랑곳하지 않고 그들을 향해서 숨을 내쉬시며 말했다.

성령을 받아라. 누구의 죄든 너희가 용서해주면 그들의 죄는 용서받을 것이고 용서해주지 않으면 용서받지 못한 채 남아 있을 것이다(요한복음 20:22-23).

예수는 그들에게 에너지를 불어넣어 주었다. 생명의 에너지, 부활의 에너지를 말이다. 이로써 생명의 기운이 방안을 가득 채웠고 그들은 부활했다. 이제 그 자리는 죽음이 지배하는 빈들이 아니라 생명의 기운으로 가득 찬 공동체의 친교 자리가 됐다.

3

우리는 예수가 '어떻게' 부활했는지 알지 못한다. 그걸 알고 싶어서 복음서를 읽고 또 읽어도 복음서가 전하는 얘기들조차 서로 일치하지 않으니 '어떻게'에 대한 답을 얻을 도리가 없다. 복음서 외에 도움이 되는 다른 문서도 없으니 우리에게 있는 것은 오로지 복음서가 전하는 제자들의 '경험'이 전부이다.

뇌종양 수술을 받아야 할 환자가 애인이 있다고 암만 말해도 의사는 물론 동생도 믿지 않았다. 뇌의 한 부분에 자리 잡고 있는 종양이 그런 환각증상을 일으켰으리라 추측했기 때문이다. 하지만 그녀는 실제로 애인이 있었다! 뒤늦게 도착한 그는 혼수상태인 애인의 손을 잡고 왜 그녀의 말을 믿어주지 않았냐고, 왜 좀 더 기다려주지 않았느냐고 오열했다.

제자들의 예수 부활 증언에서 걸림돌로 작용한 것은 '예수가 부활했다'는 사실이 아니었다. 걸림돌은 신적인 인물로 추앙받는 황제도 아니고 영웅도 아니며 하다못해 권위 있는 예언자 대열에도 끼지 못했던 예수가, 죄인들과 세리들과 창녀들과 어울려 다니며 먹고 마시던 바로 그 예수가, 마지막 순간까지 십자가로 된 나무에 매달려 찢어진 걸레처럼 초라하고 비참하게 처형당했던 바로 그 나사렛 예수가 부활했다는 사실에 있었다. 다른 사람 같으면 모르겠는데 나사렛 예수는 그럴 리 없다, 그런 자가 부활했다면 차라리 부활이 없다고 믿겠다는 거다. 뇌에 종양 있는 사람의 말도 못 믿는데 하느님을 참칭한 신성모독자의 부활을 어떻게 믿겠냐는 것이다. 십자가가 걸림돌이니 십자가에 달려 죽은 분의 부활도 걸림돌이었던 것이다.

오늘도 부활은 여전히 걸림돌이다. 예수의 제자들은 부활한 예수를 어떤 식으로든 만나는 경험을 했지만 오늘날 우리는 그들이 했던 경험도 하지 못한다. 우리에겐 부활에 대한 객관적 증거도 없고 직접적 경험도 없는 셈이다. '성서의 증언이 있지 않느냐?'고 반문할 수 있지만 솔직히 성서가 그렇게 증언한다고 해서 부활을 믿을 사람이 얼마나 될까? 그렇게 성서를 철저하게, 글자 그대로 믿는 사람이 얼마나 되겠는가 말이다.

4

역시 〈그레이스 아나토미〉에 나오는 에피소드 한 토막이다. 나이가 많은 노인 한 분이 병원에 입원했다. 그는 남의 심장을 이식하지 않으면 살 수 없는 상황에 처해 있었다. 기증자가 나타나진 않았지만 그는 건강이 너무 나빠져서 병원에 입원해 있었다.

그에겐 예쁘고 착한 딸이 하나 있다. 그녀는 휴가를 얻어서 아버지의 곁을 지키고 있었다. 병원도 사람이 있는 곳인데 왜 수군거리는 사람이 없겠나. 나이 많은 노인이 얼마나 더 살겠다고 심장 이식을 기다리냐고 수군거리는 사람들이 거기도 있었다. 딸은 그런 말을 들을 때마다 그들과 다퉜다. 당신 같으면 살고 싶지 않겠냐, 당신 심장을 달라는 것도 아닌데 왜 말이 많냐고 대들었다.

그런 딸이 밖에 나갔다가 교통사고를 당해 아버지가 입원해 있는 병원에 실려 왔다. 그녀는 뇌사 상태에 빠졌다. 그녀가 모든 장기를 기증하게 되어 있음을 알게 된 의사들은 아버지에게 딸의 심장을 이식받으라고 권하지만 아버지는 절대로 그렇게 하지 않겠다고 말한다. 자기 가슴에서 심장 박동을 느낄 때마다 딸 생각이 나서 어떻게 살겠냐는 거다.

결국 의사들은 설득을 포기했는데 한 젊은 인턴이 그 노인에게 이렇게 말한다. 자기도 얼마 전에 이 병원에서 아버지를 잃었다고, 대수롭지 않은 병으로 입원했지만 심각한 병이 있음을 알게 됐고, 의사들은 최선을 다했지만 결국 아버지를 구하지는 못했다고, 그때 자기는 할 수만 있다면 아버지에게 자기 심장을 주고 싶었다고, 자기와 형제들을 기르느라 고생하다가 병에 걸린 아버지를 살릴 수만 있다면 자기 심장이라도 꺼내주고 싶었다고, 그러면서 인턴은 아마 당신 딸도 같은 심정이었을 거라는 마지막 말을 남긴다. 이 말을 듣고 노인은 수술을 받기로 결심한다.

예수의 부활도 이와 같은 것이 아닐까? 예수 부활의 객관적인 증거? 그런 건 세상에 없다. 그런 걸 내놓는 사람이 있다면 그는 '사기꾼'임에 분명하다. 하지만 부활의 증거가 전혀 없다고는 할 수 없다. 그것은 엄연히 존재한다. 만일 내 가슴 속에서 예수의 심장이 펄떡펄떡 뛰고 있다면, 가슴 속에서 힘차게 박동하는 예수의 심장으로부터 피를 공급받고 에너지를 공급받으면서 예수가 선포한 하느님 나라를 이 땅에 이루기 위해 예수의 제자로서 최선을 다해 살고 있다면 그것보다 더 믿을만한 부활의 증거가 어디 있겠나!

지금 내 가슴 속에서 쿵쾅거리며 뛰고 있는 예수의 심장이 바로 부활의 증거다. 나는 예수께서 십자가에 달려 죽으면서 당신 심장을 내 가슴에 이식해주셨다고 믿는다. 이것이 내게는 부활의 증거다.

나는 예수를 믿고 나서 내 신앙에 대해서, 교회의 가르침에 대해서, 교리에 대해서, 성서가 전하는 얘기들에 대해서 의심해본 적이 많았다. 하지만 예수 부활은 한 순간도 의심해본 적이 없다. 내 가슴 속에서 예수의 심장이 뛰고 있음을 느끼면서 사는데 어떻게 의심할 수 있겠나!

그럴듯한 유신론 백 개가 없는 신을 만들어내지 못하고 그럴듯한 무신론 백 개가 있는 신을 없애지 못한다는 말이 있다. 부활은 이론이나 논리가 아니라 부활을 사는 사람에 의해서, 예수의 심장을 가슴에 담고 그분이 주시는 에너지로 매일의 삶을 뜨겁고 치열하게 살아가는 사람들에 의해서 증언된다고 나는 믿는다.

나는 이 책을 미국의 한 서점에서 우연히 본 한 권의 책에 대한 얘기로 시작했다. 《하느님의 생식기God's Phallus》라는 책 말이다. 이 책을 다 읽고 나니 처음 봤을 때만큼 충격적이지는 않았다. 물론 책의 내용은 하느님의 생식기에 관한 얘기지만 저속하거나 말초적이지 않고 대단히 학술적이다. 책의 내용은 본문에서 약간이나마 소개한 바 있다.

구약성서는 야웨가 물질적인 존재임을 분명히 전제한다. 이에 대해선 두말할 여지가 없다. 문제는 왜 구약성서가 야웨를 그렇게 인식하느냐에 있다. 하지만 더 정확하게 말하면 '왜' 그렇게 인식했는지는 중요하지 않다. 그렇게 인식한 까닭은 다른 선택의 여지가 없었기 때문이다. 구약성서에는 '물질'과 구별되는 다른 세계, 말하자면 영적인 세계가 있다는 인식이 없다. 그래서 야웨도 물질적 존재가 아닌 다른 존재로 인식할 여지도 이유도 없었던 거다.

따라서 우리가 물어야 할 질문은 '왜' 야웨를 물질적인 존재로 인식했는가 라는 질문이 아니라 그렇게 인식한 결과 그들의 신앙과 삶은 어떻게 형성됐고 어떤 모양을 갖추게 됐는가 하는 질문이다. 내가 얻은 답은, 이스라엘은 야웨를 물질적인 존재로 인식했기 때문에 야곱이 그랬듯이 야웨와 벌거벗고 씨름할 수 있었다는 것이다. 그들은 야웨를 물질적인 존재로 인식했기에 그를 알기 위해서 웃통을 벗어 던지고 씨름 한 판 벌일 수 있었던 것이다. 그들은 남이 씨름하는 걸 구경하면서 누가 이길지를 예상하거나 누가 반칙하는가를 찾아내려고 두 눈 부릅뜨고 살펴보지 않았다. 그들은 직접 무대에 올라가 야웨와 한 판 씨름을 벌였던 것이다. 이스라엘이 야웨와 벌인 씨름 이야기가 구약성서라고 말하면 지나친 말일까.

그들을 그렇게 해서 점차 야웨를 알아갔다. 야웨를 안다는 게 뭔가? 야웨에 대한 지식을 쌓아가는 것인가? 야웨가 한 일에 대한 역사적 정보를 기억장치 안에 차곡차곡 저장해가는 것인가? 아니다. 구약성서가 말하는 야웨에 대한 지식은 그런 게 아니다. 그것은 야곱처럼 직접 씨름해야 얻을 수 있는 실천적인 지식이고 섹스를 하듯 원초적으로 직접적인 관계를 맺어야 비로소 얻는 앎이다.

구약성서는 가장 물질적일 때 가장 영적일 수 있다는 것을 보여준다. 구약성서는 몸으로 체득하지 않으면 영적인 깨달음에도 도달할 수 없다고 말한다. 구약성서의 인간학에 따르면 사람의 지성과 감성은 심장에 자리 잡고 있다. 지성과 감성이 거기에 있는데 영성인들 다른 데 있으랴. 상대의 심장 박동소리를 가까이서 들으려면 그를 끌어 안아야 한다. 야곱이 이스라엘이 된 것은 그가 야웨의 심장 박동소리를 가장 가까이에서 들었기 때문이다.

우리도 야웨의 허리춤을 붙잡고 씨름하면서 가장 가까이에서 들리는 야웨의 심장 박동소리를 들을 때 우리 입에서는 "오, 야웨

여, 이게 당신입니까? 이게 당신의 심장이 뛰는 소리입니까? 이게
당신 영혼이 고동치는 소리입니까!" 하는 외침이 터져나오리라.

참고
문헌

읽는 데 방해가 될까봐 본문에는 주를 달지 않았지만 이 책을 쓰기 위해 참고한 책과 논문들을 아래와 같이 밝혀둔다.

Albertz, Reiner. 1994. *A History of Israelite Religion in the Old Testament Period.* 2 vols. Louisville: Westminster John Knox.

Balentine, Samuel. 1983. *The Hidden God: The Hiding of the Face of God in the Old Testament.* Oxford: Oxford University Press.

Barr, James. 1959. "Theophany and Anthropomorphism in the Old Testament." *Vetus Testamentum, Suppliments* 7: 31-38.

Beal, Timothy K and David M. Gunn. 1997. *Reading Bibles, Writing Bodies: Identity and the Book.* London: Routledge.

Becking, Bob. 2006. "The Return of the Deity: Iconic or Aniconic?" In *Essays on Ancient Israel in Its Near Eastern Context. A Tribute to Nadab Na'aman.* eds. Yairah Amit, Ehud Ben-zvi, Israel Finkelstein, and Oded Lipschits, 53-63. Winona Lake: Eisenbrauns.

Bird, Phyllis. 1981. "'Male and Female He Created Them': Gen. 1:27b in the Context of the Priestly Account of Creation." *Harvard Theological Review* 74 (2): 129-59.

Childs, Brevard S. 1974. *Exodus.* Philadelphia: Westminster.

Clements, Ronald E. 1965. *God and Temple: The Idea of Divine Presence in Ancient Israel.* Oxford: Basil Blackwell.

Cross, Frank Moore. 1973. *Canaanite Myth and Hebrew Epic.* Cambridge: Harvard University Press.

Daly, Mary. 1973. *Beyond God the Father.* Boston: Beacon.

Day, John. 1992. "Asherah." *Anchor Bible Dictionary.* 6 vols., 1: 486-6. New York: Doubleday.

Dever, W. 1984. "Asherah, Consort of Yahweh? New Evidence from Kuntillet 'Adjurd." *Bulletin for the American Schools of Oriental Research.* 255: 21-37.

Dever, W. 2005. *Did God Have a Wife? Archaeology and Folk Religion in Ancient Israel.* Grand Rapids: W. B. Eerdmans.

Douglas, Mary. 1966. *Purity and Danger.* London: Routledge and Kegan Paul.

Eichrodt, Walther. 1970. *Ezekiel.* London: SCM.

Eilberg-Schwartz, Howard. 1988. *The Savage in Judaism: An Anthropology of Israelite Religion and Ancient Judaism.* Bloomington: Indiana University Press.

Eilberg-Schwartz, Howard. ed. 1991. *People of the Body: Jews and Judaism from an Embodied Perspective.* Albany: SUNY Press.

Eilberg-Schwartz, Howard. 1994. *God's Phallus and Other Problems for Men and Monotheism.* Boston: Beacon.

Friedman, Richard Elliot. 1987. *Who Wrote the Bible?* New York: Harper and Row.

Garr, W. Randall. 2003. *In His Own Image and Likeness: Humanity, Divinity, and Monotheism.* Leiden: E. J. Brill.

Harmory, Esther J. 2008. *"When Gods Were Men": The Embodied God in Biblical and Near Eastern Literature*. Berlin: Walter de Gruyter.

Hendel, Ronald. 1988. "The Social Origins of the Aniconic Tradition in Early Israel." *Catholic Biblical Quarterly* 50 (3): 365-82.

Hurowitz, Victor Avigdor. 1992. *I Have Built You an Exalted House: Temple Building in the Bible in the Light of Mesopotamian and Northwestern Semitic Writings*. Sheffield: JSOT Press.

Jacobsen, Thorkild. 1987. "The Graven Image." in *Ancient Israelite Religion: Essays in Honor of Frank Moore Cross*. eds. P. D. Miller, P. D. Hanson and S. D. McBride, 23-49. Philadelphia: Fortress.

Kamionkowski, S. Tamar & Wonil Kim. 2010. *Bodies, Embodiment, and Theology of the Hebrew Bible*. New York: T & T Clark International.

Keel, Othmar and Christoph Uelinger. 1998. *Gods, Goddesses, and Images of God in Ancient Israel*. Minneapolis: Fortress.

Kugel, James. 2003. *The God of Old: Inside and the Lost World of the Bible*. New York: Free Press.

Mettinger, Tryggve. trans. Frederick H. Cryer. 1978. *In Search of God*. Philadelphia: Fortress.

Mettinger, Tryggve. 1995. *No Graven Image? Israelite Aniconism in Its Ancient Near Eastern Context*. Stokholm: Almquvist & Wiksell.

Moberly, R. W. L. 1983. *At the Mountain of God: Story and Theology in Exodus 32-34*. Shefield: Shefield Academic Press.

Olyan, Saul. 1988. *Asherah and the Cult of Yahweh in Israel*. Atlanta: Scholars.

Otto, Rudolf. 1957. *The Idea of the Holy. Oxford*: Oxford University

Press.

Smith, Mark S. 1990. *The Early History of God*. San Francisco: Harper and Row.

Sommer, Benjamin D. 2009. *The Bodies of God and the World of Ancient Israel*. Cambridge: Cambridge University Press.

Terrien, Samuel. 1978. *The Elusive Presence*. San Francisco: Harper and Row.

Trible, Phyllis. 1983. *God and the Rhetoric of Sexuality*. Philadelphia: Fortress.

Wenham, Gordon. "Sanctuary Symbolism in the Garden of Eden Story," in *Proceedings of the Ninth World Congress of Jewish Studies*. 1986: 19-24

Westermann, Claus. 1984. trans. John J. Scullion. *Genesis*. 3 vols. Minneapolis: Augsburg.

Wolff, Hans Walter. 1974. *Hosea*. Philadelphia: Fortress.

Zimmerli, Walter. 1979. trans. Ronald E. Clements. *Ezekiel*. Philadelphia: Fortress.

Zimmerli, Walter. 1982. *I Am Yahweh*. Atlanta: John Knox.